"오, 일어나라, 아들들아"

오, 이 땅의 모든 아들들아 일어나라
자유롭게 된 기쁨을 노래하라
하느님을 찬양하며 기뻐하라, 파푸아뉴기니.

우리의 이름을 산에서 바다까지 외쳐라, 파푸아뉴기니.

목소리를 높여 선포하라, 파푸아뉴기니.

이제 하늘에 계신 선하신 하느님께
그의 선하심과 지혜와 사랑,
자유롭게 된 선조들의 이 땅에 대해 감사하라,
파푸아뉴기니.

온 세계가 듣도록 다시 외쳐라, 파푸아뉴기니.

우리는 독립했고 자유롭네, 파푸아뉴기니.

"O Arise, All You Sons"

O arise all you sons of this land,
Let us sing of our joy to be free,
Praising God and rejoicing to be
Papua New Guinea.
Shout our name from the mountains to seas
Papua New Guinea;
Let us raise our voices and proclaim
Papua New Guinea.
Now give thanks to the good Lord above
For His kindness, His wisdom and love
For this land of our fathers so free,
Papua New Guinea.
Shout again for the whole world to hear
Papua New Guinea;
We're independent and we're free,
Papua New Guinea.

"O Arise, All You Sons" 파푸아뉴기니 국가(國歌)

태평양
도서국
총서 06

Independent State of Papua New Guinea

파푸아뉴기니

Independen Stet bilong Papua Niugini
Papua Niu Gini

한국해양과학기술원

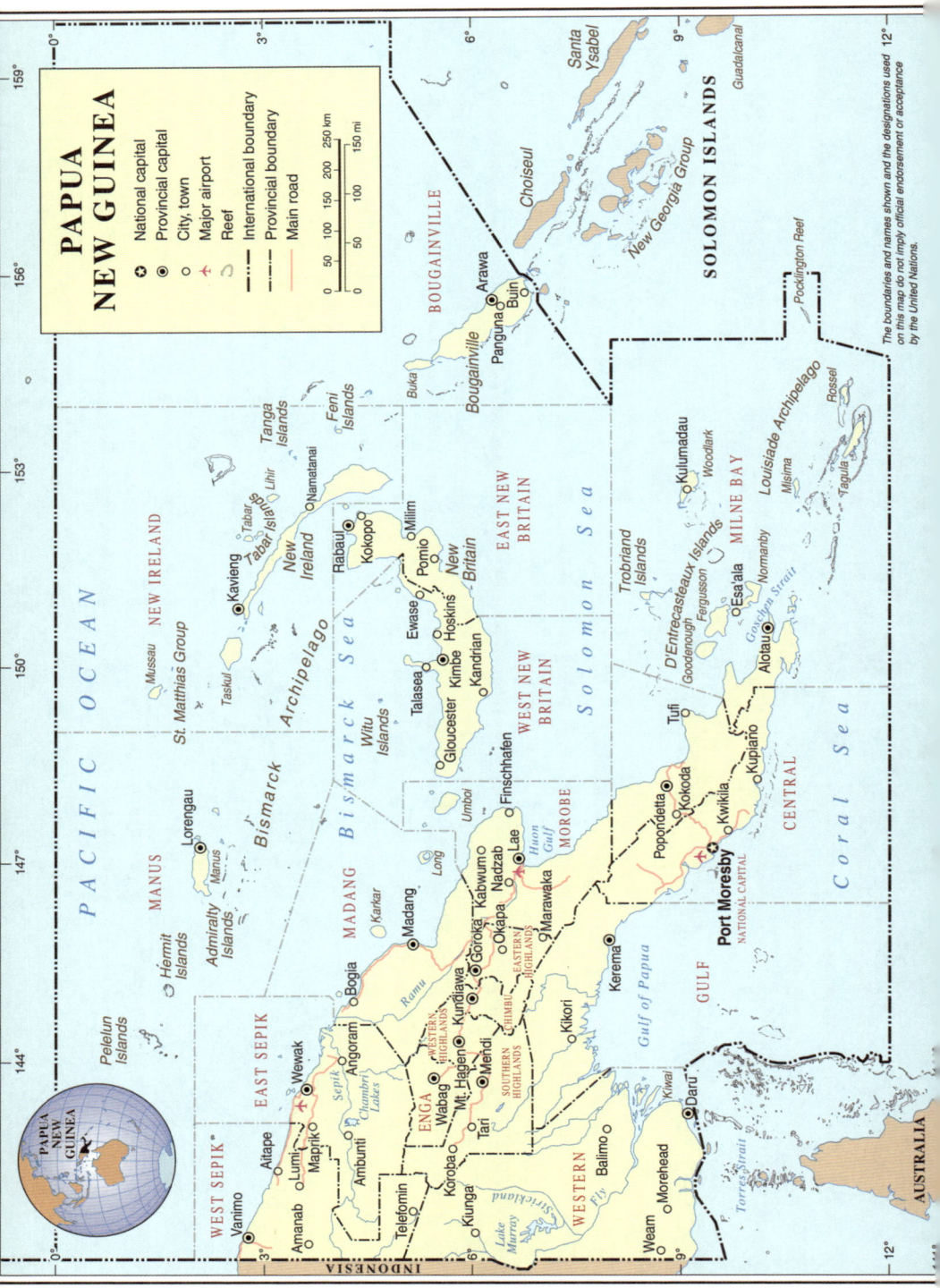

태평양 도서국 총서 발간 취지

15세기 중세까지를 그리스·로마 중심의 지중해시대, 16세기부터 20세기까지를 유럽과 미국 중심의 대서양시대로 본다면, 21세기인 오늘날은 태평양 연안 국가가 중심인 태평양시대가 도래한 시대라고 할 수 있습니다. 그러나 태평양 중심에 있는 도서국들은 지구기후 변화로 인한 자연재해뿐만 아니라 산업화로 인한 경제적 어려움과 과학기술력 낙후로 개발국들과 비교해서 생활수준의 격차가 커지고 있습니다. 하지만 이들은 육지에 비해 광대한 해역을 보유하고 있어 향후 그 생태공간적 자원가치와 해양자원의 잠재력이 무한할 것으로 추정되고 있습니다. 이미 선진국 위주의 기회 선점 경쟁이 본격화되었고, 후발 주자인 중국은 많은 물적·인적 네트워킹을 진행하고 있습니다.

우리나라의 경우에는 국제사회의 책임 있는 선진국의 지위에 도달한 나라로서 경제 및 사회발전의 경험을 태평양 도서국들과 공유하고, 도서 국민들의 삶의 질을 향상시키며 그들 국가와 사회가 직면하고 있는 해양 현안문제들을 우리의 해양과학기술력으로 해결할 수 있는 방안을 모색하여야 할 것입니다.

이러한 인식하에 우리는 태평양 14개 도서국에 대한 기초적인 안내자료를 제공하고, 태평양 지역의 독특한 사회적 특성과 문화에 대한 대중의 인식을 제고하며, 태평양으로의 지역진출뿐 아니라 이 지역에서의 제반사업 추진을 위한 기본 정보 및 협력 인프라 구축을 위해 본 총서를 발간하게 되었습니다. 부족한 점은 향후 지속적인 동향 보고와 자료로 보완할 것입니다. 아울러 본 총서가 태평양 도서국에 대한 이해를 증진하고, 궁극적으로는 우리나라의 태평양 진출과 현지 도서민들이 추구하는 가치를 공유하는 데 다소나마 이바지할 수 있기를 기대합니다.

2015년 11월 저자

Contents

chapter 01
멜라네시아 문화권의 형성과 발전

01. 멜라네시아 지역 소개 ·········· 14
　　명칭 ······························ 14
　　지리적 범위 ····················· 15
02. 멜라네시아 문화권의 특징 ····· 17
　　언어 ······························ 17
　　기원 ······························ 22

chapter 02
파푸아뉴기니의 이해

01. 문화인류학의 보고, 파푸아뉴기니 ·········· 28
　　쿨라 교환 ························ 29
02. 국가 일반사항 ···················· 37
　　명칭 ······························ 38
　　지리 ······························ 38
　　사람 ······························ 38
　　정부 ······························ 39
　　경제 ······························ 41
　　기타 ······························ 42
03. 자연환경과 지리 ·················· 47
　　자연 환경 ························ 48
　　기후 ······························ 58
　　생물 다양성 ····················· 63
　　지리 ······························ 70
　　파푸아뉴기니의 주요 도서지역 ····· 86

04. 정치와 사회 ··· 103
    정치구조 ·· 105
    정부구조 ·· 118
    통치 시스템 ·· 125
    법체계 ··· 130
    국민성 및 국가 정체성 ·· 140
    외교 및 국방 ··· 145
    복지 및 교육 ··· 150

05. 역사와 문화 ··· 152
    역사 ·· 155
        웨스트파푸아 문제 ·· 168
        부겐빌 자치주 문제 ······································· 170
    문화 ·· 174
        언어의 다양성 ·· 174
        전통문화 ··· 182
        완톡(Wantok) ·· 189
        종교와 주술 ··· 192
        예술 및 공예 ·· 198

chapter
03
참고자료

별첨 1. 파푸아뉴기니의 경제 ································· 204
별첨 2. 파푸아뉴기니 방문정보 및 주의사항 ············ 230
별첨 3. 일본과의 관계 ··· 242
별첨 4. 중국과의 관계 ··· 251
별첨 5. 파푸아뉴기니 최근 주요 기사 ····················· 257
별첨 6. 파푸아뉴기니 지도 ···································· 261
별첨 7. 파푸아뉴기니 현지 숙박 시설 ····················· 262
별첨 8. 파푸아뉴기니 포트모르즈비 주요 음식점 ······ 267
참고 문헌 ··· 269
색인 ·· 298

일러두기

- 책에 수록된 사진과 지도, 그림 등은 주로 저작권이 없거나 소멸된 공유저작물(Public domain)을 활용하였으며, 저작권이 있는 경우는 저작자를 별도 표기하였다.
- 본 총서는 "해양경제영역 확장을 위한 국제네트워크 구축 연구(PE99355)"의 일환으로 발간되었다. 그리고 이 책 초본을 읽어주신 문학 평론가 최영호 교수 그리고 소설가 조정현님께 감사드리며, 초안 작업을 진행하신 강대훈님께도 감사드린다.

chapter 01

멜라네시아 문화권의 형성과 발전

01 멜라네시아 지역 소개

1. 명칭

태평양은 일반적으로 폴리네시아, 멜라네시아, 마이크로네시아라는 세 지역으로 구분된다. 지역 구분의 근거는 해당 지역의 지리적 위치가 중심이었으나 이후 지역별로 언어, 풍습, 인종 등의 공통점이 생기면서 좀 더 확고해졌다는 해석이 지배적이다. 지금은 태평양의 지리적·문화적 경계를 나누는 개략적인 틀로 자리 잡았지만, 이런 구분이 보편적으로 받아들여진다고는 할 수 없고, 심지어 반대하는 학자들도 있다. 해당 지역의 명칭들은 그리스어에서 기원했으며, 멜라네시아(검은 섬들), 폴리네시아(많은 섬들), 마이크로네시아(작은 섬들)에 대한 의미를 풀이하면 다음과 같다.

멜라네시아[$\mu\acute{\varepsilon}\lambda\alpha\varsigma$: melos"(검은) + "$\nu\tilde{\eta}\sigma o\varsigma$: nesos"(섬들)]
폴리네시아[$\pi o\lambda\acute{\upsilon}\varsigma$: poly"(많은) + "$\nu\tilde{\eta}\sigma o\varsigma$: nesos"(섬들)]
마이크로네시아[$\mu\iota\kappa\rho\acute{o}\varsigma$: micros"(작은) + "$\nu\tilde{\eta}\sigma o\varsigma$: nesos"(섬들)]

멜라네시아라는 명칭은 그리스어로 '검은 섬들' [$\mu\acute{\varepsilon}\lambda\alpha\varsigma$: melos(검은) + $\nu\tilde{\eta}\sigma o\varsigma$: nesos(섬들)]을 의미한다. 1831년 프랑스 해군장교이자 탐험가였던 쥘 뒤몽 뒤르빌(Jules Dumont d'Urville)[1]은 태평양을 폴리네시아, 멜라네시아, 마이크로네시아로 나눌 것을 제안했고 이것이 오늘날까지 이어지고 있다.

---

1) 쥘 뒤몽 뒤르빌(Jules Dumont d'Urville, 1790~1842)
   태평양, 호주, 남극대륙 등을 탐험한 프랑스 해군 장교. 1826~1829년까지 피지, 뉴칼레도니아, 파푸아뉴기니, 솔로몬 제도, 마이크로네시아 등을 방문하고, 폴리네시아 지역과 구별되는 섬 그룹들을 지칭하기 위해 말라에시아, 마이크로네시아, 멜라네시아라는 용어를 고안했다

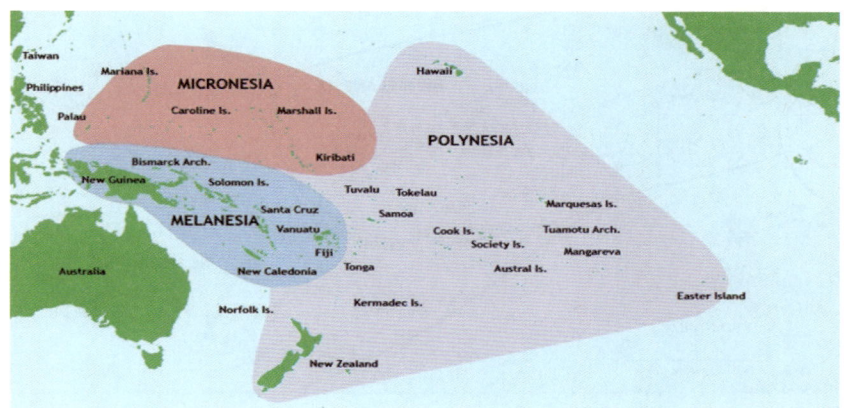
파푸아뉴기니가 속한 멜라네시아 지역 구분[2]

뒤르빌의 구분에 따르면 멜라네시아라는 용어는 이 지역주민들의 피부색이 검다는 데서, 마이크로네시아는 작은 섬들이 넓은 바다에 흩어져 있다는 데서, 폴리네시아는 섬이 많다는 데서 유래했다.

    오늘날 멜라네시아의 주요 지역으로는 파푸아뉴기니, 솔로몬 제도, 바누아투, 피지 등이 있으며, 폴리네시아의 주요 지역으로는 사모아, 통가, 프랑스령 폴리네시아, 하와이 등이 있고, 마이크로네시아 주요 지역으로는 팔라우, 마이크로네시아 연방국, 마샬 제도 등이 있다. 피지는 멜라네시아 지역에 속하지만 폴리네시아 지역과의 경계에 있어 양쪽 문화의 특징을 모두 지니고 있다.

2. 지리적 범위 [2]

파푸아뉴기니가 속한 멜라네시아는 남서태평양상에 위치한 섬들로 이루어져 있다. 정식 국가로는 파푸아뉴기니를 포함하여 솔로몬 제도, 바누아투, 피지 등이 있으며, 프랑스의 보호령인 뉴칼레도니아가 멜라네시아에 속한다. 그러나 솔로몬 제도 근해의 몇몇 섬은 '폴리네시아 외곽 섬들(Polynesian outliers)'로

---

2) Wikipedia, Pacific Islander, https://en.wikipedia.org/wiki/Pacific_Islander
3) Pawley, Andrew, 2006. Explaining the Abberrant Austronesian Languages of Southeast Melanesia: 150 years of debate, Journal of the Polynesian Society 115(3): 215-257

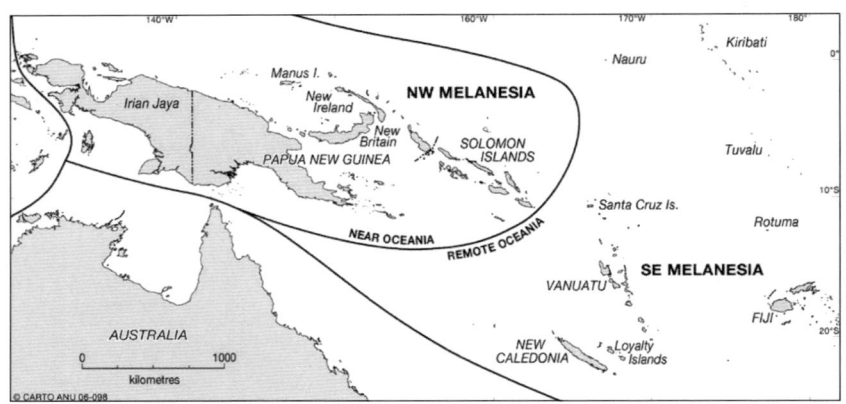
멜라네시아의 세부 지역 구분(Pawley, 2006)

불리며 폴리네시아 문화권에 속하는 것으로 간주된다.

'멜라네시아'라는 용어가 다양한 문화적·환경적 요소를 지니고 있는 멜라네시아를 통합적으로 지칭할 수 있는지에 대한 의문이 제기되기도 했다. 그 이유는 멜라네시아는 지구상에서 토착 언어가 가장 많은 지역 중 하나이며, 자연환경 역시 높은 협곡에서부터 습지, 강, 열대 연안에 이르기까지 매우 다양하고 이에 따른 다양한 문화가 존재하기 때문이다.

학자들은 멜라네시아를 보통 두 지역으로 나눈다. 태평양 문화사학자인 로저 그린(Roger C. Green, 2003)은 약 3~4만 년 전에 인류 이주가 이루어진 파푸아뉴기니, 솔로몬 제도 등지를 '가까운 오세아니아(Near Oceania)', 약 3,000~4,000년 전 라피타 문화(Lapita Culture)의 확산과 더불어 인류 이주가 이루어진 바누아투, 뉴칼레도니아, 피지 등을 '먼 오세아니아(Remote Oceania)'라고 부를 것을 제안했다. 또 호주 언어학자인 앤드루 파울리(Andrew Pawley)는 멜라네시아를 '북서 멜라네시아'와 '남동 멜라네시아'로 나누었는데 이는 로저 그린의 구분법과 일치한다.

그 밖에 영토의 크기나 토착 언어의 숫자 면에서 파푸아뉴기니가 다른 멜라네시아 국가들을 압도하기 때문에, 멜라네시아를 '육지 멜라네시아'와 '섬 멜라네시아'로 나누기도 한다. 여기서 '육지 멜라네시아'는 파푸아뉴기니이고 '섬 멜라네시아'는 파푸아뉴기니를 제외한 다른 모든 멜라네시아 섬을 지칭한다.

02
멜라네시아 문화권의 특징[4) 5)]

멜라네시아는 태평양 남서쪽에 위치한 여러 개의 섬으로 구성된 지역을 가리키며, 이 섬들은 솔로몬 산호섬과 같은 작은 산호섬에서부터 세계에서 두 번째로 큰 섬에 이르기까지 크기가 다양하다.

1. 언어[6) 7) 8) 9) 10) 11)]

언어학자들은 멜라네시아의 언어를 크게 두 부류로 구분한다. 하나는 오스트로네시아어(말라에-폴리네시아어 혹은 멜라네시아어)이고, 다른 하나는 비(非)오스트로네시아어(혹은 파푸아어)이다. 이 두 어족이 어디에서 기원했는지, 혹은 언제 처음 멜라네시아에 생겨났는지에 대한 확신은 없지만, 대부분의 언어학자들은 비오스트로네시아어가 먼저 생겨났다는 것에 동의하고 있다.

---

4) Wikipedia. Melanesians. https://en.wikipedia.org/wiki/Melanesians
5) 위키백과. 오스트로네시아어족. https://ko.wikipedia.org/wiki/
6) Crowley, Terry. 1995. Melanesian languages: Do they have a future? Oceanic Linguistics 34(2): December 1995, pp. 327-344. doi: 10.2307/3623047. http://www.jstor.org/stable/3623047. Opened 20 October 2015. http://www.jstor.org/stable/3623047?seq=1#page_scan_tab_contents (Read Online Free)
7) Crowley, Terry. 2000. Language planning in Vanuatu. Current Issues in Language Planning 1(1). http://www.channelviewpublications.net/cilp/001/0047/cilp0010047.pdf
8) Bennardo, Giovanni(ed.). 2003. Representing space in Oceania: Culture in language and mind. Canberra. Pacific Linguistics.
9) Dotton, Tom. 2011. Chap 11. Language contact and challenge in Melanesia. http://press.anu.edu.au/wp-content/uploads/2011/05/ch1123.pdf
10) Evans, Nicholas and Klamer, Marian. 2012. Melanesian languages on the edge of Asia: Challenges for the 21st Century. Published as a special publication of language documentation & conservation. Department of Linguistics, University of Hawaii Press. http://scholarspace.manoa.hawaii.edu/bitstream/handle/10125/4555/master.pdf?sequence=5
11) 언어다양성 보존활용센터(Center for Language Diversity). 어족별: 오스트로네시아어족. http://www.cld-korea.org/diversity/diversity2_3_5.php

이러한 분류는 남동 아시아에서 넘어온 초기 이주민들로부터 기원했지만 오늘날의 멜라네시아에서 쓰이는 언어는 지역적으로 나누어져 각각 수천 년에 걸쳐서 발전하였으며 그 대다수는 초기 언어의 형태와 관련이 없을 정도로 발전하였다.

파푸아 어족은 멜라네시아 지역, 즉 파푸아뉴기니 내륙 지방(연안 지방은 제외)과 인근 섬들, 솔로몬 제도, 티모르 및 동부 인도네시아의 몇몇 지역에서 쓰이는 언어이다. 파푸아 어족에 속하는 언어들의 친족관계는 아직 자세히 밝혀지지 않았는데, 약 750개 언어가 미분류된 상태로 남아 있다. 그러므로 파푸아 어족 안에서도 여러 다른 언어군 또는 어족이 존재할 가능성도 있다. 한편, 파푸아 어족이 사용되는 멜라네시아 지역을 제외한 태평양의 거의 모든 지역에서는 여러 오스트로네시아 언어(Austronesian Language)가 사용된다. 이 거대한 언어군의 범위는 멜라네시아, 마이크로네시아, 폴리네시아는 물론 동남아시아 연안, 그리고 마다가스카르에까지 이른다. 학자들의 추산에 따르면 오스트로네시아 어족에는 약 1,200개의 언어가 존재하며 그중 40%가 멜라네시아, 마이크로네시아, 폴리네시아 지역에서 사용된다. 나머지 60%는 인도네시아, 필리핀, 대만, 마다가스카르 등에서 사용된다.

폴리네시아 언어는 오스트로네시아 어족에 속하며 동일한 조상언어에서 기원했기 때문에 어휘들이 대부분 비슷한 편이다. 그래서 오늘날 폴리네시아 지역에 속하는 사모아, 통가, 토켈라우, 투발루, 쿡 제도 등에서는 지역 방언을 포함해 2~3개의 언어만 사용되며, 프랑스령 폴리네시아에서는 9개 정도의 언어가 사용된다. 그렇다면 멜라네시아의 토착언어가 이렇게 다양한 이유는 무엇일까? 이를 이해하기 위해서는 멜라네시아 지역으로의 인류 정착사를 살펴볼 필요가 있다.

멜라네시아 지역으로의 인류 이주는 크게 두 차례 있었던 것으로 보인다. 첫 번째는 약 4~5만 년 전 동남아시아를 거쳐 파푸아 언어를 사용하던 사람들이 유입된 것이고, 두 번째는 약 3,000년 전 남중국 및 동남아 지역에서 오스트로네시아 언어를 사용하는 라피타인들이 이주한 것이다. 언어학자들의 연구에 따르면 오스트로네시아 언어들의 기원지는 약 6,000년 전의 대만으로 추정된다.

멜라네시아와 폴리네시아[12]

멜라네시아		폴리네시아	
국가	토착언어 개수	국가	토착언어 개수
파푸아뉴기니	840	통가	3
바누아투	111	사모아	2
솔로몬 제도	71	니우에	2
뉴칼레도니아	38	쿡 제도	5
피지	10	프랑스령 폴리네시아	9

초기 오스트로네시아 언어는 여러 개의 방언으로 구성되어 있었는데, 약 6,000년 전 남중국의 농경민들이 처음 사용한 것으로 보인다. 그러다 약 4,000~5,000년 전 이들이 대만으로 이주하면서 오늘날의 오스트로네시아 언어가 탄생하게 되었다. 대만이 오스트로네시아 어족의 발원지로 여겨지는 가장 큰 이유는 오스트로네시아 어족에 포함된 10개의 하위 어족 중 9개의 하위 어족이 대만에서 발견되기 때문이다. 이 9개의 어족에 속한 언어들은 오직 대만 원주민들만 사용하고 있다. 그리고 대만 바깥에서 사용되는 나머지 1개 어족이 말라에-폴리네시아 어족(malayo-polynesian)인데, 이 1개 어족에서 오늘날 태평양, 인도양, 동남아 지역의 모든 언어가 발원했다. 현재 대만에서 사용되는 언어들은 타이완 어족(Formosan Languages)이라 하여, 말라에-폴리네시아 어족과는 별도로 분류된다. 오스트로네시아 어족의 계통도는 다음과 같다.

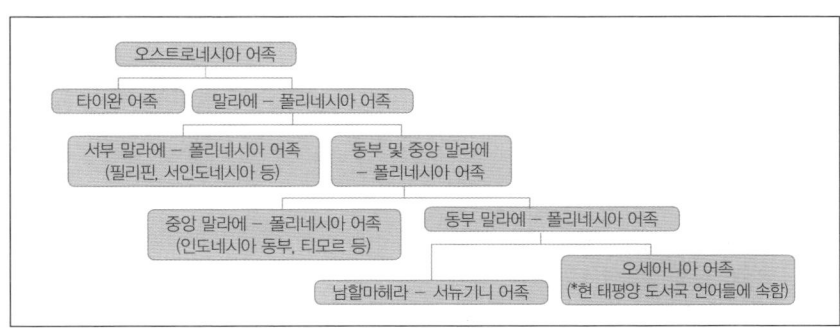

오스트로네시아 어족의 계통도

---

12) Ethnologue, Language of the world. http://www.ethnologue.com/region/POL

남중국 또는 대만에서 기원한 오스트로네시아 언어는 오늘날 '라피타 문화(Lapita Culture)'라 불리는 문화의 전파와도 관련이 있다. 라피타 문화는 지금으로부터 약 2,500~3,600년 전에 멜라네시아, 서폴리네시아 지역에 존재했던 문화로 정교한 빗금무늬가 있는 도기 유적으로 유명하다. 라피타 유적들은 서쪽으로는 파푸아뉴기니의 뉴브리튼 섬, 동쪽으로는 사모아, 통가에 이르는 넓은 지역에 걸쳐 발견되는데, 이 문화는 오늘날의 파푸아뉴기니 근해에서 불과 몇백 년이라는 짧은 기간 안에 빠르게 중앙 태평양 지역으로 전파되었고, 그 후 약 1,000년쯤 유지되다가 소멸했다. 현재는 라피타 문화의 존재를 알려 주는 각종 도기, 유물, 집터 등을 라피타 문화 복합군(Lapita Culture Complex)이라고 한다. 태평양으로 진출했던 라피타인들은 동남아 및 멜라네시아를 거쳐 매우 빠르게 태평양으로 나아갔던 것으로 보인다. 라피타인들이 아시아 내륙에서 기원했음을 보여 주는 언어학적 증거들이 있는데, 고대 오스트로네시아 언어에는 농업 및 목축과 관련된 어휘가 다양하게 존재한다. 쌀(rice)과 조(millet)를 지칭하는 용어가 매우 많고, 돼지, 개, 닭, 물소, 나무로 지은 집, 도자기, 베짜기 등과 관련된 어휘들도 존재한다. 그러나 오늘날의 태평양 언어에는 벼나 조처럼 알갱이로 이루어진 곡물을 지칭하는 용어가 없으며, 물소와 관련된 언어도 없다.

오스트로네시아 언어와 파푸아 언어의 융합

언어학자들이 멜라네시아 언어다양성의 원인으로 꼽는 것 중 하나는 오스트로네시아 언어와 파푸아 언어의 융합이다. 파푸아 어족과 오스트로네시아 어족은 기원과 역사가 다른 언어이다. 파푸아 언어를 사용하는 사람들은 약 4~5만 년 전에 호주 및 파푸아뉴기니 지역으로 건너왔고, 오스트로네시아 언어를 사용하는 사람들은 약 4,000년 전에 아시아에서 동남아 및 태평양 지역으로 진출했다. 학자들은 약 4,000년 전 오스트로네시아 언어를 사용하는 라피타인들이 태평양으로 진출할 때, 파푸아뉴기니 및 멜라네시아 지역에 살던 파푸아 언어 사용자들과 문화적·언어적 뒤섞임을 일으켰고, 이것이 오늘날의 멜라네시아 언어다양성에 기여했다고 본다. 실제로 오늘날의 파푸아뉴기니,

솔로몬 제도 등지에서는 파푸아 언어와 오스트로네시아 언어가 모두 사용되는(bilingual) 지역이 많고, 두 언어 사이에 문법적·어휘적 상호작용이 있었다는 증거가 있다. 그렇지만 이 설명은 오스트로네시아 언어를 사용하는 라피타인들이 파푸아 언어 사용자들과 직접 접촉한 것으로 보이는 '북서 멜라네시아'에는 적용되지만, 오스트로네시아 언어만 있으나 언어다양성이 높은 '남동 멜라네시아(뉴칼레도니아, 바누아투 등)' 지역에는 적용되지 않는다. 여기에는 또 다른 설명이 필요하다.

정주(定住)로 인한 언어다양성 증가

약 4만 년 전에 인류 정착이 이루어졌다고 알려진 '북서 멜라네시아'와 달리 '남동 멜라네시아'는 인류의 항해기술이 충분히 발달한 후에야 접근이 가능했다. '남동 멜라네시아', 즉 '먼 오세아니아' 지역은 라피타 문화의 전파와 더불어 약 3,000년 전에 인류 정착이 이루어진 것으로 보인다. 이 지역에서도 오스트로네시아 언어가 사용되는데, 다른 지역의 오스트로네시아 언어와는 구별되는 특이한 점들이 있다. 그래서 앤드류 파울리(Andrew Pawley, 2006)에 따르면 이 지역의 오스트로네시아 언어를 George Grace(1981)에 의해서 '변칙적 오스트로네시아어(Aberrant Austronesian Languages)'라 부르기도 한다고 언급하였다.

비교언어학자 조지 그레이스(George Grace)는 이 '변칙 언어'의 특징으로 ① 타 지역 오스트로네시아 언어와 겹치는 동족 어휘가 드물다는 점, ② 동족 어휘라도 그 발음이 알아듣기 힘들 만큼 크게 차이가 난다는 점, ③ 비전형적인 문법구조가 발견된다는 점, ④ 복수의 음운대응(sound correspondence)이 존재해 비교언어학적 방법론을 사용하기 힘들다는 점 등을 들었다. 그 이유는 무엇일까? 호주 언어학자인 앤드루 파울리는 라피타인들의 농경 및 정주 문화에서 그 해답을 찾고 있다.

즉, 역사적으로 태평양 섬 주민들에게 이주(migration) 또는 이동이라는 요소는 매우 중요하다. 태평양 여러 지역에서 카누를 이용한 섬들 간 교류 네트워크가 존재했다는 증거는 매우 많다. 약 3,000년 전 라피타인들은 '남동 멜라네시아'에 정착하고 나서 농경문화를 발전시켰다. 이 지역에서는 인구가 증가하고 농업이 발달하면서 사람들이 특정 지역에 집중적으로 모여 살기 시작했음을 보여 주는 고고학 증거가 많다. 이렇게 마을이나 씨족 영역을 중심으로 한 정주적 삶의 양식이 발달하자 외부 섬들과의 교류가 줄어들었고 카누 제작기술이나 항해술 역시 쇠퇴했다. 앤드루 파울리(Andrew Pawley)[13]는 정주적 삶의 양식이 도입되고 외부와의 교류가 줄어든 것이 언어다양성에 일조했다고 보고 있다. 비교언어학에서는 동일한 기원을 가진 동족 언어라도 서로 교류가 없는 상태에서 긴 시간이 흐르면 서로 다른 언어가 된다고 본다. 시간이 흐르면 처음에 같았던 언어라도 상호 이해가 불가능한 완전히 다른 언어가 된다는 것이다. 학자들의 추정에 따르면 처음에 같았던 언어라도 고립된 채 약 100년의 시간이 흐르면 2~50% 정도의 어휘가 변이를 일으키거나 새로운 어휘로 교체된다고 보고있다. 파울리의 분석에 따르면, '남동 멜라네시아' 지역의 오스트로네시아 언어 역시 고립된 채로 긴 시간이 흘렀기 때문에 지금과 같은 특이하고 다양한 모습을 띠게 된 것으로 추정한다.

2. 기원[14) 15) 16) 17) 18) 19)]

고고학 및 체질인류학 연구 결과에 따르면 오늘날의 멜라네시아 지역으로는 크게 두 번의 인류 이주가 있었다. 첫 번째는 약 5만 년 전 플라에스토세에 일어났는데, 당시 일군의 주민들이 동남아시아를 거쳐 오늘날의 호주 및 파푸아뉴기니 지역으로 유입되었다. 당시는 빙하기였고 지구의 해수면이 지금보다 훨씬 낮았다고 한다. 그래서 호주와 파푸아뉴기니, 그 밖의 많은

---

13) Pawley, Andrew. 2006. Explaining the abberrant Austronesian languages of southeast melanesia: 150 years of debate, Journal of the Polynesian Society 115(3): 215-257
14) Ivens, Walter G., 1918. Project Canterbury: Melanesia and its people. Washington: Carnegie Institution of Washington, 1918. (Transcribed by the Right Reverend Dr. Terry Brown), Bishop of Malaita, Church of Melanesia, 2006. http://anglicanhistory.org/oceania/ivens_dictionary_app04.html
15) Wikipedia. Melanesia. https://en.wikipedia.org/wiki/Melanesia
16) Shutler, Mary Elizabeth and Shutler, Jr., Richard. 1967. Archaeology & Physical Anthropology in Oceania 2(2): 91-99. Published by: Wiley on behalf of Oceania Publications, University of Sydney. http://dx.doi.org/10.1002/j.1834-4453.1967.tb00025.x
17) Jane's Melanesia Home Page. Melanesia. http://www.janeresture.com/melhome/
18) Dixon, Roland B., 1916. Oceanic methology Part II. pp. 101-148. Melanesia. University Press Cambridge, Massachusetts, Marshall Jones Company. http://www.sacred-texts.com/pac/om/om10.htm
19) Wikipedia. Early human migrations. https://en.wikipedia.org/wiki/Early_human_migrations

섬이 육지로 연결되어 사훌(Sahul)이라 부르는 거대한 대륙을 이루고 있었다. 또 인도네시아의 많은 섬이 아시아 본토와 육지로 연결되어 순다(Sunda)라고 불리는 거대한 대륙을 이루었다. 그러나 두 대륙 사이에는 깊은 해협이 있었으며(오늘날의 월러스선 지역), 최초의 멜라네시아인들은 짧은 항해를 거쳐 순다 대륙에서 사훌 대륙으로 넘어온 것으로 추정된다. 이 시기에 멜라네시아로 이주했던 사람들은 호주 원주민과 인종이 같은 오스트랄로이드 그룹에 속했고 파푸아 언어(Papuan Language)를 사용했다.

멜라네시아로의 대거 이주는 약 3,000~4,000년 전에 다시 일어났다. 이들은 오늘날의 남중국 및 동남아시아에서 멜라네시아로 이주하며 신석기 농경문화를 함께 가지고 왔다. 이 문화는 정교한 무늬를 가진 도기로 유명한데 이 도기가 발굴된 지역의 이름을 따서 라피타 문화라 불린다. 5만년 전 처음 멜라네시아로 이주한 오스트랄로이드 선조들과 달리 라피타인들은 몽골인종(Mongoloid)에 속했고 오스트로네시아 언어를 사용했다. 이들은 황색 또는 올리브색 피부색을 띠며, 광대뼈가 발달하고, 털이 별로 없는 편이었다. 이 두 인종은 언어, 문화, 신체적 특징이 크게 다른데 이러한 차이점은 오늘날의

약 5만 년 전의 서태평양
(출처 : Wikipedia)

멜라네시아에서도 발견된다. 주민들의 거주범위나 인구분포를 볼 때 오늘날 멜라네시아인의 주류를 이루는 것은 첫 번째 이주 집단의 후손인 파푸아인이며, 오스트로네시아인은 상대적으로 그 수가 적은 편이다. 하지만 두 인종 간의 문화적·생물학적 뒤섞임이 오늘날 멜라네시아의 다채로운 언어적·문화적 풍경을 만들어 냈다는 사실은 의심할 여지가 없다.

멜라네시아인

대체로 멜라네시아인은 키가 작은 편이다. 20세기 초반 기록에 의하면 남성의 평균 신장은 165cm, 여성의 평균 신장은 160cm 정도라고 기록되어 있다. 이 때문에 과거에 탐험가들은 멜라네시아인을 '피그미'라고 기록하기도 했다. 이들은 키는 작지만 체형은 다부진 편으로 특히 파푸아뉴기니 내륙 지역 사람들이 그러하다. 또 '멜라네시아(Melanesia)'라는 용어의 어원이 말해 주듯이 이들은 피부색이 검은 편인데 짙은 갈색에서부터 짙은 흑색까지 다양하다. 끝으로 '파푸아(papua)'라는 용어는 말라에어인 'papuwah'에서 왔는데 '곱슬머리'라는 뜻이다. 이 용어대로 멜라네시아인들은 곱슬머리가 많다. 그 밖에 얼굴의 형태는 굴곡이 꽤 있는 편으로 코와 입이 상당히 돌출되어 있고 눈은 깊숙이 들어가 있으며 눈은 짙은 갈색을 띤다. 남성들은 대부분 구레나룻이나 수염을 기르고 있다.

 멜라네시아인들의 대다수가 B형인 것과 다른 생물학적 증거를 바탕으로 멜라네시아의 해양 흑색 인종과 아프리카인은 신체적으로 비슷한 양상을 띠지만, 서로 직접적인 관련이 없음을 알 수 있다. 남동아시아의 적은 수를 차지하고 있는 니그리토와 호주의 애버리진은 먼 친척관계라 할 수 있다. 현재의 증거에 따르면 그들은 아프리카인과 신체적 특징(검은 피부, 짧은 곱슬머리 등)이 같은데, 이것은 비슷한 열대 환경에 순응하기 위해 변화된 결과라 할 수 있다.

 학자들은 멜라네시아인을 선사시대 때 이주한 시기에 따라 세 가지로 구분하였다. 첫 번째는 니그리토인으로 가장 먼저 이주한 사람들이며, 알려진 바에 의하면 고립된 산악지대에서 부터 시작되었다고 한다. 그들은 키가 작고 근육질에 진갈색의 피부를 가지고 있다. 파푸아인은 니그리토인 다음으로 이주한

니그리토인[20], 파푸아인[21], 멜라네시아인[22]

사람들이며, 약간 더 키가 크고 구리빛 피부에 굵은 뼈와 때때로 매부리코를 가지고 있다. 멜라네시아인은 가장 뒤늦게 이주해 온 사람들이며, 가장 키가 크고 멜라네시아 정착민들 중 가장 밝은 피부톤과 가늘고 덜 곱슬거리는 머리카락을 지니고 있다.

파푸아뉴기니 축하 전사부족 댄스 (Pixabay.Com)

---

20) The Urban Tourist, Negrito, http://www.skyscrapercity.com/showthread.php?t=1742693&page=3
21) Eco Communications, http://www.eco-communications.net/2010/06/15/109/
22) Atlanta Black Star, A Melanesian Girl, http://atlantablackstar.com/2014/03/06/black-striking-images-various-types-black-people-around-world/a-melanesian-girl/

chapter
02

파푸아뉴기니의
이해

01 문화인류학의 보고, 파푸아뉴기니

개요

파푸아뉴기니는 20세기 문화인류학의 성소라 할 수 있다. 20세기 초, 마거릿 미드, 말리노프스키 등의 저명한 문화인류학자들은 수년간 파푸아뉴기니에서 머무르며 오늘날 고전의 반열에 오른 여러 연구를 수행했다. 어떤 의미에서 파푸아뉴기니는 현대적 의미의 문화인류학이 탄생한 곳이라고도 할 수 있다. 그중에서도 파푸아뉴기니 남동부, 트로브리안드 제도(Trobriand Islands) 주민들의 교역체계, 성생활, 주술체계를 상세히 연구해 후대 학계에 큰 영향을 준 말리노프스키의 연구가 유명하다.

브로니슬라브 말리노프스키(Bronislaw Malinowski, 1884~1942)[23] 폴란드 출신의 문화인류학자. 파푸아뉴기니 트로브리안드 제도에 거주하며 원주민들의 풍습을 깊이 있게 연구했다[24]

---

23) Wikipedia, Bronislaw Malinowski, http://en.wikipedia.org/wiki/Bronis%C5%82aw_Malinowski
24) Wikipedia, Bronislaw Malinowski, http://en.wikipedia.org/wiki/File:Wmalinowski_triobriand_isles_1918.jpg

말리노프스키는 폴란드 출신의 문화인류학자로, 트로브리안드 제도의 문화적 현상을 깊이 연구하여 당시 서구인들의 원시사회 경제 및 사회구조에 대한 의식을 크게 바꾸어 놓았다. 그는 1914년부터 파푸아뉴기니의 트로브리안드 제도에 약 2년간 머무르면서 원주민들의 성 풍속, 주술 풍습, '쿨라 교환체계'를 깊이 연구했다. 1922년 출간된 약 600페이지에 달하는 『서태평양의 항해자들(Argonauts of the Western Pacific: An account of native enterprise and adventure in the Archipelagoes of Melanesian New Guinea)』이 바로 트로브리안드 제도의 '쿨라 교환' 메커니즘을 깊이 있게 파헤친 책이다.[25]

그는 이 책에서 원시사회에도 나름의 법칙과 체계가 존재하며 그 체계에 따라 커뮤니티가 운용된다는 것, 또 원시인들이 단순히 욕구충족을 위해 자원을 채취하고 최소의 노력으로 최대의 효과를 얻으려는 동물적 본능을 가진 야만인이 아니라, 그들 나름의 독특한 교환, 증여체제를 가지고 있으며, 잉여 생산물을 활용, 분배하는 나름의 방식을 가지고 있음을 증명했다. 그의 연구는 후대 마르셀 모스(Marcel Mauss)의 '증여론' 등 경제사회학 분야에 영향을 주었고, '참여관찰'이라는 학문적 접근방법을 인류학 연구에 확고하게 정립시켰으며, 인지인류학, 생태인류학의 태동에도 큰 영향을 끼쳤다.

1. 쿨라 교환[26]

쿨라 교환(kula exchange)은 트로브리안드와 인근의 멜라네시아 여러 섬에서 행해지는 가치재의 의례적 교환을 뜻한다. 이는 화폐경제가 도래하기 전 원시사회에서 행해졌던 사회적·경제적 교환 시스템으로, 원시사회의 경제, 법, 증여 관념 등을 잘 보여 준다. 이때 한 지역 내에서 이루어지는 쿨라 교환은 내지 쿨라(inland kula), 섬들 간 이루어지는 교환은 원정 쿨라(overseas kula)라고 한다. 원정 쿨라는 항해와 주술과 의례를 동반한다. 쿨라 교환은

---

[25] Malinowski, Bronislaw. 1932. Argonauts of the Western Pacific, An Account of Native Enterprise and Adventure in the Archipelagoes of Melanesian New Guinea, George Routledge & Sons, London 1932, E. P. Dutton & CO., New York 1932. http://wolnelektury.pl/media/book/pdf/argonauts-of-the-western-pacific.pdf
[26] Leigh, Carolyn and Peery, Ron. Art-Pacific-guide to Artifacts, massim: Trobriand Islands and Kula exchange, Milne Bay Province, PNG. http://www.art-pacific.com/images/massimap.gif, http://www.art-pacific.com/artifacts/nuguinea/massim/trobkula.htm.

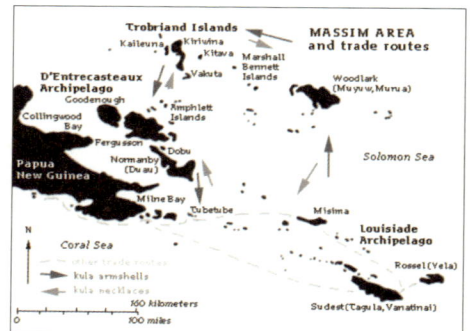 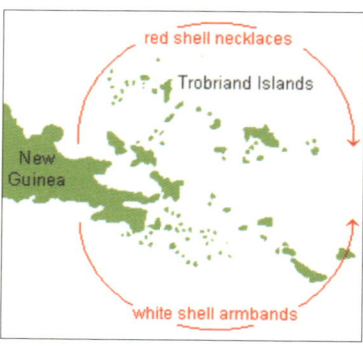

쿨라 교환의 모식도
쿨라 교환이란 파푸아뉴기니 남동부 연안과 트로브리안드 제도에서 행해지는 섬들 간의 의례적 교역을 말한다. 쿨라 교환에는 두 가지 종류의 물품이 사용된다. 하나는 붉은 조개 목걸이고, 다른 하나는 흰 조개 팔찌이다. 이 때 붉은 조개 목걸이는 시계 방향 그리고 흰 조개 팔찌는 반시계 방향으로 순환한다. 또한 섬들 간의 원정 쿨라에는 장거리 항해가 필수적이다. 원정 쿨라는 카누 건조, 선물 준비, 항해, 주술 등 다양한 활동이 수반되는 대규모 의식이다 (Wikipedia)

의례적 가치재(ceremonial valuables)를 획득하려는 노력에 의해 이루어진다. 트로브리안드 사람들은 이 의례적 가치재를 바이구아(vai'gua, 귀중품)라고 한다. 바이구아는 실용적 가치가 거의 없는 물건으로, 쿨라 교환에는 두 종류의 바이구아가 사용된다. 하나는 붉은 조개 목걸이로 소울라바(Soulava) 또는 바기(Bagi)라고 하며, 다른 하나는 흰 조개 팔찌로 무왈리(Mwali)라고 한다. 이때 붉은 조개 목걸이는 섬들 간에 시계방향으로 교환되고, 흰 조개 팔찌는 반시계방향으로 교환된다. 각각의 바이구아는 반대 방향으로는 절대 순환할 수 없다.

쿨라에서는 의례적 선물의 교환 외에도 실용적인 물품들의 물물교환도 이루어진다. 이를 일컬어 김왈리(Gimwali)라고 한다. 쿨라는 일종의 엄숙한 선물 교환 의식이어서 일체의 흥정이나 물품 요구 등은 허용되지 않는다. 만약 다른 부족이 가져온 바이구아(쿨라의 귀중품)에 대해 흥정을 하거나, 값을 매기거나 더 많은 바이구아를 요구하면 그 부족의 위신은 추락하고, 다음에는 쿨라 교역 대상에서 제외된다. 이런 인색함과 "쩨쩨함"은 쿨라 공동체에서 가장

---

27) O'Neil, Dennis. Economic systems — An introduction to systems of distribution and exchange. http://anthro.palomar.edu/economy/images/map_of_Kula_Ring.gif

쿨라 교역에 쓰이는 두 가지 물품, 소울라바와 무왈리[28) 29)]
트로브리안드 여자들이 목에 걸고 있는 소울라바(Soulava, 붉은 조개 목걸이) (좌)와 무왈리(Mwali, 흰 조개 팔찌) (우)

기피하는데, 많은 바이구아를 받고 나서도 다음번에 그만큼을 되갚지 않는 부족들은 '썩은 추장', '쓰레기' 등 혹독한 평가를 받는다. 또 쿨라에 대해 흥정을 하거나 지나치게 속이 보이는 행동을 하면, '쿨라를 김왈리처럼 한다'는 소리를 듣게 된다. 멜라네시아 문화에서는 탐욕과 인색함을 가장 수치스런 악덕으로 보며, 이는 상대에 대한 상당히 심한 평가이다.

한편 쿨라 교환은 일종의 지역 간 평화조약의 역할을 한다. 적대적일 수도 있는 씨족들끼리도 서로 없어서는 안 될 물건들을 교환할 수 있기 때문이다. 이때 토기는 교역 물건 중 가장 중요한 것이다.

아래 내용은 말리노프스키가 지은 『서태평양의 항해자들』(최협 옮김, 전남대학교출판부, 2013)에서 쿨라에 대한 부분을 발췌한 것이다.[30)]

> "한 번의 거래로 쿨라 관계가 종결되는 것이 아니다. 한번 쿨라에 들어가면 계속 쿨라에 속한다"는 것이 규칙이며, 둘 사이의 상호관계는 평생 계속 이어지는 영구적인 것이기 때문이다. 또 임의의 음왈리나 소울라바는 항상 돌고 돌아 소유자를 바꾸고 그것이 한곳에 머무는 일은 없다." (p.135)

---

28) Song, Priscilla. Anthropology 500: Malinowski Project. http://classes.yale.edu/02-03/anth500a/projects/project_sites/99_Song/images/soulava.jpg
29) Pitt Rivers Museum. Body ornaments and shaping. Shell armlet – Oceania. http://www.prm.ox.ac.uk/LGweb/images/1933_40_18.jpg
30) 최협(옮김), 2013. 브로니슬라브 말리노프스키의 『서태평양의 항해자들』 전남대학교출판부

"쿨라는 불안정하고 비밀스런 교환형식이 아니다. 그와는 반대로 쿨라는 신화에 근거하며 전통적인 법에 의해 뒷받침되고 주술적 의례로 둘러싸여 있다. 그 중요한 거래는 모두 공적인 성격을 갖고 의식을 동반하며, 일정한 규칙에 따라 행해진다. 그것은 우발적으로 행해지는 것이 아니라 미리 결정된 날짜에 규칙적으로 행해지며, 정해진 약속장소로 향하는 일정한 교역 루트에 따라 행해진다…… 거래의 경제적 메커니즘은 특수한 신용 형식에 기초하며, 상호 간의 높은 신의와 상업적 도덕성을 필요로 한다…… 마지막으로 쿨라의 중요한 목적은 실용성이 없는 물건을 교환하는 것이기 때문에 쿨라는 반드시 필요에 의해 행해지지는 않는다." (p. 138)

"이제는 대단히 중요한 쿨라의 또 다른 규칙으로 넘어가 보자. 방금 설명했던 것 같이 팔찌와 목걸이는 쿨라의 고리에서 항상 각각의 방향으로 계속 돌고, 어떤 일이 있어도 다른 방향으로는 교역될 수 없다. 또한 그것은 멈추지 않는다. 처음은 믿기 어려운 것 같이 보이지만 쿨라의 보물(=교환품목)을 장기간에 걸쳐 보유하는 자는 없는 게 사실이다. 실제에는 트로브리안드 제도 전체에서 특별하게 한두 개의 예쁜 팔찌와 목걸이를 가보로서 영구히 소유하고 있는 경우가 있다. 그러나 이것은 아주 특별한 종류이고 쿨라에서 영원히 제외된 것이다. 그 때문에 쿨라에 대한 '소유'는 매우 특수한 경제관계이다. 쿨라에 속해 있는 남자는 보물을 대체로 1~2년 이상은 보유하지 않는다." (p. 147)

"물품교환 규칙의 바탕에 깔린 중심원리는 쿨라가 의례적 선물을 주는 행위로 이루어진다는 사실 자체이다. 그 선물은 일정 시간이 지나면 거기에 대한 등가의 답례를 해야 하는 것이지만, 그 지불까지에 도달하는 시간은 때로는 1년 혹은 그 이상이 될 수도 있는데, 몇 시간 또는 심지어 몇 분간이라 해도 상관없다. 그러나 그 자리에서 서로 의논하고, 흥정을 하고, 계산을 하거나 해서 두 물건의 가치에 합당한 품목을 바로 직접 상호 교환하는 것은 결코 허락되지 않는다. 쿨라 거래를 하는 법칙은 엄격하게 지켜지고 대단히 중요시된다. 원주민은 쿨라 거래를 물물교환과 확실히 구별한다." (p. 149)

"쿨라는 의례적 물물교환이고, 영속적인 협력관계에 바탕을 두고 있으며, 제공하는 선물은 언제나 받아들여지고, 시간이 지난 뒤 반드시 비슷한 상환 선물로 되갚아진다." (p. 264)

"쿨라에서 교환의 주요원리는…… 다음과 같다. 즉, 쿨라의 교환은 반드시 선물(gift)이어야만 하고, 거기에는 반드시 답례가 뒤따른다. 쿨라는 결코 교환물이 동등한 가치의 물건인지 아닌지를 따지거나 가격을 흥정하는 물물교환이 아니다. 쿨라에서는 명칭도, 성격도, 시기도 다른 두 개의 거래가 이루어진다. 교환은 바가(vaga)라고 하는 최초의 선물로 시작되고, 그것에 대한 요티레(yotile), 즉 마지막 보답선물로 마감된다..... 교환을 시작하는 선물인 바가는 자발적으로 보내져야만 한다. 즉, 증여에 있어 어떤 의무의 강제도 따라서는 안 된다." (pp. 470~471)

"쿨라 거래에 있어서 등가의 사고방식은 대단히 강하며 확고하다. 그리고 받은 쪽이 요티레(답례의 선물)에 만족하지 않을 경우에는, 그것이 최초의 선물로서 적합한 '이빨(kubu)'이 아니라고 심하게 불평을 늘어놓고, 그것은 진정한 '결혼'도 아니다. 그것은 바르게 '물어뜯지(bitten)' 않았다라고 말하며 화를 내게 된다."......

■ 정말로 파푸아뉴기니 사람들이 사람을 잡아먹는가?[31]

2012년 7월, 파푸아뉴기니에서 식인 사건이 발생했다. 파푸아뉴기니 마당(Madang) 지역 근처의 내륙 마을에서 29명의 주민이 주술사로 의심되는 7명을 죽이고 그들의 시체를 먹은 것이다. 마당 주의 경찰서장인 앤서니 와감비에(Anthony Wagambie)는 이들이 식인 컬트의식을 행한 것으로 보고하였다. 이들은 죽은 피해자가 '산구마(Sanguma)', 즉 악의적 주술을 시전했으며, 자신들의 초능력을 이용해 가난한 마을주민들에게 돈을 갈취하거나 성적 요구를 했다고 언급했다. 이 마술사들의 장기와 신체를 먹음으로써 그들의 마술적 힘을 얻으려고 했다는 것이다. 와감비에 서장은 이런 의식이 파푸아뉴기니 북동부 내륙지방에서 일어나는 것으로 보고되고 있다고 말했다.[32]

위 기사는 2012년 News.com.au에 게시된 것으로서, 파푸아뉴기니의 식인풍습이 최근까지도 계속되고 있다는 것을 알려 준다. 사실 식인은 파푸아뉴기니의 오랜 풍습으로, 20세기 초의 몇몇 선교사의 기록에 따르면 중부 내륙지방에서는 인간을 '키 큰 돼지(long pig)'로 여겼고, 주민들이 사람고기의 맛이 돼지고기보다 낫다고 평가하기도 했다고 한다. 파푸아뉴기니의 식인풍습과 관련해서는 1950년대 인류학계와 의학계에 큰 충격을 던진 포레족의 식인풍습이 유명하다.

---

31) Williams, F.E., 1930. Here be cannibals. Cannibalism in New Guinea. Orokaiva Society, The Heretical Press. http://www.heretical.com/cannibal/nguinea1.html
32) AFP. Papua New Guinea cannibal cult charged with killing and eating witch doctors. http://www.news.com.au/world-news/papua-new-guinea-cannibal-cult-charged-with-killing-and-eating-witch-doctors/story-fndir2ev-1226425816740

포레족과 쿠루병 [33] [34] [35] [36] [37] [38]

파푸아뉴기니에 사는 포레(Fore)족은 1940년대까지 외부로는 거의 알려지지 않았다. 파푸아뉴기니를 지배하던 호주에서 공무원을 파견해 인구조사를 하면서부터 알려졌다. 포레족은 식인풍습을 지닌 종족으로 발견되면서 인류학뿐만 아니라 의학계에도 큰 파문을 일으켰다. 주된 이유는 1950년대에 포레족에 이상한 질병이 돌았기 때문이다. 호주에서 파견된 조사단이 이 질병을 설명하면서 '여자 환자는 몸이 쇠약해지고 일어설 수도 없게 되면서 집안에 누워 음식을 조금밖에 먹을 수 없으며 온 몸이 심하게 떨리는 증세를 보이고 결국에는 사망하게 된다'라고 보고하였고, 같은 보고서에서 포레족을 식인종으로 기술하였다.

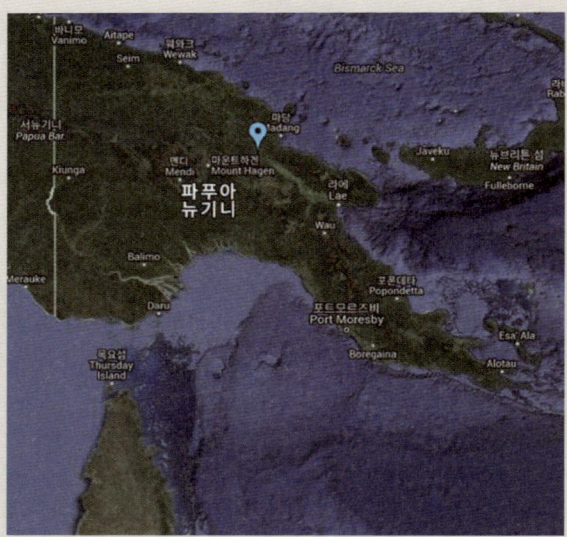

포레(Fore)족이 사는 파푸아뉴기니 지역(구글맵)

---

33) Wikipedia, Fore People, https://en.wikipedia.org/wiki/Fore_people
34) Wikipedia, Kuru(disease), https://en.wikipedia.org/wiki/Kuru_(disease)
35) 이상희, 2011. 그들은 식인종이 아니었다. [이상희의 인류학 산책] 포레족과 쿠루병의 진실. Acropolis Tiumes. 2011.11.1. http://www.acropolistimes.com/news/articleView.html?idxno=1528
36) 이상희, 2012. [02/인류 진화, 뜨거운 주제들] 카니발리즘 … 식인 풍습은 있었지만 식인종은 없었다. 동아일보(인터넷). 2012.1.14. http://news.donga.com/Culture/New/3/07/20120113/43306281/1
37) Gros, Pierre Paul, Carleton Gajdusek & Kuru. https://www1.umn.edu/ships/modules/biol/CarletonGajdusek&Kuru.pdf
38) Ruma, Sioni. 2012. Culture, national interest & identity in foreign policy. Keith Jackson & Fridnes: PNG Attitude. http://asopa.typepad.com/asopa_people/2012/09/culture-national-interest-identity-in-foreign-policy.html

이 병은 몸이 심하게 '떨린다'는 뜻의 '쿠루'라는 단어를 붙여 쿠루병으로 명명되었다. 환자들이 보이는 발작적인 웃음 때문에 '웃는 병'으로도 불렀다. 증상이 나타나기 시작하면 3개월에서 2년 정도 생존하는데, 그 기간 동안 세 단계를 거쳐 병이 진행된다고 한다. 처음에는 거동이 불안하며, 혀가 풀리고, 몸이 떨린다. 다음 단계에는 떨림이 심해져서 거동이 힘들며 정서불안과 우울증에 시달리고 가끔 발작적인 웃음을 멈추지 못하기도 한다. 마지막 단계에서는 몸의 근육이 풀리고 거동이 불가능해지며 말을 못 하며 배변 기능도 멈추고, 아무것도 삼킬 수 없게 된다. 이 병을 처음 발견했을 당시에는 환자들 대부분이 거의 폐렴이나 욕창에 의한 감염으로 사망에 이르렀다.

쿠루병은 뉴기니 지역에 1950년대부터 1960년대까지 유행병처럼 퍼져 있었다. 1957년에 미국 의학자 대니엘 칼튼 가이듀섹(Daniel Carleton Gajdusek)이 포레족 지역을 직접 찾아가서 그들과 함께 수십 년간 생활하면서 언어, 문화 및 풍습 등을 연구하였고, 직접 쿠루로 사망한 환자들을 부검하기도 하였다. 그는 포레족에 있는 장례식 풍습과 식인행위의 연계성에 주목하였으며, 주로 쿠루에 걸리는 여자와 아이들은 장례 절차에 따라 죽은 사람의 뇌를 먹었다는 것에 주목했다. 쿠루의 원인은 마치 유전자처럼 행동하는 단백질인 프리온이며, 프리온의 존재가 의학계에 직접 입증된 것도 쿠루 연구를 통해서였다. 암 세포는 세포 분열을 통해 새로운 암 세포를 만들어 내지만, 프리온은 주변에 이미 만들어진 세포를 변성시킨다. 가이듀섹은 프리온 발견을 계기로 1976년 노벨의학상을 받았다. 식인행위가 장례식 풍습에서 사라지면서 쿠루병도 포레족에서 사라졌다.

장례풍습과 식인풍습

포레족의 식인 풍습은 장례절차의 일부였다. 사람이 죽으면 그 사람의 모계 친족 여성들이 시신을 수습하면서 장례식을 치르게 되는데, 이 과정에서 식인행위가 이루어진다. 의학계에 1982년에 가이듀섹 등이 발표한 논문[39]에 의하면 15명의 쿠루환자들에 대한 설명을 하면서 15명 모두 20년 전의 풍습에 따른 식인행위를 했다고 하였다. 20년의 잠복기간에 비해 환자들이 사망하기까지는 발병 2년을 채우지 못하고 사망하는 것으로 알려졌다. 포레족은 왜 이런 끔찍한 장례를 치렀을까? 왜냐하면 죽은 사람을 먹음으로써 죽은 사람이 살아 있는 사람의 일부가 되어 그들이 살던 동네에서 죽은 후에도 계속 살게 된다고 믿었기 때문이다. 이런 믿음은 파푸아뉴기니뿐만 아니라 아마존의 야노마모족에서도 발견된다. 그들은 죽은 사람을 화장하여 그 재를 죽에 섞어 친척이자 이웃사촌인 같은 마을 사람들끼리 나눠 먹는다. 포레족의 식인 풍습은 겉으로 나타나는 끔찍한 모습을 걷어 내면, 인간의 보편적인 갈망, 즉 사랑하는 사람이 죽었음에도 그들과 계속 함께하고자 하는 눈물겨운 믿음의 표현에 더 가깝다고 할 수 있다.

파푸아뉴기니에서 활동 하였던 미국 의학자 대니얼 칼튼 가이듀섹(위쪽)과 포레족 진찰 모습

---

39) Prusiner, Stanley B., Gajdusek, D. Carleton, and Alpers, Michael P., 1982. Kuru with incubation periods exceeding two decades. Annals of Neurology 12:1-9. 10.1002/ana.410120102

02 국가 일반사항 [41] [42] [43] [44] [45] [46] [47]

파푸아뉴기니 지도[40]

---

40) 옥토뱅크, 2011, 파푸아뉴기니 여행정보, http://cafe.daum.net/_c21_/bbs_search_read?grpid=1FNUr&fldid=i5uv&contentval=00004zzzzzzzzzzzzzzzzzzzzzzzz&nenc=&fenc=&q=%C6%C4%C7%BB%BE%C6%B4%BA%B1%E2%B4%CF%C1%F6%B5%B5&nil_profile=cafetop&nil_menu=sch_updw
41) Wikipedia, Papua New Guinea, https://en.wikipedia.org/wiki/Papua_New_Guinea
42) 위키백과, 파푸아뉴기니, https://ko.wikipedia.org/wiki/%ED%8C%8C%ED%91%B8%EC%95%84_%EB%89%B4%EA%B8%B0%EB%8B%88
43) CIA, 2015, The World Factbook, Papua New Guinea, https://www.cia.gov/library/publications/the-world-factbook/geos/pp.html
44) Countries of the Wolrd, 2015, Papua New Guinea - 2015, http://www.theodora.com/wfbcurrent/papua_new_guinea/
45) 외교통상부, 2013, 파푸아뉴기니 개황, http://png.mofa.go.kr/korean/as/png/information/life/index.jsp
46) 외교통상부, 2013, 파푸아뉴기니 생활안내, http://png.mofa.go.kr/webmodule/htsboard/template/read/korboardread.jsp?typeID=15&boardid=7751&seqno=657208&c=&t=&pagenum=1&tableName=TYPE_LEGATION&pc=&dc=&wc=,&lu=&vu=&iu=&du=
47) PNG Peles, Information and facts about Papua New Guinea, http://pngpeles.com/index.php/information-and-facts-about-papua-new-guinea

1. 명칭
- 공식명칭 : 파푸아뉴기니 독립국(The Independent State of Papua New Guinea)
- 일반명칭 : 파푸아뉴기니(PNG)
- 파푸아(Papua)는 곱슬머리라는 의미의 말라에어에서 유래하였고, 뉴기니(New Guinea)는 아프리카 기니(Guinea) 해안의 주민과 유사한 데서 명명됨

2. 지리
- 위도 : 남위 1~11도, 동경 141~156도
  호주 북단 및 인도네시아 섬과 국경을 접함
- 면적 : 46만 2,840 km^2(한반도의 2배, 본토 외 600여 개 섬으로 구성)
- 기후 : 고온다습, 열대성 기후, 지역에 따라 강우량의 차이가 심함
  - 전국 평균 : 강우량 1,000~2,000 mm, 기온 : 21~35°C
  - 수도지역 : 연간 강우량 1,000 mm(사바나성), 기온 : 21~31°C
- 수도 : 포트모르즈비(Port Moresby, 인구 33만)
- 주요 도시 : 라에(Lae), 마당(Madang), 웨왁(Wewak), 고로카(Goroka), 마운트 하겐(Mt. Hagen) 등
- 행정구역 : 1개 수도권 특별시(NCD) 및 21개 주(Province) 정부
- 표준시 : GMT + 10시간(한국 시간보다 1시간 빠름)
- 전화 : +675

3. 사람
- 인구 : 약 700만 명(2015.7. 기준)
- 인구 증가율 : 1.78%(2015)
- 도시인구 비율: 13%(2015)
  - 나이 구조 14세 이하 : 34.45%
    15~64세 : 61.5%
    65세 이상 : 4.05%

- 평균 수명 : 남자 64세, 여자 69세(2015)
• 인종 : 멜라네시아인 96%, 미크로네시아인 2%, 폴리네시아인 1%,
  중국계 및 유럽계 1% 등
• 언어 : 공용어는 영어. 그 외 피진(Pidgin)어와 모투(Motu)어 등 850여 종의
  부족별 지방 언어 사용
• 교육 : 식자율(literacy rate) 64.2%(2015)
  - 대학교 : University of Papua New Guinea, Divine Word University,
    Papua New Guinea University of Technology,
    University of Goroka, Pacific Adventist University 등
  - 도서관 : 1978년에 건립된 파푸아뉴기니 국립도서관은 수도 포트모르즈비에
    위치하며, 약 5만 6,000권의 도서 소장
  - 박물관 : Papua New Guinea National Museum and Art Gallery,
    Madang Museum, J. K. McCarthy Museum 등
• 건강 : 총 GDP 중 보건 예산: 4.5%(2013)
  - 유아 사망률 : 34.5%(2015)
  - 출산율 : 24.38명/1,000명(2015)
  - 성인 비만율 : 25.5%(2014)
• 종교 : 기독교(개신교 및 가톨릭, 97%), 기타 토착신앙

4. 정부

• 독립일 : 1975.9.16(호주로부터 독립)
• 국가원수 : 엘리자베스 2세 영국 여왕(영연방의 일원)
• 정부형태 : 의원내각제
• 총독 : Sir Michael Ogio(2011.2.25~현재, 2015)
• 총리 : Peter O'Neill(2012.8.3~현재, 2015)
• 국회의장 : Theo Zurenuoc(2012.8.9~현재, 2015)
• 외교장관 : Rimbink Pato(2012.8.9~현재, 2015)

PNG 22개 주 및 부겐빌 자치주 현황

2012.11.01 기준

주명	인구	면적	주지사
Central	183,983	29,518	Kila Haoda
East New Britain	220,133	15,816	Leo Dion
East Sepik	343,181	42,898	Michael Somare
Eastern Highlands	432,972	11,347	Julie Soso
Enga	295,031	12,200	Peter Ipatas
Gulf	106,898	34,500	Havila Kavo
Madang	365,106	29,000	Jim Kas
Manus	43,387	2,510	Charlie Benjamin
Milne Bay	210,412	16,200	Titus Philemon
Morobe	539,404	35,968	Kasiga Kelly Naru
NCD(수도)	254,158	240	Powes Parkop
New Island	118,350	10,405	Julius Chan
Oro(Northern)	133,065	22,800	Garry Juffa
Sandaun(West Sepic)	185,741	36,300	Akmat Mai
Simbu	259,703	6,100	Noah Kool
Southern Highlands	546,265	23,540	William Titpe Powi
West New Britain	184,508	20,487	Sasindran Muthuvel
Western	153,304	99,930	Ati Wobiro
Western Highlands	550,000	8,500	Pais Wingti
Jiwaka	341,928	4,800	William Tongamp
Hela	341,928	10,500	Anderson Pawa Agiru
Bougainville	234,280	3,600	Joe Lera

1. Central
2. **Chimbu (Simbu)**
3. Eastern Highlands
4. East New Britain
5. East Sepik
6. Enga
7. Gulf
8. Madang
9. Manus
10. Milne Bay
11. Morobe
12. New Ireland
13. **Northern** (Oro Province)
14. Bougainville (autonomous region)
15. Southern Highlands
16. Western Province **(Fly)**
17. Western Highlands
18. West New Britain
19. West Sepik **(Sandaun)**
20. National Capital District
21. Hela
22. Jiwaka

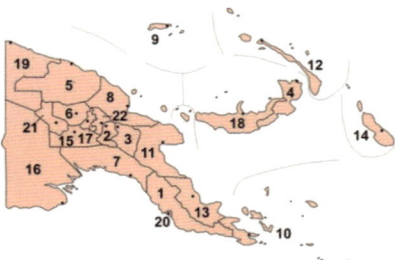

5. 경제

- 화폐단위 : Kina. USD $1 ≒ K2.88(2015.10.7)
- 국내총생산(GDP) : 180.7억 USD(2014)[48]
  - GDP 구성(2014) : 농업(26.3%), 산업(39%), 서비스(34.8%)
- 1인당 GDP : 약 2,400 USD(2014)
- GDP 성장률 : 5.8%(2014)
- 물가 상승률 : 5.3%(2014)
- 실업률 : 2.1%(2014)[49]
- 노동력 : 417만1 천명(2014)
- 농업 분야 : 커피, 코코아, 코프라, 팜 커넬, 차, 설탕, 고무, 고구마, 바닐라, 물고기 등
- 산업 : 코프라 으깨기, 팜유 처리, 합판 생산, 나무 칩 생산, 광업(금, 은, 구리), 원유와 석유 제품, 건설업, 관광업
- 수출(2014) : 약 74억 달러
  - 수출 품목 : 석유, 금, 구리 광석, 목재, 팜유, 커피, 코코아, 가재, 새우
  - 수출 대상국 : 호주(23.6%), 일본(15.6%), 중국(9.1%)
- 수입(2014) : 약 42억 달러
  - 수입 품목 : 기계 및 수송 장비, 제조업 제품, 음식, 연료, 화학물질 등
  - 수입 대상국 : 호주(26.5%), 알제리(23.2%), 싱가포르(11.4%), 중국(8.7%), 말라에시아(5.9%)
- 외부 부채(2014) : 약 308억 달러

---

48) The World Factbook. https://www.cia.gov/library/publications/the-world-factbook/geos/pp.html
49) Trading economics. Papua New Guinea unemployment rate. http://www.tradingeconomics.com/papua-new-guinea/unemployment-rate

6. 기타

파푸아뉴기니의 국기와 엠블럼
1971년 7월 1일 제정되었고, 미술 교사 수전 카리케가 디자인하였다. 5개의 하얀 별이 그려진 검정 삼각형과 극락조가 그려진 빨강 삼각형으로 구성되어 있다. 빨강과 검정은 파푸아뉴기니의 전통 색깔로서, 각각 태양과 멜라네시아를 의미한다. 극락조는 파푸아뉴기니의 국가가 기리는 새로 자유와 행복을 상징한다. 남십자성을 뜻하는 5개의 별은 오스트레일리아를 비롯한 남태평양 국가들과의 결속을 의미한다. 파푸아뉴기니의 국장은 1971년에 제정되었으며, 국장 가운데에는 극락조가 그려져 있다. 극락조 아래에는 파푸아뉴기니의 전통적인 창과 쿤투 드럼(Kundu drum)이라는 북이 놓여 있다.

파푸아뉴기니의 Time Zone – 시차는 우리나라보다 1시간 빠르다.[50]

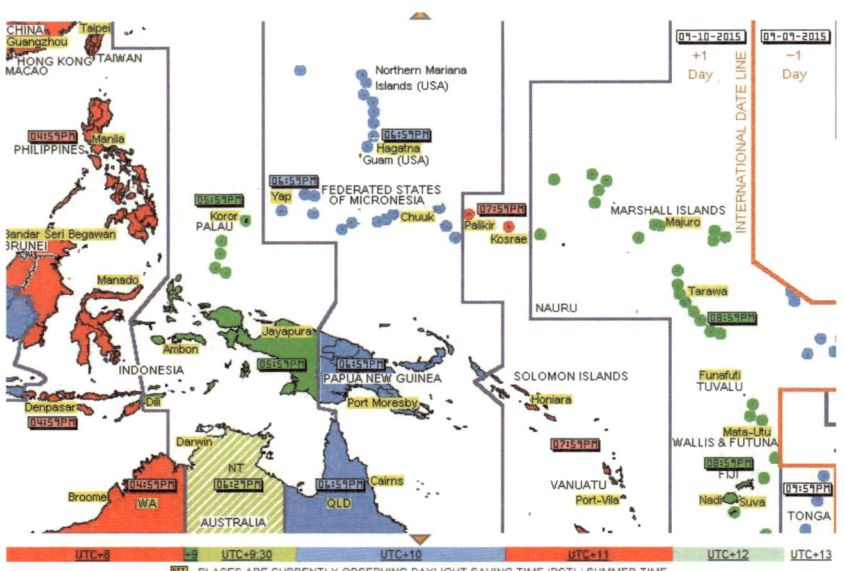

---

50) World Time Zone. http://www.worldtimezone.com/wtz015.php

화폐에 그려진 파푸아뉴기니의 상징물[51]

20키나 앞면에는 극락조와 전통북인 쿤투 드럼(Kundu drum)이 있고, 뒷면에는 멧돼지와 조개껍질 목걸이가 그려져 있다. 50키나 앞면에는 파푸아뉴기니 건국의 아버지이자 초대 수상인 마이클 소마레(Michael Somare)를, 뒷면에는 파푸아뉴기니 의회 건물을 디자인하였다. 10키나 화폐에는 파푸아뉴기니 전통 그릇과 반지가 그려져 있다.

파푸아뉴기니 지폐폐

---

51) ATSnotes.com, Papua New Guinea banknotes, PNG Kina, http://www.atsnotes.com/catalog/banknotes/papua-new-guinea.html

국가[52]

파푸아뉴기니 국가는 "오, 일어나라, 아들들아(O Arise, All You Sons)"로 호주 군인이었던 톰 새클라에디(Tom Shacklady)가 작사·작곡하였고, 1975년에 국가로 제정되었다.

O arise all you sons of this land, Let us sing of our joy to be free,
Praising God and rejoicing to be Papua New Guinea.

Shout our name from the mountains to seas
Papua New Guinea

Let us raise our voices and proclaim Papua New Guinea.

Now give thanks to the good Lord above for His kindness,
His wisdom and love for this land of our fathers so free,
Papua New Guinea.

Shout again for the whole world to hear Papua New Guinea:

We're independent and we're free, Papua New Guinea.

오, 이 땅의 모든 아들들아 일어나라 자유롭게 된 기쁨을 노래하라
하느님을 찬양하며 기뻐하라, 파푸아뉴기니.

우리의 이름을 산에서 바다까지 외쳐라, 파푸아뉴기니.

목소리를 높여 선포하라, 파푸아뉴기니.

이제 하늘에 계신 선하신 하느님께 그의 선하심과 지혜와 사랑,
자유롭게 된 선조들의 이 땅에 대해 감사하라, 파푸아뉴기니.

온 세계가 듣도록 다시 외쳐라, 파푸아뉴기니.

우리는 독립했고 우리는 자유롭네, 파푸아뉴기니.

---

52) Pacific Ocean Island Countries of the National Anthem. National anthem of Papua New Guinea "O Arise All you Sons". http://www.spf.org/yashinomi/reference/anthem/national04.html

파푸아뉴기니 국가 악보

파푸아뉴기니 (CIA(Central Intelligence Agency), Map of Papua New Guinea, sourced University of Texas resource site at http://www.lib.utexas.edu/maps/papua_new_guinea.html)

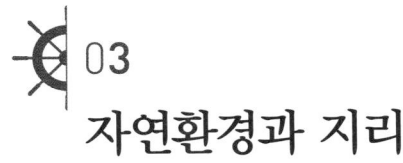

03 자연환경과 지리

개요

파푸아뉴기니는 지구에서 가장 다양한 자연환경을 보유한 나라 중 하나이다. 험준한 산맥, 빽빽한 원시림, 깊은 계곡, 큰 강, 비옥한 습지, 풍요로운 열대 연안, 화산지형 등 놀랄 만큼 복합적인 지리적 환경이 이 나라를 구성한다. 파푸아뉴기니의 중앙부는 해발고도 4,000m가 넘는 험준한 산악지방이며, 우리나라의 태백산맥에 비견할 수 있는 비스마르크 산맥이 파푸아뉴기니 북부와 남부를 가르고 있다. 이 때문에 아직 파푸아뉴기니 남북을 잇는 도로가 없으며, 수도 포트모르즈비(Port Moresby)에서 북부의 마당(Madang), 웨왁(Wewak) 같은 주요 도시로 이어지는 육로도 없다(Papua New Guinea roads & highway, 2009. http://www.skyscrapercity.com).

산이 많고 험준한 파푸아뉴기니의 지형은 각 지역을 구획하여 고립시키는 효과를 낳았다. 파푸아뉴기니의 언어, 풍습, 생물상 등이 다양한 것도 이 때문이다. 파푸아뉴기니는 세계에서 가장 많은 언어를 보유하고 있으며(800개 이상), 서로 다른 풍습을 지닌 1,000개 이상의 부족이 파푸아뉴기니에 살고 있는 것으로 추정된다. 이러한 자연환경은 파푸아뉴기니의 정치, 문화, 경제에도 큰 영향을 끼쳤다. '압도적인 다양성과 이질성을 가진 국민들을 어떻게 통합할 것인가?' 이 질문은 1975년 독립 당시부터 파푸아뉴기니가 고민한 것으로 지금도 풀지 못한 숙제로 남아 있다. 파푸아뉴기니 정치사회에서 해결되지 못하고 있는 극단적 연고주의, 족벌주의, 부정부패 등도 수많은 지역으로 분할되어 있는 이 나라의 현실에서 기인한 것이다(Papua New Guinea. http://en.wikipedia.com).

한편 험준한 자연환경 탓에 도로나 통신망 등의 기본적인 인프라 구축도 어렵고, 국가의 행정력이나 치안력도 나라 전체에까지 미치지 못하는 형편이다. 연고 및 출신에 따라 움직이는 정치인들, 외부 공동체와 거의 소통하지 않은 채 자족적 생활을 이어 가는 부족들, 횡단이나 접근이 어려운 자연적 조건 때문에 중앙정부가 강력하고 통일된 국가정책을 시행하기도 어렵고, 치안 및 법질서도 아직까지 해이하다. 국제연합개발계획(UNDP)의 2006년 인간개발지수(Human Development Index)를 보면 파푸아뉴기니는 177개국 중 139위를 기록하여, 태평양 도서국 중 최하 점수를 보였다. 또한 EIU 지수(the Economist Intelligence Unit)에 따르면 파푸아뉴기니는 세계에서 치안이 가장 불안한 나라 중 하나로 꼽힌다(UNDP, 2006).

따라서 파푸아뉴기니를 이해하려면 파푸아뉴기니의 다양하고 험준한 자연환경을 이해하는 것이 첫걸음이라고 생각된다. 파푸아뉴기니의 자연 및 지리를 지금 다루는 것도 이 때문이다.

1. 자연환경

1) 산과 산맥 [53] [54] [55] [56]

파푸아뉴기니에서 가장 높은 곳은 비스마르크 산맥에 있는 빌헬름 산으로 해발고도가 약 4,509m이다. 두 번째로 높은 산은 중부 산악지역의 길루웨 산으로 해발고도가 약 4,367m인 사화산이다. 비스마르크 산맥과 더불어 파푸아뉴기니에서 가장 중요한 산맥은 본토 남동부의 오웬 스탠리 산맥이다. 오웬 스탠리 산맥의 최고 봉우리는 빅토리아 산으로 해발고도가 4,073m이다. 또 북동부 연안을 따라 피니스테레 산맥, 사라왓 산맥, 로린슨 산맥이 있다. 이 산맥들은 산호초 석회암으로 되어 있으며 바다에서 내륙으로 이어져 있다.

---

[53] Free World Maps. Papua New Guinea. http://www.freeworldmaps.net/oceania/papua-new-guinea
[54] Copper Moly Limited. Papua New Guinea. http://www.coppermoly.com.au/papua-new-guinea/png.htm
[55] Oregon State University. Images of volcanoes in the south east Aisan region. Tectonic setting and volcanoes of Papua New Guinea, New Britain, and the Solomon Islands. http://volcano.oregonstate.edu/vwdocs/volc_images/southeast_asia/papua_new_guinea/tectonics.html
[56] Michigan Technological University Volcanoes Page. Pictures from Rabaul Caldera. http://www.geo.mtu.edu/volcanoes/rabaul/

파푸아뉴기니 서부, 인도네시아 국경 근처에 있는 스타 산맥, 힌덴부르크 산맥, 빅터 엠마누엘 산맥 등도 석회암으로 이루어져 있다.

　파푸아뉴기니의 지형을 전체적으로 살펴보면, 중앙산맥을 중심으로 한쪽은 급격한 경사지를 이루면서 바다로 이어지고(북부지역), 다른 한쪽으로는 완만한 경사로 뻗어내려 넓은 맹그로브(Mangrove) 늪을 형성하며 바다로 연결된다(남부지역). 한편 산맥의 서쪽 지역에는 끝없이 펼쳐진 광활한 초원과 적은 인구, 그리고 풍부한 야생 생물들이 어우러져 살아가고 있다. 산악지방에는 가파른 산이 많고 경사가 완만한 산은 거의 없다. 파푸아뉴기니의 비교적 완만한 언덕들은 세픽 강 상류와 포트모르즈비를 둘러싼 시골지역에 있다. 중부 산악지방에 있는 계곡에는 삼림을 태워 개간한 초원지대가 있다. 3,353m이상의 고산지대는 기후가 습하고 시원하다.

　한편, 열대우림은 파푸아뉴기니 국토의 77%를 덮고 있다. 파푸아뉴기니의

파푸아뉴기니의 산맥[57]
비스마르크 산맥과 오웬 스탠리 산맥이 동서로 길게 파푸아뉴기니를 가로 지르고 있다. 파푸아뉴기니의 놀라운 문화적·생태적 다양성은 이러한 험준한 산악지형에서 기인한 것이다

---

57) Free World Maps. Papua New Guinea. http://www.freeworldmaps.net/oceania/papua-new-guinea/papua-new-guinea-map.jpg

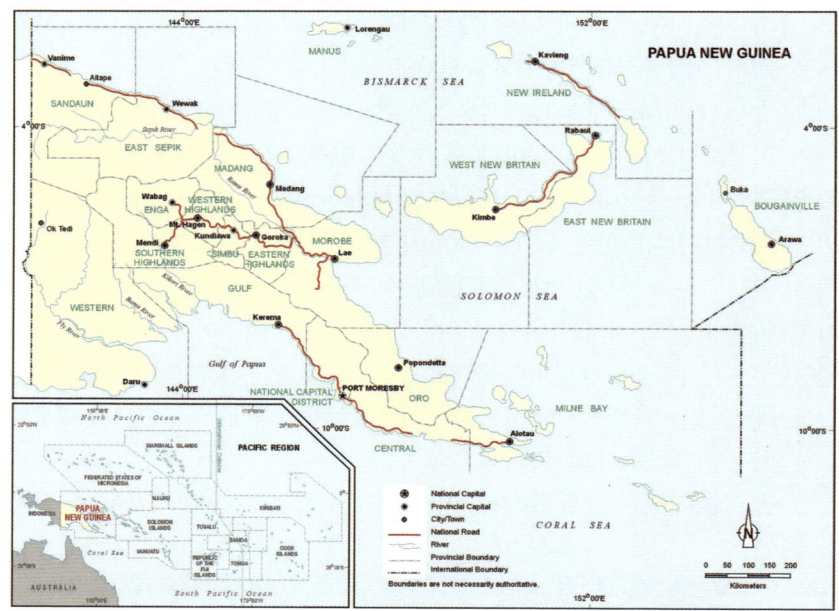

파푸아뉴기니의 주요도로[58]
본토를 동서로 가로지르는 높은 산맥 때문에 파푸아뉴기니의 도로 인프라는 아주 열악하다. 남북을 잇는 주요 도로가 없으며, 파푸아뉴기니 최대 도시인 포트모르즈비와 제2의 도시인 라에를 잇는 도로도 없다

    열대우림은 생물다양성이 아주 높은데, 파푸아뉴기니에는 약 1만 1천 종의 식물, 250종의 포유류, 그리고 약 700종의 조류가 서식하는 것으로 추정된다.

    한편 파푸아뉴기니에는 화산도 많은데 상당수의 섬이 화산섬이다. 파푸아뉴기니는 호주판이 태평양 판 아래로 섭입되는 지역에 위치하며, 파푸아뉴기니 중앙부를 가로지르는 험준한 산맥은 이 두 판의 충돌로 형성되었다. 또한 파푸아뉴기니 북부의 도서지역은 소위 '불의 고리'라 불리는 환태평양 조산대의 일부로 화산과 지진이 잦다.[59] 화산섬들은 대략 해발고도가 1,500m 이상으로 지형에 기복이 많다. 뉴브리튼 섬의 파더 산 같은 경우, 해발고도가 2,300m 정도이며, 본토 외의 섬들에서 가장 높은 산은 부겐빌

---

58) Mappery, 2008. Papua New Guinea Map. http://mappery.com/Papua-New-Guinea-Map
59) Copper Moly Limited. Papua New Guinea. http://www.coppermoly.com.au/papua-new-guinea/png.htm

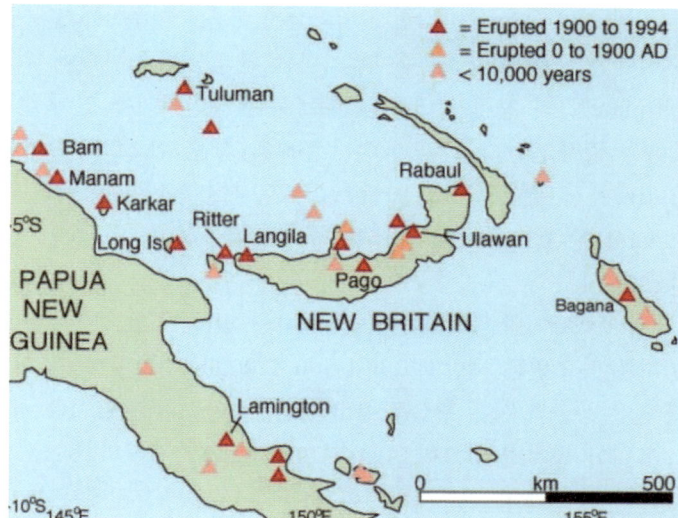

파푸아뉴기니의 활화산.[60] 파푸아뉴기니는 태평양판과 호주판을 비롯해 기타 국지적인 판들이 만나는 지점에 있다. 그래서 본토 북동부 섬들을 중심으로 지금도 활동하는 화산이 있다

화산재에 파묻힌 라바울 시내.[61] 1994년, 뉴브리튼 주의 수도인 라바울이 화산폭발로 잿더미가 되었다

---

60) Oregon State University. Images of volcanoes in the south east Aisan region. Tectonic setting and volcanoes of Papua New Guinea, New Britain, and the Solomon Islands. http://volcano.oregonstate.edu/vwdocs/volc_images/southeast_asia/papua_new_guinea/tectonics.html
61) Michigan Technological University Volcanoes Page. Pictures from Rabaul Caldera. http://www.geo.mtu.edu/volcanoes/rabaul/pictures/VDAP/vdap-rab10.jpg

섬에 있는 발비 산(2,743m)이다. 현재 활화산은 대부분 파푸아뉴기니 남동부, 뉴브리튼 섬에 위치해 있다. 파푸아뉴기니는 환태평양 조산대에 위치하고 있지만, 판(plate)들의 경계가 대부분 본토 북쪽 해안지대에 있어 본토에는 별다른 피해를 주지 않는다. 그러나 지난 1994년 9월, 이스트 뉴브리튼(East New Britain)에서 투부르부르(Tuvurvur) 화산이 폭발해 아름다운 도시 라바울(Rabaul)이 3m 깊이의 화산재 속으로 파묻히고, 많은 인명·재산 피해가 발생했다.

그 밖에 파푸아뉴기니 중앙부에는 고원지대도 있다. 중앙 산악지방에 있는 그라에트 파푸아 고원은 해발고도가 1,500~2,000m 정도이며, 석회암질로 되어 있어 많은 동굴과 석유 광상을 품고 있다. 한편, 파푸아뉴기니 서부에는 오리오모 고원이 펼쳐져 있으며, 여기서 9개의 강이 서쪽의 웨스트파푸아 지역으로 흘러간다. 또한 파푸아뉴기니 서부의 타부빌 고원에는 세계 최대 광산 중 하나인 옥테디 광산(Ok Tedi Mine)이 있어, 매일 8만톤가량의 금과 구리를 생산한다. 그리고 포트모르즈비 외곽의 소게리 고원은 약 800m 높이로, 많은 새가 서식한다.

2) 바다 [62) 63) 64) 65)]

파푸아뉴기니는 적도 태평양의 가장 서쪽에 위치한 국가로, 삼면이 바다로 둘러싸여 있다(비스마르크 해, 솔로몬 해, 코랄 해). 본토 위쪽으로는 비스마르크 해와 비스마르크 제도가 있으며, 본토 동쪽으로는 솔로몬 해가 있다. 솔로몬 해는 뉴브리튼 섬, 부겐빌 섬, 솔로몬 제도, 트로브리안드 제도 등으로 둘러싸여 있다. 한편, 본토 남쪽과 북호주 사이에 코랄 해가 있는데, 코랄 해는 약 4.7만km^2 넓이의 광대한 산호초 지역과 풍부한 해양생물을 품고 있다.

---

62) Encyclopedia Britannica. Papua New Guinea. http://www.britannica.com/place/Papua-New-Guinea
63) Encyclopedia Britannica. Bismarck Sea. http://www.britannica.com/place/Bismarck-Sea
64) Encyclopedia Britannica. Solomon Sea. http://www.britannica.com/place/Solomon-Sea
65) Lee, S.M. and Ruellan, E., 2006. Tectonic and magmatic evolution of the Bismark Sea, Papua New Guinea: Review and new synthesis in back-arc spreading systems: Geological, biological, chemical, and physical interactions. eds. D.M. Christie, C.R. Fisher, S.M. Lee and S. Givens. American Geophysical Union: Washington, D.C. doi:10.1002/9781118666180.ch3

파푸아뉴기니의 바다[66] 우리나라처럼 삼면이 바다로 둘러싸여 있다(코랄 해, 솔로몬 해, 비스마르크 해). 본토 남쪽으로는 파푸아 만이 있고, 호주와의 사이에 토레스 해협을 두고 있다

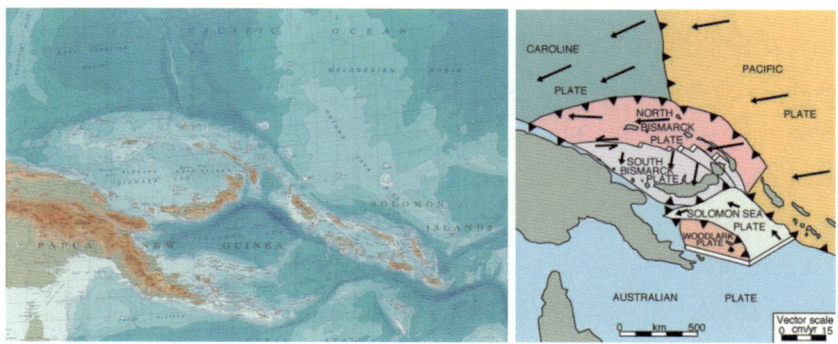

파푸아뉴기니 근해의 해저지형[67] [68] 파푸아뉴기니는 태평양으로 둘러싸여 있어 연안의 평균 수심이 깊다. 본토 남서부에 발달한 대륙붕 지역을 제외하면, 평균 수심이 거의 1,000m 이상이다. 또한 뉴브리튼 섬과 부겐빌 섬 남부에는 호주판이 태평양 판 아래로 섭입되는 뉴브리튼 해구(New Britain Trench)가 존재한다. 이 지역의 수심은 8,000m 이상이다

---

66) Encyclopedia Britannica. Papua New Guinea. http://media.web.britannica.com/eb-media/70/62470-004-0704ED8D.jpg
67) USGS, 2000. East Asia Geographic Map Series Sheet 7 (Papua New Guinea). http://www.vidiani.com/maps/maps_of_australia_and_oceania/maps_of_papua_new_guinea/large_detailed_topographical_map_of_papua_new_guinea.jpg
68) Oregon State University. Tectonic Setting and Volcanoes of Papua New Guinea, New Britain, and the Solomon Islands. (Originally modified from Hamilton, 1979). http://volcano.oregonstate.edu/vwdoc/volc_images/southeast.asia/papua_new_guinea/tectonics.html

파푸아뉴기니 북동부 연안에는 세계 최대의 해저 용암대지 중 하나인 온통 자바 해저대지(Ontong Java Plateau)가 있다. 한편 코랄 해에는 이스턴 해저대지, 파푸안 해저대지 등이 있다.

파푸아뉴기니의 만과 해협을 보면 본토 동남단 끝에는 밀른 베이(Milne Bay)가 있고, 만의 바깥에는 당트르카스토 제도(D'Entrecasteaux Islands)가 있다. 파푸아뉴기니 남해안에는 파푸아 만(Gulf of Papua)이 있고 그 아래 코랄 해가 있다. 한편, 북부 해안의 마당(madang) 근처에는 아스트롤라베 베이(Astrolabe Bay)가 있다. 토레스 해협은 호주의 최북단과 뉴기니 섬 사이에 있으며 인도네시아의 아라푸라 해와 이어진다. 그리고 후온 반도(Huon Peninsula)와 뉴브리튼 섬 사이에는 비티아즈 해협(Vitiaz Strait)이 있다. 파푸아뉴기니의 수도이자 자연항인 포트모르즈비는 뉴기니 섬 남동부에 있다.

한편, 파푸아뉴기니에는 본토 외에도 600개가 넘는 섬이 있다. 북쪽 해안에는 화산섬인 마남(Manam), 카르카르(Karkar), 롱(Long) 섬과 움보이(Umboi) 제도가 있으며, 동부 해안에는 비스마르크 제도와 솔로몬 해의 섬들이 있다. 비스마르크 제도 서부의 뉴브리튼 섬은 여러 개의 화산섬이 연쇄적으로 배열된 곳이다. 반면 뉴아일랜드 섬에는 화산암 지형과 석회암 산맥이 동시에 존재한다. 뉴브리튼 섬 북부에는 더 작은 뉴하노버(New Hanover) 섬과 무사우(Mussau) 섬이 있다. 여기서 서쪽으로 가면 마누스 섬이 있는데, 마누스 섬과 인근 환초섬들을 합해 애드머럴티 제도(Admiralty Islands)라고 한다. 파푸아뉴기니에서 가장 동쪽에 있는 2개의 주요 섬은 광물자원이 풍부한 부겐빌 섬(길이 204km, 너비 80km)과 부카 섬(길이 56km, 너비 14km)이다. 이 2개의 섬은 솔로몬 도서 그룹 (독립 국가인 '솔로몬 제도'와 다른 것임) 중의 일부로 이 섬들 근처에는 많은 소규모 환초섬이 있다.

솔로몬 해에 22개의 작은 산호섬으로 되어 있는 문화인류학 연구의 유명한 지역인 트로브리안드 제도가 있다. 22개 섬 중 유명한 섬으로는 카이레우나(Kaileuna), 키리위나(Kiriwina), 키타바(Kitava), 바쿠타(Vakuta) 등이 있다. 그 외에도 솔로몬 해에는 당트르카스토 제도, 루이지아드 제도(Louisiade Archipelago), 우들라크 제도(Woodlark Islands) 등이 있다.

3) 강과 호수[69) 70) 71)]

파푸아뉴기니에는 유량이 풍부하고 세차게 흐르는 강이 많다. 이 강들은 크게 남쪽으로 흐르는 강과 북쪽으로 흐르는 강으로 나뉜다. 남쪽 파푸아 만으로 흐르는 주요 강으로는 플라이(Fly) 강, 푸라리(Purari) 강, 키코리(Kikori) 강 등이 있으며, 북쪽 태평양으로 흐르는 주요 강으로는 세픽(Sepilc) 강, 마크햄(Markham) 강, 라무(Ramu) 강 등이 있다. 이 가운데 중요한 2개의 강은 세픽 강과 플라이 강이다. 이 두 강은 파푸아뉴기니의 중요한 운송(해운) 항로이다. 파푸아뉴기니 최대의 강은 세픽 강으로서, 중앙 고원지대의 빅터 엠마누엘 산맥에서 발원하여, 동쪽으로 흘러 파푸아뉴기니 북부의 비스마르크 해로 흘러든다. 스타 산맥을 가로질러 구불구불 흐르는 세픽 강은 총 길이가 1,126km로, 해운로로 이용 가능한 길이는 약 805km이다. 그러나 여러 희귀한 동식물이 서식하는 세픽 강은 최근 광산업 및 벌목으로 인해 지역 생태계의 위협을 받고 있다.

한편 파푸아뉴기니에서 두 번째로 큰 플라이 강은 길이가 약 1,050km로, 남부 습지와 평원을 지나 파푸아 만(코랄 해)으로 흐른다. 플라이 강은 세픽 강보다 길이는 짧지만, 옥 테디 지류, 스트릭랜드 지류 등과 함께 파푸아뉴기니 최대의 강 수계를 이룬다. 파푸아 만으로 흐르는 하구에서는 강폭이 80km에 이르며, 이 지역에는 방대한 삼각주 지역이 형성되어 있다. 플라이 강은 맹그로브 숲 및 수많은 민물생물의 서식지로, 전 구역을 해운로로 이용할 수 있다. 플라이 강 남부에는 관목숲과 습지, 광대한 사바나 초원이 펼쳐져 있다. 이 연안 초원지대는 우기에 물에 잠겨 비옥한 습지 평원을 형성한다.

그 외에 파푸아뉴기니에는 호수도 많이 있다.[72) 73) 74)] 파푸아뉴기니 최대 호수는 머라에 호(Lake Murray)로, 웨스턴 주의 스트릭랜드 강과 이어진 담수호이다. 머라에 호의 넓이는 약 647km^{2}로, 현재 인근 광산에서 흘러든

---

69) Wikipedia. Rivers of Papua New Guinea. https://en.wikipedia.org/wiki/Category:Rivers_of_Papua_New_Guinea
70) Lynne, R. Rivers in Papua New Guinea. USA Today. http://traveltips.usatoday.com/rivers-papua-new-guinea-106188.html
71) FAO. 2011. Aquastat - Papua New Guinea. http://www.fao.org/nr/water/aquastat/countries_regions/png/index.stm
72) Wikipedia. List of lakes of Papua New Guinea. https://en.wikipedia.org/wiki/List_of_lakes_of_Papua_New_Guinea
73) Wikipedia. Lake Murray (Papua New Guinea). https://en.wikipedia.org/wiki/Lake_Murray_(Papua_New_Guinea)
74) Chambers, M.R., 1987. The freshwater lakes of Papua New Guinea: An inventory and limnological review. Journal of Tropical Ecology 3: 1-23. doi:10.1017/S0266467400001073

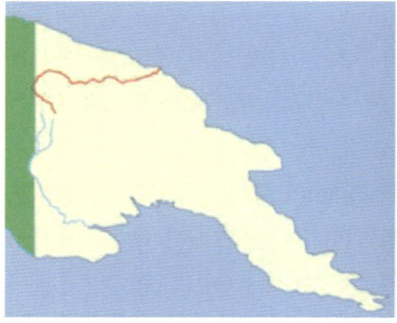 

파푸아뉴기니의 강[75] [76]
파푸아뉴기니에서 가장 중요한 두 강은 세픽 강과 플라이 강이다. 지도의 붉은 선이 세픽 강으로, 중앙 고원지대에서 발원하여 북쪽 태평양으로 흘러든다. 한편 푸른색으로 표시된 것은 남부 파푸아 만으로 흘러드는 플라이 강이다(왼쪽). 사진은 구불구불 흐르는 세픽 강의 모습이다(오른쪽)

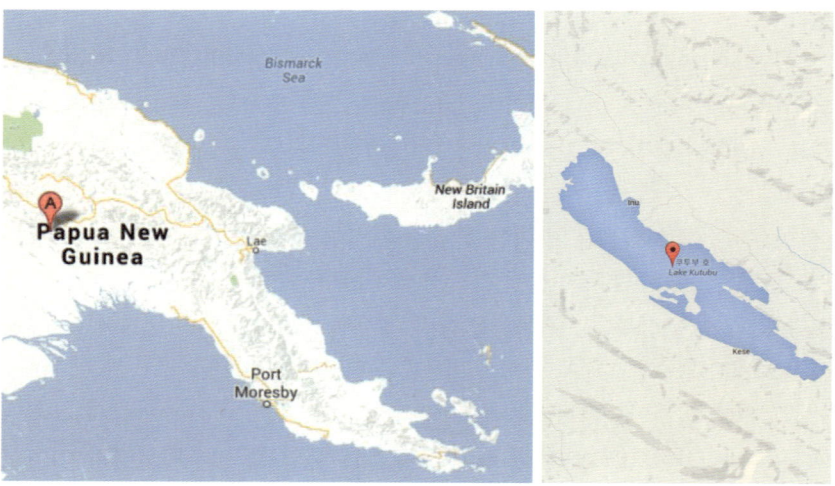

쿠투부 호수(Kutubu Lake)의 위치[77] (구글맵)
Southern Highlands 주에 위치한 쿠투부 호수는 현재 람사르 습지로 지정돼 있다. 쿠투부 호수에 서식하는 고유 민물어류는 10여종이 넘는다

---

75) Wikipedia, Sepik, http://upload.wikimedia.org/wikipedia/commons/thumb/2/26/New_guinea_sepik.PNG/256px-New_guinea_sepik.PNG
76) Amazing Place View, Top 9 amazing palces in Papua New Guinea, http://www.amazingplacesview.com/top-9-amazing-places-in-papua-new-guinea/
77) Google Map, Lake Kutubu

화학성분에 의해 심하게 오염된 상태이다. 한편, 서든 하이랜즈(Southern Highlands) 주에 있는 쿠투부 호수(Lake Kutubu)는 람사르 습지로 지정되어 있는데, 물이 맑고 약 10여 종의 고유 어류종이 살고 있다. 쿠투부 호수의 면적은 약 49km²이다. 무룩 호수군(Muruk Lakes)은 세픽 강 주변의 담수호 및 염수호 군집으로 호주 주변에 맹그로브 숲이 있다. 이 외에도 세픽 강 주변에는 블랙워터 호수군, 참브리 호수군 등이 있다.

4) 습지 및 협곡[78) 79)]

파푸아뉴기니 남서부에는 광대한 초원과 습지, 맹그로브 숲이 펼쳐져 있다. 파푸아뉴기니 남서부의 주요 습지로는 플라이 강 하류에 위치한 톤다 야생동물 관리구역(Tonda Wildlife Management Area)을 들 수 있다. 이 야생동물 관리구역은 람사르 국제중요습지로 지정되었으며, 면적은 약 5,900km²로 제주도 면적의 3배가 넘는다. 이 지역에는 주기적으로 침수되는 연안 평원, 넓은 초원, 맹그로브 습지가 펼쳐져 있는데 모두 물새들의 중요한 서식지이다.

　파푸아뉴기니의 험준한 산맥 사이에는 여러 협곡과 골짜기가 있으며, 특히 플라이 강 상류에는 아주 깊은 협곡들이 발달했다. 또 북동부 연안 산맥과 본토 중앙산맥 사이의 세픽 강, 마커햄 강 지역, 또 그 강들의 지류에는 분지가 펼쳐져

톤다 야생동물 관리구역[80)]
파푸아뉴기니 남서부에는 광대한 평원과 습지가 펼쳐져 있다. 그 중 람사르 습지로 지정된 톤다 야생동물 관리구역은 수많은 물새의 서식처이다

---

78) Wikipedia. Tonda wildlife management area. https://en.wikipedia.org/wiki/Tonda_Wildlife_Management_Area
79) Fund, W., 2014. Trans Fly savanna and grasslands. http://www.eoearth.org/view/article/156685
80) Wikipedia. Tonda wildlife management area. https://en.wikipedia.org/wiki/Tonda_Wildlife_Management_Area

있다. 이 외에 파푸아뉴기니 서부의 스타 산맥, 힌덴부르크 산맥, 빅터 엠마누엘 산맥에는 여러 석회암 동굴이 발달해 있다.

2. 기후[81) 82) 83) 84) 85)]

파푸아뉴기니는 열대지역에 위치해 전형적인 몬순 기후를 나타낸다. 그래서 무덥고 습하며 1년 내내 많은 비가 내린다. 계절은 보통 우기(11~4월)와 건기(5~10월)로 나뉘지만, 각 지역의 기후는 지형과 고도에 따라 큰 차이가 난다. 우기인 11월부터 4월까지는 북서계절풍이 불어오며, 건기인 5월부터 10월까지는 남동계절풍이 불어온다. 저지대의 평균기온은 21~32°C이고, 고지대의 평균 기온은 약 16°C 정도이다. 고도가 높아질수록 기온이 떨어지는데, 보통 높은 산지는 매우 냉랭하다. 저지대의 습도는 평균 75~90%이며, 고지대 습도는 평균 65~80% 정도이다. 파푸아뉴기니의 강수량은 북서계절풍이 불어오는 우기인 11월과 4월 사이에 집중된다. 그러나 라에(Lae)나 트로브리안드 제도 등에서는 주로 5월에서 10월 사이에 비가 오며, 솔로몬 섬들과 루이지아드 제도(Louisiade Archipelago)는 이러한 몬순 패턴에서 벗어나 거의 1년 내내 비가 온다.

파푸아뉴기니에서 강수량이 가장 많은 곳은 본토 서부의 분지지역으로 연간 5,840mm 정도의 비가 내린다. 한편 포트모르즈비의 연평균 강수량은 1,190 mm, 라에는 4,500mm에 달하고, 뉴브리튼 섬 남서부 지역은 연평균 강수량이 6,000mm를 넘는다. 파푸아뉴기니 전체의 연평균 강수량은 약 2,030~2,540mm이며, 높은 산간지역에서는 눈과 우박이 떨어지기도 한다. 전체적으로 파푸아뉴기니의 기후는 엘니뇨 및 남방진동의 영향으로 매년 기후편차가 심한 편이다. 물론 엘니뇨 같은 현상 발생시에는 건기가 지속되기도 한다. 또한 연안이나 섬 지역에서는 습도와 바람의 변화, 주기적인 태풍의 빈발로 날씨를 예측하기가 쉽지 않다. 이 밖에

---

81) 파푸아뉴기니한인회, http://homepy.korean.net/~png/www/introduction/index.htm
82) Weather OnLine, Papua New Guinea, http://www.weatheronline.co.uk/reports/climate/Papua-New-Guinea.htm
83) Australian Government, 2011. Curernt and future climate of Papua New Guinea, http://www.pacificclimatechangescience.org/wp-content/uploads/2013/06/14_PCCSP_PNG_8pp.pdf
84) Morelock, Jessica, USA Today-Climate in Papua New Guinea, http://traveltips.usatoday.com/climate-papua-new-guinea-61734.html
85) World Travel Guide, Papua New Guinea weather, cliamte and geography, http://www.worldtravelguide.net/papua-new-guinea/weather-climate-geography

파푸아뉴기니에서는 기후 변화 및 지구온난화의 영향도 뚜렷이 관측된다. 수도인 포트모르즈비에서는 1950~2009년 사이에 연평균 기온이 꾸준히 상승하고 있으며, 특히 최저 평균기온이 뚜렷한 상승세를 보이고 있다. 또한 1993~2010년 사이에 파푸아뉴기니 근해의 해수면은 약 7mm 상승한 것으로 기록되었다. 태풍의 경우 평균적으로 10년에 6회 정도 포트모르즈비 근처를 통과하며, 대부분 우기인 11월과 4월 사이에 집중된다. 앞으로도 파푸아뉴기니는 뚜렷한 기후변화의 영향이 지속될 전망이다. 평균 기온과 수온도 계속 상승할 것이며, 해양산성화 및 해수면상승 역시 지속될 전망이다. 또한 폭염의 발생빈도나 강도 역시 증가할 것으로 보인다. 그 밖에 연간 강우량 및 폭우·우박 빈도 역시 어느 정도 상승할 것으로 보이며, 가뭄이나 열대 사이클론의 횟수는 지역에 따라 국지적으로 감소할 것으로 보인다.[86]

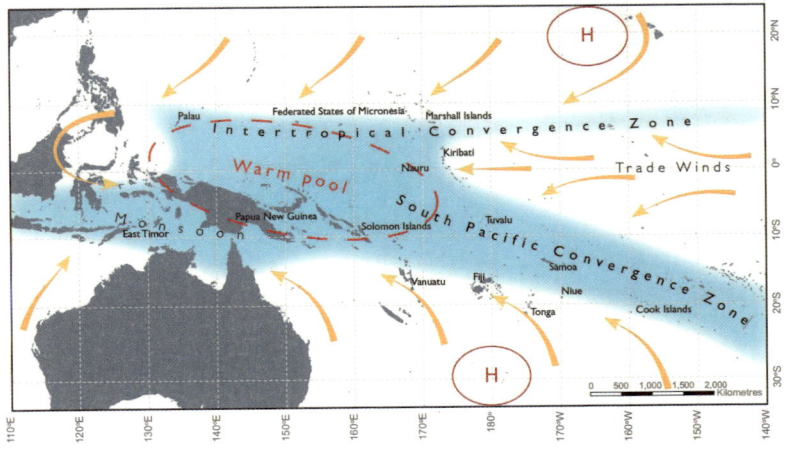

파푸아뉴기니의 우기[87]
11월부터 4월까지인 파푸아뉴기니의 우기에는 북동계절풍과 남동계절풍이 수렴하는 남태평양 수렴대(South Pacific Convergence Zone)가 형성된다. 이로 인해 파푸아뉴기니 근해에 높은 표층수온의 고수온해역(warm pool)이 만들어지며, 푸른색 지역에 강우가 집중된다

---

86) Australian Government, 2011, Climate change in the Pacific: Scientific assessment and new research, Volume 2: Country reports, Chapter 11- Papua New Guinea, http://www.pacificclimatechangescience.org/wp-content/uploads/2013/09/Volume-2-country-reports.pdf
87) Australian Government, 2011, Curernt and future climate of Papua New Guinea, http://www.pacificclimatechangescience.org/wp-content/uploads/2013/06/14_PCCSP_PNG_8pp.pdf

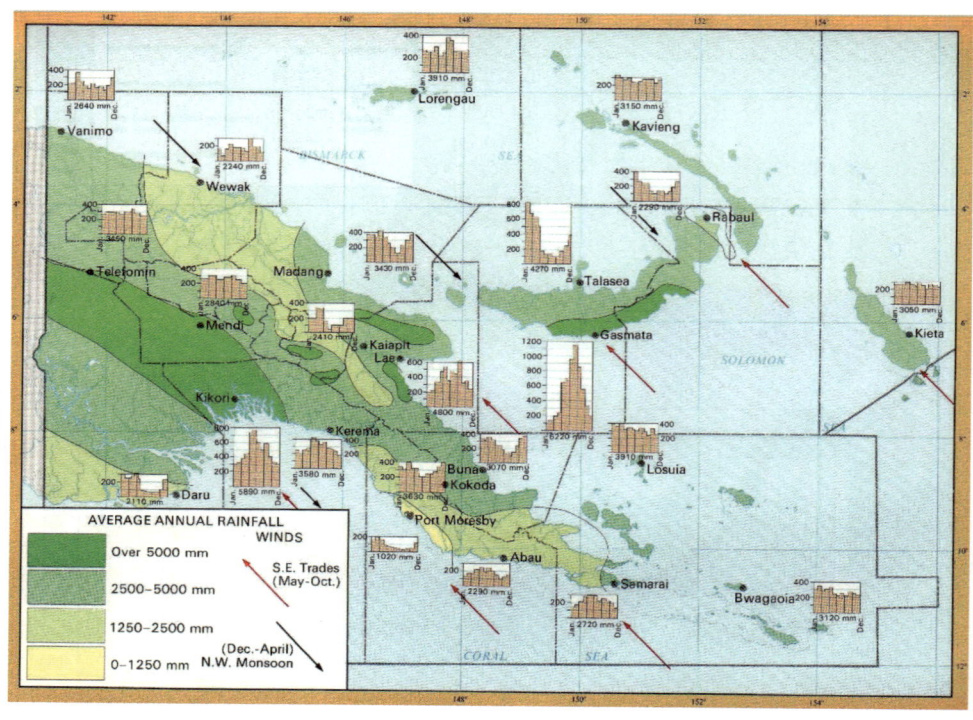

파푸아뉴기니의 지역별 연평균 강수량[88]
파푸아뉴기니의 연강수량은 우기인 11~4월에 집중되며, 평균 2,000mm가 넘는다. 또 지역에 따라 큰 차이를 보이며, 본토의 서부 평원이나 뉴브리튼 섬 서부의 연강수량은 거의 6,000mm에 달한다

---

88) New Guinea Map. Rainfall and wind. http://www.new-guinea-tribal-art.com/wp/wp-content/uploads/2011/10/Rainfall.jpg

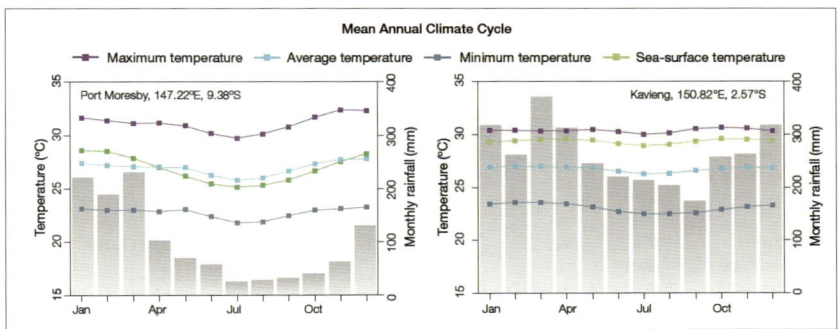

포트모르즈비(Port Moresby)와 카비엥(Kavieng, 혹은 New Ireland)의 연평균 기온 및 강수량[89]
두 도시 모두 연중 기온변화가 적은 열대 해양성 기후를 나타낸다. 그러나 연평균 강수량은 카비엥 지역이 훨씬 높다

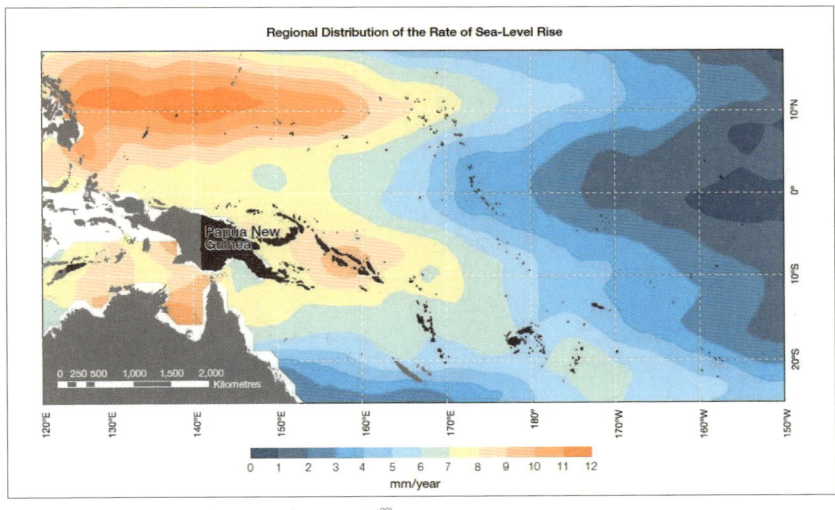

파푸아뉴기니 근해의 해수면 상승률 분포도(1993~2010)[90]
약 20년간, 파푸아뉴기니 근해의 해수면은 7mm 이상 상승했다

---

89) Australian Government, 2011. Climate change in the Pacific: Scientific assessment and new research, Volume 2: Country reports, Chapter 11- Papua New Guinea. http://www.pacificclimatechangescience.org/wp-content/uploads/2013/09/Volume-2-country-reports.pdf
90) Ibid.

Variable	Season	2030	2055	2090	Confidence
Surface air temperature (°C)	Annual	+0.7 ± 0.4 +0.8 ± 0.4 +0.7 ± 0.3	+1.1 ± 0.5 +1.5 ± 0.5 +1.5 ± 0.4	+1.6 ± 0.6 +2.4 ± 0.8 +2.8 ± 0.6	High
Maximum temperature (°C)	1-in-20-year event	N/A	+1.0 ± 0.9 +1.4 ± 0.9 +1.5 ± 0.7	+1.3 ± 1.0 +2.2 ± 1.3 +2.7 ± 1.5	Low
Minimum temperature (°C)	1-in-20-year event	N/A	+1.4 ± 1.8 +1.7 ± 2.0 +1.6 ± 1.8	+1.8 ± 1.8 +2.4 ± 1.9 +2.6 ± 2.1	Low
Total rainfall (%)*	Annual	+3 ± 13 +3 ± 13 +5 ± 9	+8 ± 13 +7 ± 17 +7 ± 13	+11 ± 13 +15 ± 20 +15 ± 21	Moderate
Wet season rainfall (%)*	November-April	+4 ± 12 +5 ± 11 +6 ± 10	+10 ± 13 +9 ± 17 +8 ± 12	+12 ± 12 +16 ± 18 +15 ± 20	Moderate
Dry season rainfall (%)*	May-October	+1 ± 15 +1 ± 16 +4 ± 12	+7 ± 16 +5 ± 20 +6 ± 17	+10 ± 16 +15 ± 24 +15 ± 26	Moderate
Sea-surface temperature (°C)	Annual	+0.6 ± 0.5 +0.7 ± 0.4 +0.7 ± 0.5	+1.0 ± 0.5 +1.3 ± 0.5 +1.3 ± 0.5	+1.4 ± 0.6 +2.2 ± 0.7 +2.6 ± 0.7	High
Aragonite saturation state (Ωar)	Annual maximum	+3.5 ± 0.1 +3.4 ± 0.1 +3.4 ± 0.1	+3.2 ± 0.1 +3.0 ± 0.1 +3.0 ± 0.1	+3.1 ± 0.1 +2.7 ± 0.2 +2.5 ± 0.1	Moderate
Mean sea level (cm)	Annual	+9 (4–14) +10 (5–14) +10 (4–15)	+18 (10–26) +20 (9–30) +20 (10–29)	+31 (17–46) +39 (20–58) +41 (22–60)	Moderate

파푸아뉴기니의 주변의 기후전망[91]
앞으로도 파푸아뉴기니에서는 지구온난화, 해양산성화, 해수면 상승 등 기후 변화의 영향이 뚜렷이 이어질 전망이다

---

91) Ibid.

3. 생물다양성 [92) 93) 94) 95) 96)]

파푸아뉴기니는 세계에서 생물다양성이 가장 높은 국가 중 하나이다. SPREP(The Secretariat of the Pacific Regional Environment Programme, 태평양 지역환경 프로그램 사무국)에서 발간한 보고서에 따르면, 세계 육지면적의 1%도 안 되는 국토에 전 세계 생물종의 5% 이상이 서식하는 것으로 추정된다.[97] 이는 총 40만~70만 종에 달하는 생물규모이다. 아직 알려지지 않았거나 미기재된 종까지 감안하면 파푸아뉴기니에는 이보다 훨씬 많은 생물이 살고 있다고 볼 수 있다. 구체적으로 살펴보면, 파푸아뉴기니에는 약 1만 5천 종 이상의 식물이 저지대 열대우림을 중심으로 자생하고 있다.[98] 그리고 3,000여 종의 난초, 800여 종의 산호(연안+먼바다), 2,200여 종의 어류, 270여 종의 포유류와 760여 종의 새, 8종의 나무 캥거루가 서식하고 있다. 유대류로는 나무캥거루, 왈라비, 반디쿠트, 쿠스쿠스, 가시두더지 등이 있는데, 이러한 유대류의 존재는 과거 파푸아뉴기니가 호주와 연결되어

후온(Huon) 반도에 서식하는 멸종위기종의 하나인 매치나무캥거루(Matschie's Tree – kangaroo)[99]

있었음을 말해 준다. 이 외에도 파푸아뉴기니에는 많은 토착 고유종이 존재한다.

이렇듯 고유종이 풍부한 것은 언급한 바와 같이 험준한 산악지형에 따른

---

92) Wikipedia. Conservation in Papua New Guinea. http://en.wikipedia.org/wiki/Conservation_in_Papua_New_Guinea
93) Indo Pacific Images. Papua New Guinea's marine biodiversity. http://www.indopacificimages.com/index.php/papua-new-guinea-2/papua-new-guinea-pngs-marine-biodiversity/
94) Miller, S., Hyslop, E., Kula, G. and Burrows, I., 1999. Chapter 6. Status of biodiversity in Papua New Guinea. http://www.oocities.org/rainforest/9468/papua_ng.htm
95) UNEP, 2010. Papua New Guinea's fourth national Report to the Convention on Biological Diversity. https://www.cbd.int/doc/world/pg/pg-nr-04-en.pdf
96) Faith, D.P., Margules, C.R. and Walker, P.A., 2001. A biodiversity conservation plan for Papua New Guinea based on biodiversity trade-offs analysis. Pacific Conservation Biology 6: 304-324. http://australianmuseum.net.au/uploads/documents/20549/faith%20et%20al%20pacconbio2001b.pdf
97) Government of Papua New Guinea, 2007. Papua New Guinea national biodiversity strategy and action plan. http://www.sprep.org/att/IRC/eCOPIES/Countries/Papua_New_Guinea/5.pdf
98) The Botanical Research Institute of Texas. Digital flora of New Guinea. http://ng.atrium-biodiversity.org/
99) Wikipedia. Matschie's tree-kangaroo. http://en.wikipedia.org/wiki/File:Matschies_tree_kangaroo_Dendrolagus_matschiei_at_Bronx_Zoo_1_cropped.jpg

지리적 고립, 생물서식지의 지형적·토양적 비균질성, 풍부한 비계절성 강우량 등에 기인한다. 또한 지금도 접근이 힘든 본토 내륙의 험준한 지형, 낮은 인구밀도, 전통적 수렵방법의 비효율성 등이 수천 년간 파푸아뉴기니의 생물다양성을 훌륭하게 보존한 원인이다.

특히, 파푸아뉴기니는 새들의 낙원이라 불리는데, 약 760여 종의 새가 섬을 가득 메우고 있다. 이는 세계 조류종의 약 7%에 달하는 규모이다. 육식 조류인 화식조, 40종이 넘는 앵무새, 45종의 비둘기 등이 서식하며 참새목에 속하는 새들은 지구에서 가장 많이 발견된다. 특히 파푸아뉴기니 국기에 등장하는 극락조(Bird of Paradise)는 빼어난 아름다움으로 유명하다.

현재 전 세계에는 약 40종의 극락조가 서식하며 그 중 대부분이 파푸아뉴기니에 살고 있다. 그 밖에 양서류 역시 320여 종이 기재되었으며, 아직 기재되지 않은 종이 더 많이 분포하고 있을 것으로 추정된다.[102) 103)] 또한 뱀, 도마뱀, 거북, 악어 등의 파충류도 300여 종 이상 서식하는 것으로 추산된다.

파푸아뉴기니 고유종이자 국기의 상징인 극락조(Paradisaea raggiana)[100) 101)]

---

100) Savoie, Phil. Raggiana bird of paradise (Paradisaea raggiana). Naturepl.com. http://www.arkive.org/raggiana-bird-of-paradise/paradisaea-raggiana/
101) Worcester, John. Bird of Paradise. The science of correspondences. Accessed 20 October 2015. http://www.scienceofcorrespondences.com/assets/images/birdofparadise-jw.jpg
102) IUCN, 2008. The Pacific islands: An analysis of the status of species as listed on the 2008 IUCN Red List of Threatened Species, Helen Pippard, IUCN Regional Office for Oceania, http://cmsdata.iucn.org/downloads/the_pacific_islands_an_analysis_of_the_status_of_species_as_listed_on_the_2008_iucn_r.pdf
103) Wikipedia. Fauna of New Guinea. http://en.wikipedia.org/wiki/Fauna_of_New_Guinea

파푸아뉴기니 고유종인 테이트
주머니쥐(Tate's triok, *Dactylopsila tatei*)[107]

세계 최대의 나비인 퀸 알렉산드라 버드윙
(Queen Alexandra's Birdwing)[108]

한편, 생물다양성이 높기로 유명한 산호초 삼각지대(Coral Triangle)[104] 내에 있는 파푸아뉴기니 근해는 세계에서 생물종이 가장 풍부한 해역 중 하나를 이루고 있다. 파푸아뉴기니 연안에는 600종 이상의 산호들과(전 세계 산호종의 약 76%), 2,200종이 넘는 열대 어류(세계 열대 어류종의 37%)가 서식하고 있다.[105)106)] 또한 얕은 연안에는 듀공(해우)이 산다. 파푸아뉴기니 본토의 큰 강들과 민물 호수에는 370종이 넘는 민물고기가 서식하고 있으며, 그 중 150여종은 뉴기니 섬에만 서식하는 고유종이다.

무척추동물 중에서 특별히 언급해야 할 것은 나비이다. 파푸아뉴기니는 나비들의 천국이라 불릴 만큼 화려한 나비가 많은데, 특히 유명한 것이 퀸

104) 산호초 삼각지대(Coral Triangle)란 필리핀, 인도네시아, 파푸아뉴기니 근해의 생물다양성이 아주 높은 산호초 지대를 말하며, 그 모양이 엉성한 삼각형처럼 생겨 이런 이름이 붙었다. 이 지역에는 약 5000여 종 이상의 산호, 3,000여 종 이상의 열대 어류가 서식하고 있으며, 세계자연보호기금(WWF)에서는 이 지역을 최우선 해양보호구역으로 선정하고, 2007년에 산호초 삼각지대 보호 프로그램을 시작했다.
105) WWF: Coral Triangle facts. Accessed 22 November 2012. http://en.wikipedia.org/wiki/Fauna_of_New_Guinea
106) The Nature Conservancy. Coral Triangle. Accessed 20 October 2015. http://www.nature.org/ourinitiatives/regions/asiaandthepacific/coraltriangle/index.htm
107) German Pavel. Tate's Triok. Wildlife images. Accessed 20 October 2015. http://www.arkive.org/tates-triok/dactylopsila-tatei/
108) Queen Alexandra's Birdwing. Originally from Buzzfeed.com. Accessed 20 October 2015. https://www.pinterest.com/pin/374221050259239718/

알렉산드라 버드윙이다. 이 나비는 날개를 전부 펼쳤을 때 몸길이가 30cm를 넘어 보통의 새만하다. 뉴기니 섬에는 약 1,000종이 넘는 나비가 서식하며, 그중 50종이 넘는 나비가 뉴기니 섬의 고유종이다.

그러나 파푸아뉴기니의 생물상은 아직 충분히 연구, 조사되지 않았으며 관련 문헌이나 자료도 많지 않은 실정이다. 이런 점을 감안하면 미기재종이나 새로운 종이 발견될 가능성이 얼마든지 있다. 최근 파푸아뉴기니에서는 광물채굴, 기후변화, 무차별한 벌목 등으로 열대우림이나 산호초 지역이 빠른 속도로 파괴되고 있다. 이에 따라 파푸아뉴기니의 많은 생물이 생존의 위협을 받고 있으며, 세계자연보전연맹(International Union for Conservation of Nature and Natural Resources, IUCN) 멸종위기종으로 지정되고 있는 상황이다. 현재

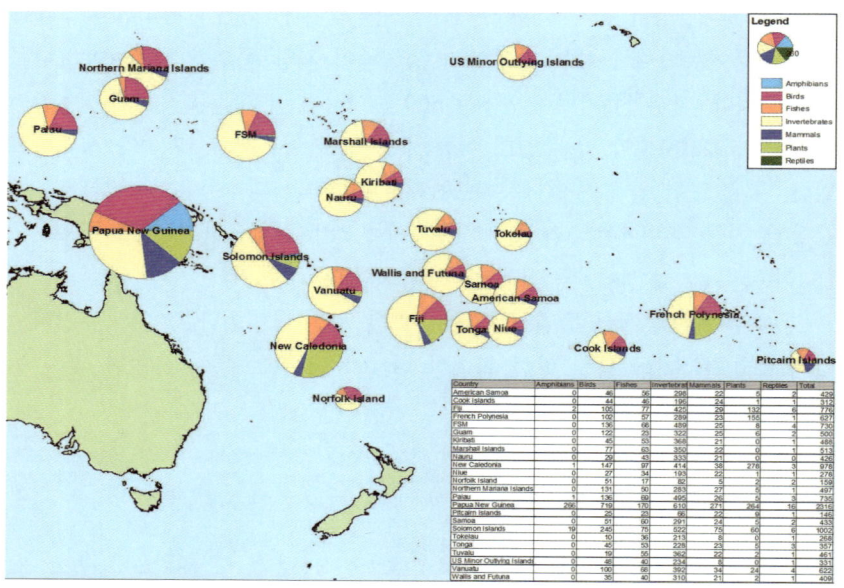

태평양 도서국의 멸종위기종 현황(IUCN Regional Red List for Pacific Islands, 2008)[109]
24개 태평양 도서지역 중 파푸아뉴기니의 생물다양성이 가장 높다. IUCN 멸종위기종 목록에 등재된 생물종 숫자 역시 파푸아뉴기니가 가장 많다

---

109) Pippard, Helen, 2009. The Pacific Islands: an analysis of the status of species as listed on the 2008 IUCN Red List of Threatened Species. Accessed 20 October 2015. http://cmsdata.iucn.org/downloads/the_pacific_islands_an_analysis_of_the_status_of_species_as_listed_on_the_2008_iucn_r.pdf

몇몇 국제단체나 NGO에서 파푸아뉴기니의 생물다양성을 보전하기 위한 노력을 펼치고 있지만, 파푸아뉴기니 정부나 국민들의 자발적 노력은 아직 미약한 편이다. 파푸아뉴기니의 풍부한 생물상을 보전하기 위해서는 앞으로 더 많은 노력과 조사연구, 인식개선이 필요하다.

환경보호 노력[110) 111) 112) 113) 114)]

국가독립 시 제정된 파푸아뉴기니 헌법은 다음과 같은 내용을 명시하고 있다: "우리의 귀중한 조류, 동물, 어류, 곤충, 식물, 수목을 적절히 보호하기 위한 모든 필요한 조치가 취해져야 하며……". 현재 생물다양성 보호를 위한 법안으로는 동물보호법(Fauna Act, 1982), 보호구역법(Conservation Areas Act, 1980, 1982), 악어거래방지법(Crocodile Trade Act, 1982), 국제거래관련법(International Trade Act, 1982)등이 있다. 환경보전국(Department of Environment and Conservation)은 생물다양성 보존을 담당하는 국가 기관으로서, 여러 국제적 환경단체도 정부의 이런 노력을 지지하고 있다. 파푸아뉴기니의 주요 환경 관련 연구기관으로는 임업연구원(Forestry Research Institute), 국립농업연구원(National Agriculture Research Institute) 등이 있다. 또한 파푸아뉴기니 국립대학(University of Papua New Guinea, UPNG)과 파푸아뉴기니 기술대학(University of Technology, UNITECH)에서도 생물다양성 보존을 위한 연구를 수행한다.

---

110) Wikipedia. Conservation in Papua New Guinea. Accessed 20 October 2015. https://en.wikipedia.org/wiki/Conservation_in_Papua_New_Guinea
111) Embassy of Papua New Guinea to the America. Papua New Guinea wildlife and environment – PNG government/NGO approach to conservation. Environment & Conservation. Accessed 20 October 2015. http://www.pngembassy.org/environment.html
112) Nature Conservancy. Paupa New Guinea. Accessed 20 October 2015. http://www.nature.org/ourinitiatives/regions/asiaandthepacific/papuanewguinea/
113) United Nations Environment Program(UNEP). 2005. Papua New Guinea's National Biosafety Framework-Final Draft. Accessed 20 October 2015. http://www.unep.org/biosafety/files/PGNBFrep.pdf
114) Benson, Catherine. 2007. Wildlife management areas in Madang Lagoon, Papua New Guinea: Creating or claiming? In. Tropical Resources – The Bulletin of the Yale Tropical Resources Institute. Accessed 20 October 2015. https://environment.yale.edu/tri/uploads/Benson.pdf

생물다양성 보존 현황

파푸아뉴기니는 생물다양성 보호를 위해 세계자연보전연맹의 기준을 이용해 44개의 보호구역[115]을 지정하고 있다. 이 보호구역은 전체 국토면적의 1.6%를 차지하며, 여기에 추가적으로 398개 지역이 보호구역 후보지로 선정되었다. 이들 지역 모두 보호구역으로 지정될 경우, 전 국토면적의 16.8%를 차지할 예정이다.

한편 파푸아뉴기니가 가입한 환경 관련 국제협약 및 조약으로는 International Plant Protection Convention(1951), Convention on the Prevention of Marine Pollution by Dumping of Wastes and Other Matter(1972), Convention on the International Trade in Endangered Species of Wild Flora and Fauna(CITES), RAMSAR Convention on Wetlands of International Importance(1992), Convention on Biological Diversity(1992), Convention on the Conservation of Migratory Species of Wild Animals 등이 있다(국제 식물 보호협약, 폐기물 및 그 밖의 물질의 투기에 의한 해양 오염방지에 관한 협약, 멸종위기 양생 동·식물 국제거래 규제 협약, 국제 습지 조약, 생물다양성 협약, 이동성 야생동물종 보전 협약).

현재의 난관

파푸아뉴기니에는 법적으로 환경보호 규정이 있고 여러 국제기구에서도 파푸아뉴기니의 자연보호에 관심이 있지만 구체적인 실행에는 어려움이 많다. 보호 대상지역의 토지 중 약 97%는 전통 커뮤니티 소유의 관습토지[116]로, 많은 노력에도 불구하고 정부나 다른 보호기관이 이를 취득하여 보존하기가 힘들다. 주민들이 관습토지에 대해 조상으로부터 물려받은 신성한 땅이라는 관념을 갖고 있어서 함부로 판매하려 하지 않는다. 따라서 파푸아뉴기니의 환경보호는 이 나라의 토지소유권 시스템과도 깊이 연관되어 있다. 헌법은 이를 인식하고 토지

---

115) Independent State of Papua New Guinea, 2014, Papua New Guinea policy on protected areas, Conservation & Environment Protection Authority, October 2014, Waigani, National Capital District, Papua New Guinea. Accessed 20 October 2015. http://www.undp.org/content/dam/papua_new_guinea/docs/environment%20and%20energy/DEC%20signed%20PNG%20Protected%20Areas%20Policy-lowrespgs.pdf
116) Martin-Prevel, Alice, 2013, Papua New Guinea: The land at the core, Oakland Institute. Accessed October 2015. http://www.oaklandinstitute.org/papua-new-guinea-land-core

소유자들이 보존에 노력을 기울일 것을 명시하고 있지만, 실제 보호운동 추진은 쉽지 않은 실정이다.

또한, 파푸아뉴기니의 국고 수입은 대부분 광물자원 채취를 통해 얻으므로[117] 환경 파괴가 뒤따른다. 또한 벌목산업은 열대 우림 및 거기서 살아가는 수많은 생물종을 파괴하는 주요 요인이 된다. 지금도 파푸아뉴기니 전체 삼림면적 약 1% 정도의 숲이 매년 지속적으로 파괴되고 있다. 하지만 정부는 뚜렷한 보호규정이나 차후 보호책 없이 미온적 반응을 보이고 있다. 그 밖에 주민들 대부분이 자연자원을 무한한 것으로 여긴다는 것도 문제이다. 예를 들어, 몇몇 연안 커뮤니티에서는 '다이너마이트 어업'을 실시하는데 이는 어류는 물론이고

열대우림 파괴[118] 1989년과 2000년의 파푸아뉴기니 삼림

---

117) Mineral Policy Institute, Papua New Guinea, Accessed 20 October 2015, http://www.mpi.org.au/our-work/papua-new-guinea/
118) Wikipedia, New Ireland Forest Cover 1989~2000, Accessed 20 October 2015, http://en.wikipedia.org/wiki/File:New_Ireland_forest_cover_1989-2000.jpg

 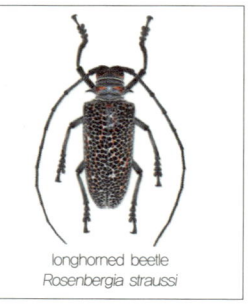 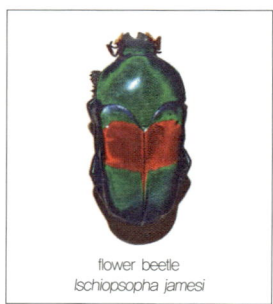

| jewel beetle | longhorned beetle | flower beetle |
| *Calodema ribbei* | *Rosenbergia straussi* | *Ischiopsopha jamesi* |

공예 및 장식품으로 쓰이는 아름다운 파푸아뉴기니 곤충들[121] [122] [123]

산호초, 기타 생물까지 무분별하게 죽인다는 것을 인식하지 못하고 있다. 또한 기후변화, 외래종 침입도 새로운 문제로 대두되고 있다. 연안 생태계에서는 기후변화에 따른 영향이 나타나고 있으며, 해수면 상승에 따른 저지대 도서민의 이주, 산호초 백화현상 등이 관찰되었다. 외래종 침입의 경우 1950년대부터 26종의 민물어류가 유입되었고, 이 가운데 11종이 자리를 잡아 토착종과의 경쟁이 한창이다.[119] [120]

4. 지리[124] [125] [126] [127] [128]

개요

파푸아뉴기니는 뉴기니 섬의 동쪽 절반과 600개가 넘는 부속 섬으로 이루어진

---

119) IUCN. Papua New Guinea - Summary of species on the 2008 IUCN Red List. Accessed 20 October 2015. http://cmsdata.iucn.org/downloads/papua_new_guinea.pdf
120) SPREP. Papua New Guinea. Accessed 20 October 2015. https://www.sprep.org/Papua-New-Guinea/pein-papua-new-guinea
121) Pinterest. *Calodema ribbei*. Accessed 20 October 2015. http://pinterest.com/pin/115193702943206274
122) Living Jewels. *Rosenbergia straussi*. Accessed 20 October 2015. http://www.living-jewels.com/Rosenbergia_straussi.htm
123) Wikipedia. *Scarabaeidae-Ischiopsopha jamesi*. Accessed 20 October 2015. https://en.wikipedia.org/wiki/File:Scarabaeidae_-_Ischiopsopha_jamesi.JPG
124) Papua New Guinea Eco - Forestry Forum. Accessed 20 October 2015. http://www.ecoforestry.org.pg
125) Infoplease. Papua New Guinea. http://www.infoplease.com/country/papua-new-guinea.html
126) Nations Encyclopedia. Papua New Guinea. Accessed 20 October 2015. http://www.nationsencyclopedia.com/geography/Morocco-to-Slovakia/Papua-New-Guinea.html#ixzz2OhDWRrTU
127) Nations Online. Papua New Guinea. Accessed 20 October 2015. http://www.nationsonline.org/oneworld/papua_new_guinea.htm
128) World Atlas. Papua New Guinea. Accessed 20 October 2015. http://www.worldatlas.com/webimage/countrys/oceania/pg.htm

파푸아뉴기니 지리 개황[129]	
면적	462,840km²(남한의 약 4.5배)
최고점	빌헬름 산(4,509 m)
해안선 길이	본토는 5,152km, 도서까지 포함하면 20,197km
본토길이	동남동에서 서북서까지 2,082km, 북북동에서 남남서까지 1,156km
국경	인도네시아와 접하고 있으며 국경 길이는 약 820km
EEZ 면적	1,673,759km²
영해 면적	752,256km²
산호초 면적	40,000km²
맹그로브 습지 면적	4,586km²

열대 국가이다. 뉴기니 섬은 지구에서 두 번째로 큰 섬으로 동쪽 절반은 파푸아뉴기니, 서쪽 절반은 웨스트파푸아(인도네시아령으로 인도네시아에서는 이리안 자야(Irian Jaya))를 이루고 있다. 파푸아뉴기니의 면적은 46만 2,840km²로 한반도의 약 2배, 남한의 약 4.5배 크기이다. 파푸아뉴기니 아래로는 호주가 있고 동쪽으로는 솔로몬 제도, 바누아투 등이 있다. 한편 파푸아뉴기니 본토 동쪽에는 수백 개의 작은 화산섬과 산호섬이 있으며, 파푸아뉴기니 총면적의 약 85%는 본토가 차지하고 있다.

지역 구분[130] [131]

파푸아뉴기니는 전부 22개 주로 되어 있다. 그러나 이는 행정상 구분일 뿐 크게는 4개의 지방으로 나뉜다. 산악지방(Highlands Region), 도서지방(Islands Region), 모마세 지방(Momase Region), 파푸아 지방(Papua Region)이 그것이다. 여기서 모마세(Momase)는 최근에 만들어진 혼성 단어로, 모로베(Morobe), 마당(Madang), 세픽(Sepik)의 앞 두 글자씩을 따서 만든 것이다. 이는 광역적인 의미의 지역구분으로, 실제 주민들의 거주환경 및

---

[129] EarthTrends, 2003. Coastal and marine ecosystems. Country profile – PNG, World Resource Institute, Accessed 20 October 2015, http://earthtrends.wri.org
[130] Wikipedia, List of regions of Papua New Guinea, Accessed 20 October 2015, http://en.wikipedia.org/wiki/List_of_regions_of_Papua_New_Guinea
[131] Papua New Guinea Tourism Promotion Authority, The regions of PNG, Accessed 20 October 2015, http://www.papuanewguinea.travel/regionsoverview

생활패턴에 근거한 것이어서 파푸아뉴기니를 이해하는 데 상당히 유용하다. 실제로 정부 서비스 운영, 기업 운영, 스포츠 게임, 정치 캠페인 등을 펼칠 때에도 이런 지방 구분에 근거하는 경우가 많다.

파푸아뉴기니 주민들은 자신들의 출신 고장에 애착이 강하며, 지역 간의 경쟁심도 격렬하다. 예를 들어, 파푸아뉴기니 주민들은 각 지역에서 얼마나 많은 수상이 배출되었는지, 그리고 차기 수상은 어디에서 나와야 하는지 등에 대한 이야기를 자주 나눈다. 또한 정부 내각을 구성할 때도 장관이나 각 부서의 고위관료들을 지역별로 고르게 선출하려고 노력하는 편이다. 네 지방의 주요 지역은 아래와 같다.

- 산악지방 : Simbu, Eastern Highlands, Enga, Hela, Jiwaka, Southern Highlands, Western Highlands
- 도서지방 : East New Britain, Manus, New Ireland, North Solomons (Bougainville), West New Britain

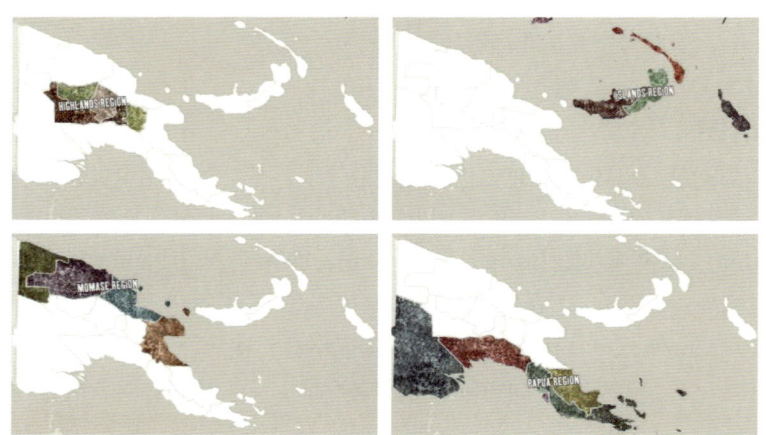

파푸아뉴기니가 속한 멜라네시아 지역 파푸아뉴기니의 광역적 지방 구분.[132]
주민들의 거주환경 및 생활패턴에 근거한 구분으로 파푸아뉴기니를 이해하는 데 상당히 유용하다

---

132) Papua New Guinea Tourism Promotion Authority, The regions of PNG, Accessed 20 October 2015, http://www.papuanewguinea.travel/

- 모마세 지방 : East Sepik, Madang, Morobe, West Sepik(Sandaun)
- 파푸아 지방 : Central, Gulf, Milne Bay, Northern Province(Oro), Western (Fly), the National Capital District

1) 산악지방 (Highlands Region)

산악지방

　　산악지방은 파푸아뉴기니 본토의 중앙부로 평균 해발고도가 2,000m를 넘는다. 이 지방에는 7개의 주(Southern Highlands, Enga Province, Western Highlands, Simbu, Eastern Highlands, Hela, Jiwaka)가 있으며 서로 다른 언어와 풍습을 가진 700개 이상의 부족이 모여 살고 있다. 비옥한 골짜기와 험준한 산맥, 세찬 강, 높은 봉우리로 가득한 이 산악지방은 파푸아뉴기니에서 가장 인구밀도가 높은 곳이다. 외부세계로부터 거의 영향을 받지 않아 전통 부족문화가 잘 보존되어 있으며, 지금도 많은 사람이 전통의상을 입고 전통가옥에 살면서 원시적인 형태의 자급자족 생활을 한다. 또 마운트 하겐(Mount Hagen) 지역은 커피, 차, 난초 재배로 유명하며, 그 외에 여러 희귀한 동물, 곤충, 새 등이 살고 있다.

빌헬름 산 정상[133] 파푸아뉴기니에서 제일 높은 산으로, 해발고도가 4,000m가 넘는다

고로카 쇼(Goroka Show)[134] 파푸아뉴기니 최대 축제 중 하나로 이스턴 하이랜즈(Eastern Highlands) 주의 수도인 고로카(Goroka)에서 매년 9월에 열린다

---

133) Traveller, 2010. From the highlands to the beaches. Accessed 20 October 2015. http://www.smh.com.au/travel/activity/active/from-the-highlands-to-the-beaches-20101028-175a5.html
134) Keith Jackson & Friends. PNG attitude. Accessed 20 October 2015. http://asopa.typepad.com/.a/6a00d83454f2ec69e20105356e05d1970c-800wi

이 지방은 또한 각종 부족공예나 부족예술, 전통의식 등으로 유명하며, 하겐산(Mount Hagen) 축제, 고로카 쇼(Goroka Show) 같은 파푸아뉴기니 최대의 축제들도 이 지방에서 개최된다. 이 외에 주술로 인한 사건사고(폭력, 살인)와 부족 간 다툼이 자주 발생하는 것으로 알려져 있다. 산악지방은 파푸아뉴기니에서 서구인들이 가장 늦게 탐험한 지역으로서, 초기 탐험가들은 이 지역을 파푸아 원더랜드(Papuan Wonderland)라고 불렀다.

2) 모마세 지방 (Momase Region)

모마세 지방

모마세 지방은 파푸아뉴기니 본토의 서북부로 이스트 세픽(East Sepik), 마당(Madang), 모로베(Morobe), 웨스트 세픽(West Sepik) 등 4개의 주로 나뉜다. 이 지역에는 포트모르즈비를 제외한 파푸아뉴기니의 대도시들이 있다. 파푸아뉴기니 제2의 도시이자 최대 물류항인 라에(Lae), 유명한 휴양지이자 파푸아뉴기니에서 가장 아름다운 연안도시로 평가받는 마당, 파푸아뉴기니 북부 해안에서 가장 큰 웨왁(Wewak) 등이 여기에 속한다.

마당의 전경[135] 파푸아뉴기니의 유명한 휴양지이자 가장 아름다운 도시로 평가받는 곳이다

라에 항구 전경[136] 라에는 파푸아뉴기니의 제2의 도시이자 최대 물류항이다

---

135) Global Drift, Papua New Guinea, Accessed 20 October 2015, http://www.globaldrift.com.au/trips/PNG-PNG
136) Malum, Nalu, 2012, Lae chamber welcomes port project, Accessed 20 October 2015, http://malumnalu.blogspot.kr/2012/04/lae-chamber-welcomes-port-project.html

이 지역에는 파푸아뉴기니 최대의 강인 세픽 강이 흐르고 있어 풍요로운 열대우림 및 하천 생태계가 펼쳐진다.[137] 세픽 강은 중앙산맥에서 발원하여 1,126km를 흘러 북부 해안으로 흘러든다. 이 강을 따라 여러 다양한 부족이 거주하며, 세픽 지역의 원주민들은 특히 예술과 공예에 능한 것으로 알려져 있다. 이스트세픽 주에서는 코코아, 커피, 코프라, 설탕이 생산되며 마당에는 대규모 축산 농장이 있다.

한편 파푸아뉴기니 북부 해안은 제2차 세계대전 당시 일본군이 점령했던 지역인데, 마당 근처에는 30척이 넘는 선박 잔해와 유적이 즐비하다. 중앙 산악지방과 맞닿은 저지대 열대우림, 세픽 강 근처의 무성한 삼림지대는 수많은 나비, 난초, 열대 조류들의 서식지이다. 그리고 웨스트세픽 주는 인도네시아 웨스트파푸아와 국경을 접하고 있다.

▶라에(Lae)[138]

라에는 파푸아뉴기니 북동부의 후온 만(Huon Gulf)에 위치하며, 파푸아뉴기니 제 2의 도시이자 최대 화물항이다. 파푸아뉴기니 중앙부의 하겐 산, 고로카 등을 지나 코로바까지 이어지는 하이랜즈 하이웨이(Highlands Highway)가 라에에서 시작된다. 또 라에에는 파푸아뉴기니 기술대학이 있다. 라에는 1920~1930년대 골드 러시로 인해 생겨난 도시로, 1937년에는 미국 비행사인 아멜리아 이어하트(Amelia Earhart)가 라에 공항을 이륙해 미국으로 향하다가 실종되는 사건이 벌어지기도 했다. 이 사건으로 인해 라에는 잠시 세계 언론의 주목을 받은 바 있다. 제2차 세계대전 시에는 일본군에 점령당해 군사기지로 쓰였다. 전쟁 후 파푸아뉴기니 고산지대에서 커피, 차 등이 재배되기 시작하면서 이 물품들을 운송하는 수출항으로 발전하기 시작했다. 그 뒤 라에와 중앙 고산지대를 잇는 하이랜즈 하이웨이가 건설되었고, 1980~1990년대 들어 광물 붐이 일면서 경제 허브로서의 중요성이 더욱 커진 곳으로 변했다.

---

137) Wilderutopia, Sapik, Accessed 20 October 2015, http://wilderutopia.com/wp-content/uploads/2012/04/Sepik-River-PNG.jpg
138) Wikipedia, Lae, Accessed 20 October 2015, http://en.wikipedia.org/wiki/Lae

라에는 많은 강수량으로 인한 도로에 뚫린 수많은 포트홀(침식작용에 의해 암반에 생기는 구멍)로도 유명해서 '포트홀 도시'라는 별명이 붙기도 했다. 1991년에는 라에와 포트모르스비에서 남태평양 게임(South Pacific Games)이 개최되었고, 2011년 9월에는 파푸아뉴기니 럭비리그 팀이 호주 럭비 팀과 라에 스타디움에서 최초로 경기를 가진 곳이기도 하다.

▶ **마당(Madang)**[139]

마당은 파푸아뉴기니 북부 해안에 위치하며 19세기 독일인들이 세운 도시로, 파푸아뉴기니에서 가장 살기 좋은 도시로 각광받고 있다. 인구는 2005년 기준 2만 7,420명이며 디바인 워드 대학교(Divine Word University)가 있다. 마당의 역사를 보면, 러시아 생물학자 니콜라이 미클루코-마클라이(Nicholai Miklukho-Maklai)가 19세기에 이 도시를 방문한 최초의 유럽인으로 추정된다. 그는 1871년, 아스트로라베 만(Astrolabe Bay) 근처에 도착해 약 1년 3개월을 거주했다. 제2차 세계대전 당시에는 일본군과 연합군의 치열한 격전지가 되어 도시 곳곳의 주요 인프라가 크게 파괴되었지만 전쟁 이후 복구되었다.

마당에는 수출용 산업시설과 농장이 많은데, 연안을 따라 많은 코코야자 농장이 있고, 마당 인근의 카르카르(Karkar) 섬에는 대규모의 코코아, 코프라 농장이 있다. 마당은 기후가 쾌적하고 도시 인프라가 잘 구비되어 있어 파푸아뉴기니 인들이 꼭 한 번 들르고 싶어 하는 휴양지로도 인기 있는 곳이다.

3) 파푸아 지방 (Papua Region)

파푸아 지방은 파푸아뉴기니 본토 남부와 남동부의 섬들을 모두 아우르는 방대한 지역이다. 걸프 주(Gulf Province), 밀른베이 주(Milne Bay Province), 내셔널 캐피털 수도권(National Capital District), 노던 주(Northern Province), 그리고 웨스턴 주(Western Province) 등 모두 5개의 행정구역으로 구성되어 있다. 몇몇 고산지대나 북동무역풍이 불어 오는 시기를 제외하면 연중 내내 덥고 습한 기후가 유지된다. 파푸아 지방에는 파푸아뉴기니 최대 도시이자 수도인

---

139) Wikipedia. Madang. Accessed 20 October 2015. http://en.wikipedia.org/wiki/Madang

파푸아 지방

포트모르즈비가 수도권(National Capital District, NCD)으로 분류되어 있다. 또 파푸아 만(Gulf of Papua)과 맞닿은 걸프 주(Gulf Province)에는 키코리(Kikori), 푸라리(Purari) 같은 큰 강이 바다를 향해 흐른다.(Papua Region. http://en.wikipedia.org/wiki/Papua_Region)

한편, 파푸아 지방 최서단의 웨스턴 주에는 파푸아뉴기니에서 두 번째로 큰 플라이(Fly) 강이 있다. 플라이 강은 파푸아 만으로 흘러들며, 광활한 초원, 습지, 평원, 범람원을 이룬다. 플라이 강 하구의 삼각지 및 습지평원은 세계 최대습지 중 하나로, 수많은 물새, 민물어류, 악어, 도마뱀 등의 서식지이기도 하다. 이 지역에는 파푸아뉴기니의 유명한 야생보호구역 및 람사르 보존습지가 있으며, 드넓은 평원지대도 있다. 또 인도네시아와의 국경 근처에는 파푸아뉴기니 최대의 옥테디(Ok Tedi) 광산이 있다. 옥테디 광산은 세계 최대 광산 중 하나로 1980년대에 만들어져 매일 8만 톤의 금과 구리를 생산한다.(Western Province, http://en.wikipedia.org/wiki/Western-Province-Papua-New-Guinea)

마지막으로 동부의 밀른 만 및 인근 섬들은 휴양지로도 명성이 자자하고, 밀른 만 앞쪽의 트로브리안드 제도는 20세기 초 '쿨라 교환'에 대한 연구로 널리 알려진 문화인류학의 산실이다.

밀른 만의 한 휴양지 풍경[140] 다이빙 및 스노클링 사이트로 유명하다

파푸아뉴기니 수도 포트모르즈비의 전경[141]

---

140) Symbiosis custom travel. Papua New Guinea. Accessed 20 October 2015. http://www.symbiosis-travel.com/papua-new-guinea/escapes-hideaways/187/tawali/
141) Hasselberg, Jan. Photo downtown Moresby near Oriximina State Park. Accessed 20 October 2015. http://www.viewphotos.org/brazil/images-of-Oriximina-225.html

트로브리안드 제도[142] '쿨라 교환' 연구로 문화인류학의 성소가 된 곳이다

▶ 포트모르즈비[143) 144)]

포트모르즈비의 위치 및 시내 전경[145]

---

142) Top travel destination. Trobriland islands. Papua New Guinea. Accessed 20 October 2015. http://www.mymilez.com/wp-content/uploads/2012/01/Trobriand_village.jpg
143) The Guardian. 2004. Raskol gangs rule world's worst city. Accessed 22 September 2015. http://www.guardian.co.uk/world/2004/sep/22/population.davidfickling 및 Wikipedia. Port Moresby. http://en.wikipedia.org/wiki/Pot_Moresby
144) UNHABITAT. 2010. Papua New Guinea: Port Moresby urban profile. Regional and Technical Cooperation Division. United Nations Human Settlement Programme
145) One Papua New Guinea. Port Moresby in picture today. http://www.onepng.com/2013/01/in-port-moresby-today.html

포트모르즈비는 파푸아뉴기니의 수도이자 최대 도시로, 뉴기니 섬 남동부의 파푸아 만에 위치한다. 호주, 동남아시아, 아메리카 등으로 향하는 항공편이 모두 여기에서 떠나며, 제2차 세계대전에는 일본군이 점령하기 위해 애썼던 전략적 요충지였다. 2011년 기준 인구는 36만 4,125명이다. 1873년, 영국 선장인 존 모르즈비가 처음 발견했고 자신의 아버지 페어팩스 모르즈비의 이름을 따 포트모르즈비라 명명했다.[146] 유럽인 발견 이전에는 모투-코이타부(Motu-Koitabu)족이 이 지역에 거주했으며, 2012년, 영국 경제·시사주간지 『이코노미스트(Economist)』 산하 연구기관인 EIU(Economist Intelligence Unit)의 조사에 따르면, 포트모르즈비는 '세계의 살 만한 도시' 순위에서 하위 10개 도시 중 하나를 차지했는데[147] 농촌에서 도시로의 대이동이 주요 원인으로 꼽히고 있다. 이러한 급격한 도시로의 이동으로 발생하는 문제를 다루기 위해서 시정부는 유엔 등과 협력을 진행하고 있으며 시정부 자체적으로도 이주·도시화 문제를 다루고자 주민등록화와 남태평양 도서국의 고질적인 이슈인 토지배분 및 공공화 문제해결을 추진하는 등 다양한 노력을 기울이고 있다.[148]

파푸아뉴기니 오로주의 투피지역(Tufi)
(Find Fun Facts, Papua New Guinea (https://findfunfacts.appspot.com/world_atlas/newguinea.html)

---

146) CIA, 2015. Papua New Guinea. The world factbook. https://www.cia.gov/library/publications/the-world-factbook/geos/pp.html
147) The Economist Intelligence Unit(EIU), 2014. A summary of the liveability ranking and overview. London. Accessed 20 October 2015. http://pages.eiu.com/rs/eiu2/images/Liveability_rankings_2014.pdf (그 외 9개 도시는 아비장, 트리폴리, 두알라, 하레르, 알제, 카라치, 라고스, 다카, 다마스쿠스 등이다)
148) Wenogo, Busa Jeremiah, 2015. Tackling the urbanisation problem is central to a liveable city. Keth Jackson & Friends: PNG attitude. Accessed 20 October 2015. http://asopa.typepad.com/asopa_people/2015/04/tackling-the-urbanisation-problem-is-central-to-a-livable-city.html

4) 도서지방 (Islands Region) [149) 150) 151) 152) 153) 154) 155) 156)]

도서지방

파푸아뉴기니 본토 북동부에 위치한 도서지방은 총 5개의 주 - 이스트 뉴브리튼(East New Britain), 마누스(Manus), 뉴아일랜드(New Ireland), 부겐빌(Bougainville), 웨스트 뉴브리튼(West New Britain)으로 이루어져 있다. 도서지방은 파푸아뉴기니에서 가장 인구밀도가 낮은 지역으로, 파푸아뉴기니 인구의 약 14%(75만 명)가 살고 있다. 언어학적으로 오스트로네시아 어족군에

---

149) Wikipedia. Island regions. http://en.wikipedia.org/wiki/Islands_Region. Accessed 22 October 2015
150) Papua New Guinea Tourism Promotion Authority. Island region. Accessed 22 October 2015, http://www.papuanewguinea.travel/islandsregion
151) Villagehuts. Island region. Accessed 22 October 2015. http://www.villagehuts.com/islands-destination.html
152) Wikivoyage. Papua New Guinea. Accessed 22 October 2015. https://en.wikivoyage.org/wiki/Papua_New_Guinea
153) Hayward-Jones, Jenny. 2015. Papua New Guinea in 2015 - At a crossroads and beyond. Accessed 22 October 2015. http://www.lowyinstitute.org/files/papua-new-guinea-in-2015: At-a-crossroads-and-beyond.pdf
154) PNG. 2010. Papua New Guinea - Millennium Development Goals Second National Progress Comprehensive Report for Papua New Guinea 2010. Accessed 22 October 2015. http://www.undp.org/content/dam/papua_new_guinea/docs/MDG/UNDP_PG_MDG%20Comprehensive%20Report%202010.pdf
155) Wikipedia. Provinces of Papua New Guinea. Accessed 22 October 2015. https://en.wikipedia.org/wiki/Provinces_of_Papua_New_Guinea
156) Wikipedia. Districts of LLGs of Papua New Guinea. Accessed 22 October 2015. https://en.wikipedia.org/wiki/Districts_and_LLGs_of_Papua_New_Guinea

속하며, 비스마르크 제도에서 발견된 라피타(Lapita) 도기문화로 유명하다. 또한 이곳은 제2차 세계대전 당시 일본군과 연합군의 치열한 격전지였다. 일본군은 파푸아뉴기니 본토 점령에 실패한 대신 도서지방 곳곳에 군사기지를 설치하고 연합군과 전투를 벌였다. 그래서 이 지역에는 항공기, 잠수함, 선박 등 제2차 세계대전 시의 유적이 많이 남아 있다. 또한 이 지방은 환태평양 화산대의 일부로 지금도 활동 중인 활화산이 있다. 1994년, 이스트 뉴브리튼(East New Britain) 주의 수도였던 라바울(Rabaul)을 초토화시킨 타부르부르(Tavurvur) 화산 폭발이 유명하다. 한편, 각 섬의 연안에는 아름다운 열대바다, 산호초 지대, 수중동굴 등이 있어 다이빙 및 스노클링을 즐길 수 있다. 각종 열대 해양생물도 풍부해 세계 참치 어획고의 10% 이상이 파푸아뉴기니 근해에서 잡힌다.

파푸아뉴기니로부터의 독립운동 및 부겐빌 내전으로 유명한 부겐빌 자치주는 현재 국방, 외교, 사법권을 제외한 자치권을 인정받았고, 향후 파푸아뉴기니로부터의 완전 독립을 위한 총선거가 실시될 예정이다. 부겐빌 자치주에는 풍부한 광물자원이 있다.

이스트 뉴브리튼(East New Britain)의 라바울(Rabaul) 전경(왼쪽)[157] [158] 1994년, 라바울은 화산폭발로 폐허가 되었다(오른쪽)

---

[157] PNG Ports Corporation, Rabaul Port, Accessed 22 October 2015, http://www.pngports.com.pg/index.php/rabaul-port

[158] Nineteen Years and Counting in Papua New Guinea, A blog about living in Papua New Guinea, Accessed 22 October 2015, http://nancysullivan.typepad.com/my_weblog/2008/07/goodbye-john-wong.html

부겐빌 섬의 팡구나(Panguna) 광산[159]

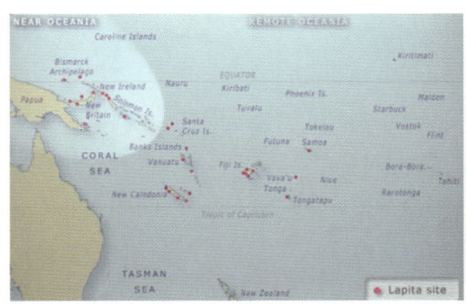 
정교한 문양으로 유명한 라피타(Lapita) 도기 유적지(왼쪽)[160) 161)] 기원전 500~1,500년 전의 유적이다(오른쪽)

---

159) The Australian. Battle intensifies over Bougainville copper. Accessed 22 October 2015, http://www.pngblogs.com/2011/07/battle-intensifies-over-bougainville.html
160) Encyclopedia of New Zealand. Sites of Lapita pottery. Accessed 22 October 2015, http://www.teara.govt.nz/files/m1767enz.jpg
161) Archipelago Travels in the Islands of Vanuatu. Are you Mad – A visit to the Vanuatu Cultural Center. Accessed 22 October 2015, http://archipelagotravels.typepad.com/.a/6a0133f29b7c42970b0133f2c382b9970b-800wi

5. 파푸아뉴기니의 주요 도서지역

1. 부겐빌 섬
2. 뉴브리튼 섬
3. 뉴아일랜드 섬
4. 마누스 섬

파푸아뉴기니의 주요도서[162]

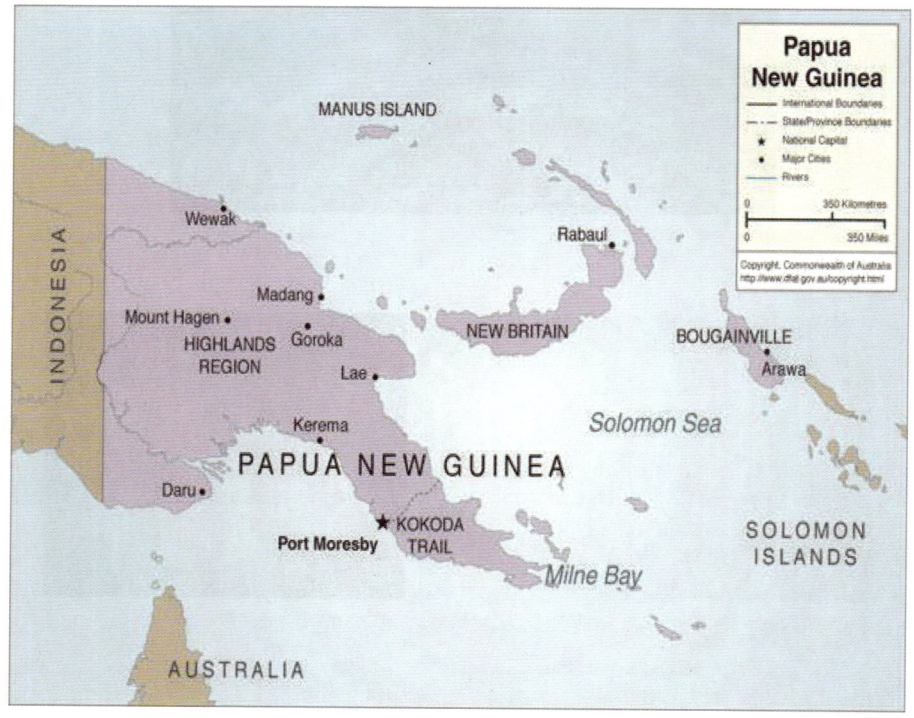

---

162) Woodbury, Jo, 2015. The Bougainville independence referendum: Assessing the risks and challenges before during and after the referendum. Vice chief of the Defence Force, Australian Defence College. Accessed 22 October 2015. http://www.defence.gov.au/ADC/Publications/IndoPac/Woodbury%20paper%20(IPSD%20version).pdf

1) 부겐빌 섬[163) 164) 165) 166)]

부겐빌 자치주(Autonomous Region of Bougainville)	
위치	6°14′40″S, 155°23′02″E
지역	센트럴 부겐빌 주(Central Bougainville District) 노스 부겐빌 주(North Bougainville District) 사우스 부겐빌 주(South Bougainville District)
정부	• 주의장(President) : 존 모미스(John Momis, 2010~) • 주지사(Governor) : 조 레라(Joe Lera, 2012~)
총 면적	9,300㎢(제주도 면적의 약 5배)
인구	175,160(2000년 기준)
깃발, 인장	기(flag)　　인장(seal)
지도	

---

163) Wikipedia. Autonomous region of Bougainville. Accessed 22 October 2015. http://en.wikipedia.org/wiki/Autonomous_Region_of_Bougainville
164) Wikipedia. Bougainville Island. Accessed 22 October 2015. http://en.wikipedia.org/wiki/Bougainville_Island
165) Carl, Andy and Garasu, St. Lorraine, 2002. Accord: Weaving consensus. The Paupa New Guinea – Bougainville peace process. Accessed 22 October 2015. http://www.c-r.org/downloads/12_PapuaNewGuinea.pdf
166) Weatherbase. Bougainville – Papua New Guinea. Accessed 22 October 2015. http://www.weatherbase.com/weather/weather-summary.php3?s=100519&cityname=Bougainville%2C+Papua+New+Guinea&units=

지리

부겐빌 섬은 부겐빌 자치주의 2개의 주요 섬 중 하나다. 부겐빌 자치주는 즉 부카(Buka) 섬과 부겐빌 섬 그리고 166개의 작은 섬으로 이루어져 있으며, 영해 면적은 45km^{2}이다. 본섬(부겐빌 섬)의 길이는 약 200km, 폭은 약 48km 규모이다. 부겐빌 자치주는 행정상으로는 파푸아뉴기니 영토지만 자연·지리·생물적으로는 인근의 솔로몬 제도와 더 가깝다. 부겐빌 자치주의 부카 섬은 석회암 지역이며, 부겐빌 섬은 화산암 기원 지역으로 비옥한 화산암 토양이 섬의 대부분을 덮고 있다. 바가나 산(Mt Bagana, 1,730m)은 활화산이며, 발비 산(Mt Balbi, 2,715m)과 로로루 산(Mt Loloru, 1,887m)은 휴화산이다. 또한 화산 분화구에 물이 고여 만들어진 60여 개 이상의 호수가 있다. 부겐빌 섬의 서해안에는 대규모 습지가 많으며, 동해안과 부인(Buin) 근처의 저지대에는 코코넛 및 코코아 농장이 많다. 부겐빌 섬의 해안선은 685km로, 24만ha의 산호초 지대를 품고 있다. 부겐빌 섬 주변의 큰 제도들은 전부 환초섬이다. 부겐빌 섬에는 2개의 주요 산맥이 있는데 하나는 남부의 크라운 프린스(Crown Prince) 산맥이며, 다른 하나는 북쪽으로 뻗어 올라간 엠퍼러(Emperor) 산맥이다. 바가나 산과 발비 산 등의 화산 주변에는 비옥한 연안평원이 형성되어 대부분의 인구가 해안가에 집중되어 있다. 또 라마존(Ramazon), 바카노비(Bakanovi), 파가라(Pagara), 타베라(Tavera), 우파이(Upai), 모비아이(Moviai) 같은 여러 개의 강이 있다.

기후

평균기온이 26.1°C 정도로 온난한 열대해양성 기후이다. 지형에 따라 강수량이 다르지만 대체로 비가 많이 내린다. 남부지역에는 연 4,500mm 이상의 많은 비가 내리며, 북쪽으로 갈수록 강수량이 줄어 부카 근처에는 연 2,500mm 정도의 비가 온다.

시간대

그리니치 표준시(Greenwich Mean Time)보다 10시간, 한국보다는 1시간 빠르다.

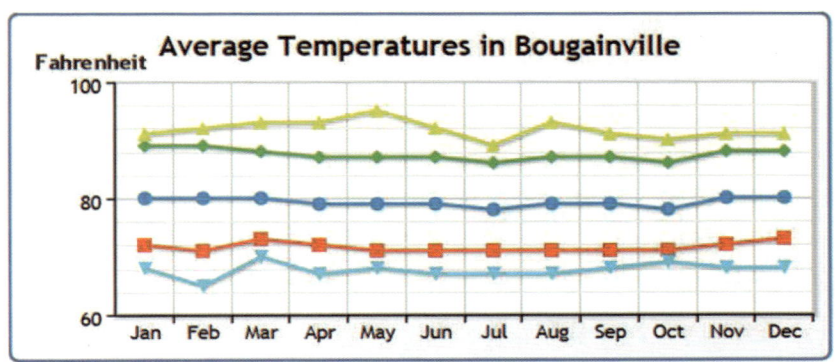

부겐빌 섬의 연평균 기온

인구

2000년 기준 17만 5,160명으로 남자는 9만 14명, 여자는 8만 5,146명(부겐빌 자치주의 총 인구는 2011년 기준 약 25만명)이다. 전체 인구의 98%가 시골지역에 거주하며, 1980~2000년 사이 인구가 36% 증가했다. 1987~1997년 내전 시, 약 1만 5천~2만 명이 사망한 것으로 추정된다.

문화

부겐빌 주민들의 유대 및 동질성 강화에는 문화가 중요한 역할을 한다. 부겐빌 섬은 거의 모계사회로 이루어지며, 부계 전통은 부겐빌 남부에 있는 몇몇 부족만 유지하고 있다. 부겐빌의 씨족체제는 3개의 주요 씨족으로 이루어지며, 마누 씨족(Manu, 독수리), 나카립 씨족(Nakarip, 닭), 나카스 씨족(Nakas, 개)이 그것이다. 각 씨족의 최고 추장은 여성이며, 대를 이어 모계체제로 계승된다. 이때 남성은 보조자 역할을 한다. 추장이 남성일 경우에도 최종 결정을 내릴 때에는 각 씨족의 토지 및 자산, 전통적 토템, 수렵 및 어업도구를 실질적으로 소유한 여성의 의견을 극도로 존중한다. 각 씨족에는 세 명의 추장이 있는데,

즉 의사결정을 내리는 자, 전사, 소식을 전하는 메신저 역할을 맡은 자 등이다. 부겐빌 섬에는 총 19개의 고유 언어가 있으며, 아주 외진 곳에서는 여전히 물물교환이 이루어지고 있다.

화폐

화폐는 파푸아뉴기니 본토와 같은 키나(Kina)를 사용하고, 남태평양 은행(Bank of South Pacific)이 유일한 은행이다. 부카에서 영업하고 있다.

교통

포트모르즈비나 라바울에서 비행기를 타고 가야 한다. 에어 니우기니(Air Niugini)가 매주 5회 부겐빌 부카로 가는 비행편을 운행한다. 부겐빌 내의 교통편을 보면, 부카나 다른 부겐빌 주민들은 작은 배를 많이 이용하고, 일종의 수상 택시도 있다. 부카 섬에는 순환도로가 있으며, 부겐빌 섬의 경우 중앙부 및 남부 지역의 많은 도로들은 비포장이므로 4륜 구동으로 운행하는 것이 바람직하다. 도로와 교차하는 대부분의 강과 하천에는 다리가 없어서 비가 오면 도로가 침수된다. 따라서 부겐빌 섬에서 본토에서 운전을 할 때는 이러한 강 상태를 잘 알고 있어야 한다. 부카와 부겐빌 본토에서는 자동차 렌트가 가능하다.

통신

뉴질랜드 정부의 도움으로 부겐빌 전역에는 비교적 통신망이 잘 깔려 있다. 부겐빌 주의 모든 13개 지역구에서 전화와 팩스를 이용할 수 있으며, 80% 지역에서는 휴대전화를 사용할 수 있다. 또한 2개의 지역 FM 라디오 방송국과 1개의 지역 TV 방송국이 있다. 대부분의 호텔이나 게스트하우스에서는 케이블 방송도 시청 가능하다. 인터넷 역시 부카, 아라와(Arawa), 시와이(Siwai) 같은 도시에서 이용할 수 있다.

정부구조

내전 및 평화협정의 결과에 따라 부겐빌 섬을 포함하고 있는 부겐빌 자치주는 다른 파푸아뉴기니 주와 달리 자체 헌법을 가지고 있다. 부겐빌 자치주 헌법을 통해 상당한 자치권 행사를 할 수는 있으나 파푸아뉴기니 헌법을 준수해야 한다. 또한 국방, 외교 등의 핵심 영역은 여전히 중앙 정부 관할로 남아 있으며 파푸아뉴기니 대법원이 부겐빌 자치주의 최고 법원 역할을 한다. 이렇게 볼 때 부겐빌 자치주와 중앙정부의 관계는 호주의 연방정부와 주정부의 관계와 비슷하다. 부겐빌 자치주의 수장은 '대통령'이라는 칭호를 갖는다. 부겐빌 자치주 헌법에 따르면 부겐빌 정부는 다음과 같은 체제로 구성되어 있다.

1. 행정부 – 대통령이 이끄는 부겐빌 행정부
2. 입법부 – 부겐빌 의회(총 41석, 39석은 선거, 2석은 당연직으로 선출)
3. 사법부 – 대법원 및 고등법원을 포함한 부겐빌 법원(사법권만큼은 아직 파푸아뉴기니 정부가 전적으로 인정하지 않고 있다)

최근 현황

첫 선거는 부겐빌 자치주 성립과 함께 2005년 5~6월에 치러졌다. 조셉 카부이(Joseph Kabui)가 대통령, 조셉 와타위(Joseph Watawi)가 부통령으로 취임했다. 그러나 조셉 카부이 대통령은 2008년 6월 사망했으며, 같은 해 11월 제임스 타니스(James Tanis)가 대통령으로 취임했다. 최근 선거는 2010년 5~6월에 있었고, 현 대통령은 존 모미스(John Momis)이다.

광물자원

부겐빌 섬에는 구리, 금 등 광물자원이 풍부하다. 1970년대 초 영국계 호주 광물기업이 팡구나 지역에 세계 최대의 노천광산 중 하나를 짓고 자원채굴을 시작했다. 그러나 원주민에 대한 수익 배분이나 전통 커뮤니티를 고려하지 않아 환경오염, 토지훼손 등의 문제가 일어났고, 이는 결국 1970년대부터 시작된 부겐빌 분리독립운동의 빌미가 된다. 그 뒤 1980년대에 부겐빌 혁명군이 조직되어 파푸아뉴기니 정부군과 전투를 벌였고, 그로 인해 1만 명이 넘는 민간인 사망자가 발생했다. 이에 대한 자세한 내용은 2장 '역사와 문화'에서 추가로 다루었다.

2) 뉴브리튼 섬(웨스트 뉴브리튼/ 이스트 뉴브리튼) [167) 168) 169) 170) 171) 172) 173)]

뉴브리튼 지역 지도

---

167) Wikipedia. New Britain. Accessed 22 October 2015. http://en.wikipedia.org/wiki/New_Britain
168) Wikipedia. West New Britain Province. Accessed 22 October 2015. https://en.wikipedia.org/wiki/West_New_Britain_Province
169) Wikipedia. East New Britain Province. Accessed 22 October 2015. https://en.wikipedia.org/wiki/East_New_Britain_Province
170) Papua New Guinea Tourism Promotion Authority. Accessed 22 October 2015. http://www.papuanewguinea.travel/EastNewBritain
171) New Britain Palm Oil Limited. Joining New Britain Palm Oil. Accessed 22 October 2015. http://www.nbpol.com.pg/wp-content/uploads/downloads/2011/02/Living-and-working_in_WNB_-Feb_-20101.pdf
172) The Tanorama Network. West New Britain Province. Accessed 22 October 2015. http://www.global.net.pg/tanorama/prov_west-new-britain.html
173) The Tanorama Network. East New Britain Province. Accessed 22 October 2015. http://www.global.net.pg/tanorama/prov_east-new-britain.html

지리

뉴브리튼 섬은 148°18′31″~152°23′57″ E, 4°08′25″~6°18′31″S 지점에 있다. 초승달 모양의 섬의 최대 길이는 약 600km, 최대 폭은 약 80km, 해안선 길이는 1,600km이다. 세계에서 38번째로 큰 섬이며 전체 면적은 3만 6,520km^{2}로 남한의 약 1/3이다. 몇몇 해안에는 가파른 절벽이 있고, 내륙은 산악지형이다. 평탄한 연안지역에는 산호초가 풍부하다. 가장 높은 곳은 동부 바이닝(Baining) 산맥의 시네윗(Sinewit) 산으로 2,438m이다. 식생은 대부분 열대우림이며 비가 오면 몇 개의 큰 강이 형성된다. 전체적으로 라바울(Rabaul), 코코포(Kokopo)를 포함해 북부 지역은 도로망이 잘 정비된 편이지만, 남부 지역에는 육로가 거의 없어 뱃길이 중요하다. 또한 내륙의 포미오(Pomio) 지구는 아주 멀어서 접근하기가 상당히 어렵다.

지질

뉴브리튼 섬은 거의 화산활동에 의해 형성되어, 울라운(Ulawun), 랑길라(Langila), 가르부나(Garbuna), 타부르부르(Tavurvur) 등 여러 개의 활화산이 존재한다. 특히 1994년에는 타부르부르가 크게 폭발해 이스트 뉴브리튼의 수도였던 라바울을 초토화시킨 사건이 있었다. 현재도 수 미터에 달하는 화산재가 도시 곳곳에 남아 있다. 현재 이스트 뉴브리튼의 수도는 인근의 코코포로 이전되었다.

행정구분

뉴브리튼 섬은 파푸아뉴기니 광역 구분 중 하나인 도서지방(Islands Region)에 속하며, 이스트 뉴브리튼(수도 : 코코포) 주와 웨스트 뉴브리튼 주(수도 : 킴베)의 2개 주로 구성되어 있다.

역사

뉴브리튼 섬을 처음 방문했다고 알려진 유럽인은 윌리엄 댐피어(William Dampier)로 1700년 2월 27일 이곳을 방문한 후, 노바 브리타니아(Nova Britannia, New Britain)이라는 이름을 붙였다. 그 뒤 1884년 독일이 뉴브리튼 섬들과 비스마르크(Bismarck) 군도를 자국 부속령으로 선포했으나, 1914년, 호주군이 섬에 상륙하여 독일군을 몰아내고 섬을 차지했다. 1920년에는 국제연합이 뉴브리튼을 포함한 뉴기니 섬 전체를 호주 위임통치령으로 지정했으며, 제2차 세계대전 시에는 일본군이 뉴브리튼을 공격했다. 일본군은 1944년까지 라바울을 전략적 요충지로 활용했다.

문화

뉴브리튼의 원주민은 크게 수 만년 동안 섬에서 살았던 파푸아인과 약 2,000년 전에 섬으로 건너온 오스트로네시아인으로 구성되어 있다. 약 50여개의 원주민 언어가 사용되는데 공식 언어는 톡피진어와 영어이다. 파푸아 출신 원주민들은 대부분 뉴브리튼 섬 동해안과 중앙 산악지대에 거주한다. 2010년 기준, 뉴브리튼 섬의 인구는 49만 3,585명으로 대부분은 오스트로네시아인이며, 주요 도시는 각 주의 주도인 라바울, 코코포, 킴베다이이다. 뉴브리튼의 부족들은 몇몇 모계사회 부족을 제외하면 대부분 부계사회 부족들이다.

파푸아뉴기니 전통 부족축제 (Pixabay.Com)

2.1) 이스트 뉴브리튼 주

이스트 뉴브리튼 주	
위치	파푸아뉴기니 본토 북동부
지역	가젤 구(Gazelle District) 코코포 구(Kokopo District) 포미오 구(Pomio District) 라바울 구(Rabaul District)
정부	주지사 : 레오 디온(Leo Dion, 2000~)
총 면적	15,816km²
인구	271,250(2011)
주기	
지도	

이스트 뉴브리튼 주는 뉴브리튼 섬의 북동쪽 지역으로, 듀크 오브 요크(Duke of York) 제도를 포함하며 수도는 코코포이다. 이스트 뉴브리튼 주의 면적은 1만 5,816km²로, 2011년 기준 27만 1,250명이 거주 중이다. 약 16개 이상의 토착어가 존재하며 가장 많이 사용되는 언어는 톨라이(Tolai) 부족이 사용하는 쿠아누아(Kuanua)어이다. 이스트 뉴브리튼에는 화폐경제, 자급자족 경제 등 2개의

경제체제가 존재하는데 주요 환금작물은 코코아와 코프라이다. 최근에는 관광업이 점점 중요해지고 있다. 특히 라바울은 아름다운 해안을 품고 있어 유명한 스쿠버 다이빙, 스노클링 관광지이며, 제2차 세계대전 당시 일본군의 주요 군사기지로 전쟁 유적이 많이 남아 있어 많은 관광객을 끌어들이고 있다.

2.2) 웨스트 뉴브리튼 주[174) 175)]

웨스트 뉴브리튼 주	
위치	파푸아뉴기니 본토 북동부
지역	칸드리안-글로체스터 구(Kandrian-Gloucester District) 탈라세아 구(Talasea District)
정부	주지사 : 사신드란 무투벨(Sasindran Muthuvel, 2012~)
총면적	21,000km²
인구	242,676(2011)
주기[176)]	
지도	

뉴 브리튼의 남서쪽에 위치한 주(province)로 수도는 킴베(Kimbe), 총면적은 2만 1천km²이다. 인구는 2011년 기준 24만 2,676명으로 야자기름을 생산하며, 7개의 주요 부족(Nakanai, Bakovi, Kove, Unea, Maleu, Kaulong, Arowe)이 존재한다. 웨스트 뉴브리튼에는 총 25개 이상의 고유어가 있다. 파푸아뉴기니에서는 웨스트 뉴브리튼 출신 사람들을 보통 '콤베(Kombe) 사람'이라고 하는데 이는 이곳의 주요 원주민인 코베(Kove, 혹은 Kombe)족에서 따온 말이다. 1960년대부터 인류학자 앤 쇼우닝(Ann Chowning)이 내셔널 지오그래픽(National Geographic) 등 여러 매체에 콤베족을 광범위하게 소개하면서 이들의 풍습이 널리 알려진 바 있다.

이 부족은 특히 남성 음경을 '포피 절개하는 풍습'으로 유명하다. 이는 성인식이나 입문의식 시 남성 음경을 둘러싼 포피의 상부를 길게 절개하는 것으로, 뉴기니 섬의 북부 해안에서 실시되기도 하며 다른 곳에서는 거의 사라진 풍습이다. 웨스트 뉴브리튼의 북부 해안, 특히 킴베 지역 근처에는 야자기름 농장이 발달했고, 내륙 및 남해안에서는 벌목업이 행해진다. 유명한 관광명소로는 킴베 근처의 왈린디 다이브 리조트(Walindi Dive Resort)가 있다.

파푸아뉴기니 전통 카누 (Pixabay.Com)

---

174) Mahonia Na Dari. Guardians of the Sea – West New Britain. Accessed 22 October 2015. http://mahonianadari.org/where-we-are/west-new-britain/
175) Australian AID. Provincial capacity building & enhancement programme – West New Britain Province (Papua New Guinea). Accessed 22 October 2015. http://www.pcabii.org/WNB.jsp
176) Wikipedia. West New Britain Province. Accessed 22 October 2015. http://en.wikipedia.org/wiki/West_New_Britain_Provience

3) 뉴아일랜드 섬[177) 178) 179)]

뉴아일랜드 주	
위치	파푸아뉴기니 본토 최북동부
지역	카비엥 구(Kavieng District) 나마타나이 구(Namatanai District)
정부	주지사 : 줄리우스 챈 경(Sir Julius Chan)
총 면적	9,600㎢
인구	19,407(2011년 기준)
주기	
지도	

---

177) Wikipedia, New Ireland (Island), Accessed 22 October 2015, http://en.wikipedia.org/wiki/New_Ireland_(island)
178) Wikipedia, New Ireland Province, Accessed 22 October 2015, http://en.wikipedia.org/wiki/New_Ireland_Province
179) Papua New Guinea Tourism Promotion Authority, Accessed 22 October 2015, http://www.papuanewguinea.travel/newireland

지리

뉴아일랜드 섬을 포함한 뉴아일랜드 주는 파푸아뉴기니 가장 북동부에 있으며, 길고 좁은 산악지형이 발달했다. 가장 큰 섬은 뉴아일랜드 섬이며, 그 외에 성마티아스(Saint Matthias), 뉴하노버(New Hanover), 자울(Djaul), 타바르(Tabar), 리히르(Lihir), 탕가(Tanga), 페니 제도(Feni Islands), 아니르(Anir) 등의 여러 작은 섬이 있다. 뉴 아일랜드 주의 총 면적은 9,600km², 배타적 경제수역은 23만km²이다. 본섬의 길이는 360km, 폭은 10~40km 정도로 중심부 산맥은 아주 가파르고 험하다. 가장 높은 곳은 타론(Taron) 산으로 해발고도는 2,379m이며 내륙은 빽빽한 열대우림이다. 또한 연안, 강가, 맹그로브 습지에 다양한 수생생물이 서식하고 있다. 뉴아일랜드는 생물다양성 및 환경의 중요성을 인식하고, 많은 산호초 구역을 보호 중이다.

역사

이곳에 인간이 도착한 것은 약 4만 년 전으로 추정되며, 약 3,300년 전 서태평양의 유명한 라피타 도기 문화가 이 지역에도 퍼져 있었던 것으로 보인다. 중국 및 동남아시아인과도 오랫동안 접촉한 것으로 보이나, 증거가 빈약한 편이다. 유럽인과 최초로 접촉한 것은 1616년 네덜란드 탐험가 야코프 레 마이레(Jacob le Maire)의 방문이다. 과거 유럽인들은 이 지역을 뉴브리튼의 일부로 여겼으나, 1767년 영국 탐험가 필립 카터릿(Philip Carteret)이 이 섬이 독립된 섬임을 확인하고 노바 히버니아(Nova Hibernia)라는 명칭을 붙였다. 한편 1870~1980년, 프랑스 귀족 마르퀴스 드 라에(Marquis de Rays)는 뉴아일랜드를 눈부신 신천지인 것처럼 소개해 수백 헥타르에 달하는 땅을 유럽인들에게 판매했다. 그러나 이민자들은 3주치의 식량만 받고 엄청난 폭우와 비우호적인 원주민들이 있는 열대우림에 방치되어 대부분 기아로 죽었다. 뒤에 마르퀴스 드 라에는 정신병원에서 죽었다. 1886년 독일령이 되었던 이 지역은 1914년 호주가 재점령하면서 이름을 뉴아일랜드라 하였다. 1921년 국제연맹에 의해 호주 위임통치령이 되었으나, 1941~1945년까지 일본이 점령했고, 그 후 1975년에 파푸아뉴기니가 독립할 때까지 호주가 행정 통치를 실시했다.

문화[180]

뉴아일랜드에서는 추장이 최고 권위자이지만 씨족 의식이나 토지소유권 등은 전부 모계 시스템에서 관리한다. 이 지역의 콘투(Kontu) 마을과 타바르(Tabar) 마을에서는 전통적인 상어 부르기 주술이 행해지며, 이 주술을 통해 마을 남자들이 상어를 사냥한다. 한편, 뉴아일랜드에서 가장 중요한 문화 시스템은 '말라간(Malagan)'이다. 이 말은 일종의 장례의식인 동시에 의식에 사용되는 가면, 장식물 등을 지칭한다. 말라간 가면은 죽은 자들을 기억하고, 그들의 영혼을 붙잡아 두는 역할을 하기 때문에 주술적으로 아주 중요하게 취급한다. 뉴아일랜드에서는 보통 죽은 자의 시신을 매장하지만, 어떤 지역에서는 화장 또는 수장하기도 한다. 이때 매장 뒤에 일련의 애도의식이 뒤따르는데, 과거에는 애도자들이 몸에 검은색을 칠하고 특정 음식, 특정 행동을 금했다. 말라간 의식은 전체 커뮤니티가 죽은 자들에게 숭배와 존경을 표현하는 수단이 된다. 말라간 조각품은 특정 씨족이 소유하며 특별한 장인들이 제작하는데, 입거나 사용하는 것이 있는가 하면 단지 의식에서 제구처럼 쓰이는 것도 있다. 말라간 의식에서 사용하는 가면이나 장식은 특정한 죽은 자나 죽은 자의 영혼을 상징한다.

인구

2000년 조사에서 뉴아일랜드 주의 인구는 19만 4,067명으로 집계되었다. 90% 이상의 대다수가 시골 촌락에 거주하는데, 평균연령이 18.7세로, 상당히 젊은 편이다. 인구의 40% 이상이 15세 이하이며, 65세 이상은 3%뿐이다. 주의 수도는 북부 끝에 있는 카비엥(Kavieng)이며, 또 하나의 큰 도시는 나마타나이(Namatanai)이다. 동해안을 따라 볼루민스키 고속도로(Boluminski Highway)가 두 도시를 잇는다.

---

180) Australian Museum, Burial-Malagan ceremony, New Ireland, Accessed 22 October 2015, http://australianmuseum.net.au/Burial-Malagan-ceremony-New-Ireland/

4) 마누스 섬[181) 182)]

마누스 주	
위치	파푸아뉴기니 본토 북부
지역	마누스 구
정부	주지사 : 찰리 벤저민(Charlie Benjamin, 2012~)
총 면적	2,100㎢
인구	60,485(2011년 기준)
주기	
지도	

---

181) Wikipedia, Manus Province. Accessed 22 October 2015, http://en.wikipedia.org/wiki/Manus_Province
182) Martin Tribe Home Page. Expanded view of Manus Province language map. Accessed 22 October 2015, http://novnc.com/billandlenore/images/manuslm.gif

마누스 주는 파푸아뉴기니에서 가장 작은 주이며, 면적이 약 2,000km²로 우리나라 제주도보다 조금 더 크다. 수도는 로렝가우(Lorengau)이다. 마누스 주는 어드미럴티 제도(Admiralty Islands), 우불루(Wuvulu) 섬, 인근 환초섬으로 구성되며, 제일 큰 섬은 마누스 본섬이다. 1880년에 독일령, 1920년에 호주령, 1942년에 일본령이 되었다. 1942년, 일본군이 마누스 섬의 로선(Rossun) 마을에 작은 기지를 세웠고, 작은 활주로 역시 로스니그로스(Los Negros) 섬의 동쪽 끝에 건설했다. 1944년 2월, 미군 맥아더 대령이 어드미럴티 제도를 공격했는데, 미군은 시어들러(Seeadler)에 큰 기지를 짓고 사용했다. 주요 산업은 코코아 재배와 해삼채취이며, 특히 비피(Bipi) 섬은 스쿠버 다이버들에게 명성이 높다.

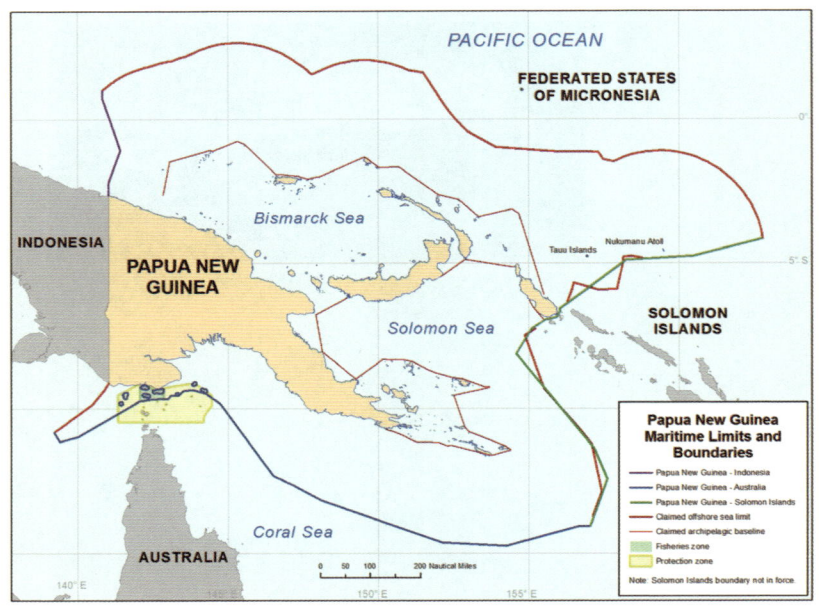

파푸아뉴기니 해양경계 (Bureau of Oceans and International Environmental and Scientific Affairs/US Department of States, 2014, Limits in the Seas, No. 138, Papua New Guinea: Archipelagic and other maritime claims and boundaries, pp. 10, http://www.state.gov/documents/organization/226802.pdf)

04 정치와 사회 [183] [184] [185] [186] [187] [188]

정치 개요

1975년 호주에서 독립한 파푸아뉴기니는 영연방에 속해 있으며 의원내각제를 기반으로 한 국가이다. 영연방에 속해 있지만 영국 여왕은 명목상의 통치자로 일상적인 파푸아뉴기니 정치에 개입하지 않으며, 중요한 의식이나 행사를 집전할 때 상징적 인물로 참여한다. 실질적 행정권은 헌법에 의해 총리가 이끄는 행정부가 장악하고 있으며, 단원제 국회에서 다수당의 총재가 총리가 된다. 한편 사법부는 행정부 · 입법부로부터 독립되어 있고, 헌법에서는 언론 · 출판 · 종교 · 집회의 자유를 허용하고 있다. 최고 법원은 대법원이며, 그 아래로 고등법원, 지방법원(마을법원) 순서의 3심 체계로 되어 있다.

한편 파푸아뉴기니는 부족 중심적 국가(tribalistic country)이다. 서로 다른 언어와 풍습을 가진 수많은 부족으로 이루어져, 단일 국가로는 세계에서 가장 많은 고유언어(약 800여 개)를 가지고 있다. 이러한 부족적 · 문화적 다양성은 파푸아뉴기니의 험준한 자연이 각 지역을 고립시켜 놓은 데서 기인했다. 이러한

---

183) Australian Government. Papua New Guinea country brief. Accessed 22 October 2015. http://dfat.gov.au/geo/papua-new-guinea/pages/papua-new-guinea-country-brief.aspx
184) Australian Government. Papua New Guinea fact sheet. Accessed 22 October 2015. http://dfat.gov.au/trade/resources/Documents/png.pdf
185) 주 파푸아뉴기니대사관. 파푸아뉴기니 경제 및 사회의 이해. 2011에서 발췌, 편집
186) 외교통상부. 2013. 파푸아뉴기니 개황. http://png.mofa.go.kr/webmodule/htsboard/template/read/korboardread.jsp?typeID=15&boardid=7726&seqno=972184&c=&t=&pagenum=1&tableName=TYPE_LEGATION&pc=&dc=&wc=&lu=&vu=&iu=&du=
187) Prime Minister's Office of Papua New Guinea. Peter O'Neill. http://www.pm.gov.pg/
188) National Parliament of Papua New Guinea. http://www.parliament.gov.pg/

자연·문화적 조건 탓에 파푸아뉴기니는 독립 이래 단일한 중앙집권 체제 및 국가정체성 확립에 큰 어려움을 겪었다. 정치 및 관료 시스템은 각종 파벌주의, 연고주의, 부정부패가 큰 문제로 남아 있으며, 1975년부터 지금까지 내각불신임으로 인해 10여 차례 이상 정권 교체가 발생했다. 또한 강력한 소수의 집권당이 없고, 수십 개의 군소 정당이 난립하고 있어 일관된 국가정책 추진이 쉽지 않다.

실제 파푸아뉴기니의 정당은 서구 국가와 같이 특정한 정치적 신조에 따라 움직인다기보다 인물 본위, 더 나아가서는 부족이나 출신지, 연고지 본위로 움직인다. 따라서 정당이 특정 부족의 대표처럼 보일 때도 있다. 그러나 파푸아뉴기니는 이웃의 피지나 인도네시아처럼 군사독재문화는 가지고 있지 않다. 무력을 이용한 군부 쿠데타나 비민주적인 정권탈취는 일어난 적이 없으며, 이것이 파푸아뉴기니의 다원성이 가진 긍정적 측면이라 할 수 있다. 지금도 파푸아뉴기니에는 국민적 영웅이라고 할 만한 종교적 지도자나 정치적 지도자가 존재하지 않는다. 그리고, 태평양 도서국 중 아주 드물게 추장위원회와 대통령이 없다.

그러나 문제는 이런 다원성이 파푸아뉴기니 국민 전체를 위한 긍정적 힘으로 작용하지 못하고 있다는 점이다. 정치체제나 국가시스템은 정치가와 공무원들이 장악했고, 지방 분권화는 거의 실행되지 못했으며, 국가의 공공서비스는 국민들의 삶에 거의 침투하지 못한 상태이다. 또 풍부한 광물자원을 통해 얻은 부(富)가 국민 전체의 삶의 질 향상에도 거의 기여하지 못하고 있다. 파푸아뉴기니는 다원적이면서도 권력편중이 심한 국가라고 볼 수 있다. 부족중심적 마을생활과 도시생활이 병존하고 있으며, 세계에서 가장 축복받은 자원 보유국의 반열에 올라 있지만, 국민들의 삶의 질이나 국가 인프라 수준은 세계에서 가장 낮은 국가 중 하나이다. 이렇듯 파푸아뉴기니를 한마디로 정의하기는 어렵다. 정치 현황의 측면에서 풀어야 할 숙제가 많은 나라지만 다양하고 풍부한 문화와 육상자원 및 해양자원을 고려한다면 그 가능성은 무궁무진하다고 할 수 있다.

1. 정치구조

파푸아뉴기니 정치 개황

국가 현황	영연방 입헌군주국	원수(Head of State)는 영국 여왕인 엘리자베스 2세(Queen Elizabeth II, 파푸아뉴기니는 영연방의 일원), 총독[189]은 의회에서 선출하고 여왕이 임명하며 임기는 6년. 현재 총독은 마이클 오기오(Michael Ogio, 2011.2.25 취임)임
행정부	의원내각제	최근 내각 구성은 2012년 8월이었으며 수상, 부수상 1명을 포함하여 각료 33명으로 구성됨. 현 수상은 피터 오닐(Peter O'Neill, 2012.8.3)이며 부수상은 레오 디온 (Leo Dion, 2012.8.8), 외교 장관은 림빙크 파토(Rimbink Pato, 2012.8.9)임
입법부	단원제 의회제	의회제도는 단원제로 임기는 5년. 의석수는 111석으로 89개 지역 소선거구 및 20개 주선거구로 구성됨. 현재 국회의장은 테오 주레누옥(Theo Zurenuoc)임
사법부	3심제 [대법원, 고등법원, 지방법원 (마을법원)]	- 대법원(Supreme Court), 고등법원(Nation al Court), 지방법원(District Courts) 및 마을법원(Village Courts)으로 구성된 3심제가 채택됨 - 대법원장(Chief Justice)은 행정부의 조언을 받아 국가원수가 임명하며, 대법원장 이외의 법관은 법무장관, 대법원장, 대법원 부원장, 감찰원장, 국회의원 1인으로 구성된 사법위원회에서 임함 - 지방법원은 지방법원(District Court)과 한정된 사항만 관할하는 마을법원(Village Court) 또는 현지법원(Local Court) 등으로 구성됨

---

189) 파푸아뉴기니 총독 : 총독은 국가원수인 엘리자베스 2세의 대변자라 할 수 있다. 총독은 국가원수의 의무와 책임을 대리적으로 수행한다. 이때 국가원수가 수행하거나 국가원수의 이름으로 행하는 모든 일은 행정부의 조언 또는 동의를 거쳐야 한다. 총독은 총독에게 주어진 권한을 벗어나는 정부 직책이나 보직을 가질 수 없다. 총독의 임기는 6년이며, 의회 의원 2/3 이상의 동의가 있을 때는 임기를 한 번 더 연장할 수 있다

1) 행정부
- 의원내각제
- 최근 내각은 2012년 8월 9일 구성되었으며, 수상(Peter O'Neill), 부수상 1명씩을 포함하여 총 33명의 각료가 구성되었다.
- 현재(2015년 기준) 파푸아뉴기니 수상은 피터 오닐이며, 수상은 의회 투표를 통해 선출한다. 임기는 5년이다. 수상은 정부의 수장으로 내각 구성 및 행정적 집행권을 갖는다. 의회 투표가 끝나면 보통 다수당의 의장이 수상이 된다. 정부의 각료 구성은 수상이 결정하여 총독이 임명한다. 한편 2003년부터 정부의 고위 공무원은 공직위원회(Public Service Commission)에서 임명한다.
- 수상은 행정부 수장으로 정부의 최고 집행자이다. 수상은 의회가 선출하며 내각 각료들은 수상이 임명한다. 이렇게 구성된 행정부가 국가의 의사결정 및 정책개발을 거의 전담하게 된다. 정부의 각 부서는 내각 각료들이 이끌며, 그 다음으로 부서의 최고위 공무원인 사무국장이 이 장관들을 보좌한다. 수상을 선출하는 총선거는 5년마다 행해지며, 수상은 총선거 직후 구성된 의회의 최초 회의에서 의회의 동의를 얻어 국가원수가 임명한다.
- 현재 파푸아뉴기니에는 31개의 정부 부처가 있으며 부(department)라고 불린다. 헌법에 따르면 정부부처 장관의 숫자는 최소 6명 이상, 최대 의회의원 숫자의 1/4 이하여야 한다. 수상을 제외한 모든 장관은 수상의 조언을 받아 국가원수가 임명한다. 각 장관의 명칭, 부서, 역할은 수상이 결정하며 수상은 자신의 내각의 효율적 운영에 대해 의무와 책임을 진다. 각 부서의 최고위 공무원에게는 국장(the secretary)이라는 명칭이 붙는다. 핵심 부서로는 경제산업부, 문화관광부, 교육부 등이 있다.
- 파푸아뉴기니 정부는 중앙정부와 지방정부로 나뉜다. 21개의 지방정부는 독자적으로 세금을 부과하며, 교육·산업·사업개발을 담당하고, 중앙정부는 국가 금융·인프라 구축·국방·외교·무역·의료 등을 담당한다.

2) 입법부

- 의회제도는 단원제로 임기는 5년이며 총 의석수는 111석이다.
- 입법권은 정부와 단원제 의회에 모두 주어진다. 현재 의회는 111석으로 구성되며 5년마다 선거를 치른다. 선거는 18세 이상 보통선거로 치러진다. 각 유권자는 모두 2개의 표를 갖는데, 하나는 89개의 '개방 선거구'에 투표하며, 다른 하나는 22개의 주를 위한 지역구에 투표한다. 지역구 선출자는 그 주의 도지사가 된다. 현재 의회는 내각 구성 후 18개월이 지나기 전까지는 불신임 투표를 진행할 수 없다.

파푸아뉴기니 의회[190] [191] 파푸아뉴기니 전통가옥을 현대적으로 재해석한 것이다

3) 사법부

- 대법원(Supreme Court), 고등법원(National Courts), 지방법원 및 마을법원(District Courts and Village Courts)의 3심제를 채택했다.
- 대법원은 최고 상소법원이면서 동시에 헌법재판소이다. 고등법원은 대부분의 심각한 민법, 형법 사건을 담당하며, 여기에서 발생한 항소심은 대법원에서 맡는다. 그 아래로는 지방법원(마을법원)이 있으며, 가족법원이나 관습적 토지소유 분쟁, 채굴 관련 분쟁을 다루는 특별법원이 있다.

---

[190] University of Southampton. Geology & Geophysics Blog. Accessed 15 September 2015. http://blog.soton.ac.uk/ggblog/2015/01/papua-new-guinea-seismic-deployment-2014-part-1/
[191] Papua New Guinea Business & Tourism. Parliament House, Port Moresby. Accessed 15 September 2015. http://www.pngbd.com/photos/port-moresby/p2092-parliament-house-2c-port-moresby.html

4) 법체계
- 파푸아뉴기니의 법체계는 기본적으로 호주 통치에 의해 영국 법령에 근거하며 관습법도 인정하고 있다. 특히 토지 소유권 문제에서는 관습법의 위력이 강하다.

5) 참정권
- 18세 이상 보통선거

6) 주요 부서 및 인사명단(2015년 기준)

이름	사진	직책
피터 오닐 (Hon. Peter O'Neill)		총리 Prime Minister
레오 디온 (Hon. Leo Dion, MP)		외교 및 이민 (Foreign Affairs and Immigration)
아노 팔라 (Hon. Ano Pala, MP)		교통 (Transport)
파비안 폭 (Hon. Fabian Pok, MP)		국방 (Defence)
바이런 챈 (Hon. Byron Chan, MP)		광업 (Mining)

리처드 마루 (Hon. Richard Maru, MP)		무역통상 및 산업 (Trade, Commerce and Industry)
패트릭 프루아이치 (Hon. Patrick Pruaitch, MP)		임업 및 기후변화 (Forests and Climate Change)
찰스 아벨 (Hon. Charles Abel, MP)		국가기획 (National Planning)
데이비스 스티븐 (Hon. Davis Steven, MP)		민간항공 (Civil Aviation)
지미 미링토로 (Hon. Jimmy Miringtoro, MP)		정보통신기술 (Communication & Information Technology)
존 푼다리 (Hon. John Pundari, MP)		환경보호 (Environment and Conservation)
윌리엄 두마 (Hon. William Duma, MP)		석유 및 에너지 (Petroleum and Energy)
파루 아이히 (Hon. Paru Aihi, MP)		교육 (Education)

닉슨 두반 (Hon. Nixon Duban, MP)		경찰 (Police)
저스틴 타첸코 (Hon. Justin Tkachencho, MP)		스포츠 및 퍼시픽 게임 (Sports and Pacific Games)
제임스 마라페 (Hon. James Marape, MP)		재무 (Finance)
돈 포일 (Hon. Don Polye, MP)		재무 (Treasury)
폴 이시켈리 (Hon. Paul Isikeli, MP)		주택 및 도시개발 (Housing and Urban Development)
마이클 말라박 (Hon. Michael Malabag, MP)		보건 및 HIV (Health and HIV Aids)
마오 저밍 (Hon. Mao Zeming, MP)		어업 및 해양자원 (Fisheries and Marine Resources)
지미 미링토로 (Hon. Jimmy Miringtoro, MP)		교정국 (Correctional Services)

마크 마이파카이 (Hon. Mark Maipakai, MP)		노동 및 산업관계 (Labour and Industrial Relations)
벤 미카 (Hon. Ben Micah, MP)		국영기업 및 국가투자 (Public Enterprise and State Investment)
토미 톰스콜 (Hon. Tommy Tomscoll, MP)		농업 및 목축 (Agriculture and Livestock)
푸카 테무 (Hon. Sir Dr. Puka Temu, KBE, CMG, MP)		공무 (Public Service)
루자야 토니 (Hon. Loujaya Toni, MP)		종교, 청년 및 지역 개발 (Religion, Youth and Community Development)
데이빗 아로레 (Hon. David Arore, MP)		고등교육, 연구, 과학기술 (Higher Education, Research, Science and Technology)
케렝가 쿠아 (Hon. Kerenga Kua, MP)		사법 및 법무 (Justice and Attorney General)
보카 콘드라 (Hon. Boka Kondra, MP)		문화관광예술 (Tourism, Arts and Culture)

프랜시스 아웨사 (Hon. Francis Awesa, MP)		노동 및 제도 집행 (Works and Implementation)
스티븐 P. 카마 (Hon. Steven P. Kamma, MP)		부겐빌 자치구 (Autonomous Region of Bougainville)
베니 앨런 (Hon. Benny Allan, MP)		토지 및 국토계획 (Lands and Physical Planning)

7) 기타 파푸아뉴기니의 주요 기관

　파푸아뉴기니 국립연구소(National Research Institute)
　- 주요 공공정책, 개발정책 등을 담당하는 파푸아뉴기니의 Think Tank (http://www.nri.org.pg/)

　파푸아뉴기니 은행(Bank of Papua New Guinea)
　- 파푸아뉴기니 중앙은행(http://www.bankpng.gov.pg/)

　투자 진흥청(Investment Promotion Authority of Papua New Guinea)
　- 파푸아뉴기니의 투자 장려 및 촉진 담당(http://www.ipa.gov.pg/)

　국립 경제·재정위원회(National Economic and Fiscal Commission)
　- 주정부 및 정부 부처에 대한 재정 자문기관(http://www.nefc.gov.pg/)

　국립 수산청(National Fisheries Authority)
　- 파푸아뉴기니 근해의 수산 및 생물자원 관리(http://www.fisheries.gov.pg/)

국립 산림청(Papua New Guinea Forest Authority)
- 파푸아뉴기니의 삼림자원 관리(http://www.forestry.gov.pg/site/index.php)

파푸아뉴기니 국정연구원(Institute of National Affairs)
- 경제, 사회, 공공정책 개발과 관련된 자문기관(http://www.inapng.com/)

파푸아뉴기니 관광진흥청(Papua New Guinea Tourism Promotion Authority)
- 파푸아뉴기니 관광 홍보, 정책 개발, 관련 인프라 구축
  (http://www.tpa.papuanewguinea.travel/)

▶ 파푸아뉴기니 역대수상[192] (1975 ~ 현재)

#	이름	사진	집권일	퇴임일	정당
1	Michael Somare (1st term)		1975.9.16	1980.3.11	Pangu Party
2	Sir Julius Chan (1st term)		1980.3.11	1982.8.2	People's Progress Party
3	Michael Somare (2nd term)		1982.8.2	1985.11.21	Pangu Party
4	Paias Wingti (1st term)		1985.11.21	1988.7.4	People's Democratic Movement

192) Wikipedia, Prime Minister of Papua New Guinea, Accessed 15 September 2015, http://en.wikipedia.org/wiki/Prime_Minister_of_Papua_New_Guinea

5	Sir Rabbie Namaliu		1988.7.4	1992.7.17	Pangu Party
6	Paias Wingti (2nd term)		1992.7.17	1994.8.30	People's Democratic Movement
7	Sir Julius Chan (2nd term)		1994.8.30	1997.3.27	People's Progress Party
8	John Giheno (Acting)		1997.3.27	1997.6.2	People's Progress Party
9	Sir Julius Chan (3rd term)		1997.6.2	1997.7.22	People's Progress Party
10	Bill Skate		1997.7.22	1999.7.14	People's National Congress Party
11	Sir Mekere Morauta		1999.7.14	2002.8.5	People's Democratic Movement
12	Sir Michael Somare (3rd term)		2002.8.5	2011.8.2	National Alliance Party

13	Sam Abal (Acting for Somare)		2010.12.13	2011.1.17	National Alliance Party
14	Sam Abal (Acting for Somare)		2011.4.4	2011.8.2	National Alliance Party
15	Peter O'Neill		2011.8.2	재임 중	People's National Congress Party

▶ 파푸아뉴기니의 국가원수 및 총독

국가원수	총독
 Queen Elizabeth II[193] − 1926.4.21일생(현 88세) − 영국 여왕	 Sir Michael Ogio[194] − 1942.7.7일생(현 72세) − 파푸아뉴기니의 9대 총독(2011.2.25 취임) − People's Democratic Movement 의장

---

193) WebWombat. Queen Elizabeth II. Accessed 15 September 2015. http://www.webwombat.com.au/careers_ed/education/queen-elizabeth-ii.htm
194) Governor General of Papua New Guinea. Accessed 15 September 2015. http://gg.gov.pg/

▶ 현대 파푸아뉴기니의 아버지, 소마레 수상은 어떤 인물인가?[195]

마이클 소마레[196].
파푸아뉴기니의 1대 수상으로서, 그의 생애는 파푸아뉴기니의 현대사라 할 수 있다. 2011년 다소 추한 모습으로 실각하기 전까지 독립 이후 현대 파푸아뉴기니의 기초를 닦은 인물이다.

소마레 수상은 1936년 4월 9일 뉴브리튼 주의 라바울에서 출생한 이후 이스트 세픽 주의 카라우(Karau) 마을에서 자랐다. 아버지는 파푸아뉴기니 경찰이었으며, 훗날 경사의 직위까지 올랐다. 제2차 세계대전 당시 소마레는 일본이 카라우 마을에서 운영했던 초등학교에서 일본어로 교육을 받았다. 소마레의 아버지가 일본군을 늘 두려워했던 것과는 달리, 소마레는 일본인에 대해 늘 좋은 기억을 간직하고 있었다. 의회 의원 및 수상이 된 이후 그는 외국을 처음 방문했는데, 그곳 역시 일본이었다. 그는 1946년부터 보람 초등학교(Boram Primary School), 드레거하펜 교육센터(Dregerhafen Education Centre), 소게리 고등학교(Sogeri High School)를 수료하고 호주 빅토리아 주정부에서 발급하는 졸업장을 받았다. 당시로서는 이것이 교원자격증이어서 그는 여러 초등학교, 중등학교를 전전하며 교편을 잡았다. 그러던 중 이스트세픽 주에서 가장 큰 도시인 웨왁(Wewak)에서 라디오 방송진행자로 활동했다. 1965년에는 와이가니(Waigani) 행정 전문대학을 수료했다. 방송국 재직 시절에는 지나친 정치적 발언 때문에 상사와 마찰을 빚고 결국 방송직에서 행정직으로 발령받는다. 그러던 중 1967년에 몇몇 동료와 팡구당(Pangu Party)을 설립하고, 1968년 하원의원 선거에서 당선된다.

당시 그를 포함한 나머지 당선자 8명은 연방정권 참여를 거부했고, 마침내 그는 최초의 야당 의장이 된다. 1972년, 제3회 의회선거에서는 인민진보당(People's Progress Party)의 줄리우스 챈(Julius Chan)과 연합정권을 구성한다. 1973년, 파푸아뉴기니에 자치권이 부여되었을 때는 수석장관이 되어 1975년 독립을 준비하고, 초대 헌법 구성에 핵심적 역할을 수행한다. 그 뒤 파푸아뉴기니가 독립하자 소마레는

---

195) Wikipedia. Michael Somare. Accessed 15 September 2015. http://en.wikipedia.org/wiki/Michael_Somare
196) Arabian Oil and Gas, 2009. Exxon gets green light for Papua New Guinea LNG. Accessed 15 September 2015. http://www.arabianoilandgas.com/article-6612-exxon-gets-green-light-for-papua-new-guinea-lng/

제1대 수상에 오른 후 1975~1980년, 1980~1982년, 2002~2011년까지 수상직을 수행한다.

소마레는 항상 자신의 출신지와 문화에 자부심을 지닌 인물이었다. 몇 번 옆길로 샌 적도 있지만, 항상 자신의 출신지인 이스트세픽, 카라우 마을의 도덕률인 사나(Sana, 평화의 지혜)[197]의 전통을 현실 정치에서도 구현하려 했다. '사나의 전통'은 갈등이나 부딪침보다는 평화와 중재를 통해 문제를 해결하고자 하는 태도로서, 그가 성장해온 마을 공동체의 정신적 도덕률이었다. 그는 서구식 의상보다 멜라네시아풍의 의상을 즐겨 입었고, 1975년 독립 시에는 호주에서 기념으로 지어준 파푸아뉴기니 수상 집무실이 수상의 위용에 어울리지 않는다면서, 호주 측에 더 적절한 예의를 보여줄 것을 요청했다. 당시 호주는 소마레의 요구를 받아들여 으리으리한 집무실을 지어주고, 원래 지었던 소박한 건물은 호주 법무관 청사로 사용하도록 허용했다. 그의 정치적 스타일은 공격적일 만큼 민족주의적이고, 동시에 평소 존중해 온 사나의 전통에 따라 분쟁 대신 중재를 중시했다. 이런 원칙에 따라 종종 정치적 적수까지 국가의 요직에 앉히곤 하였다.

하지만 2007년 소마레는 호주 케언스에 풀장이 딸린 침실 3개짜리 고급 주택(34만 9천 호주달러 수준)을 소유한 것이 밝혀졌고, 동시에 자신의 아들도 호주에 68만 5천 호주달러 수준의 침실 4개짜리 주택을 소유한 것이 드러났다. 비리 의혹이 제기된 후 이에 대한 해명 요청이 여러 차례 있었으나, 소마레는 끝까지 명확한 답변을 내놓지 않았다. 2010년에는 1990년대에 국가 예산보고서를 전부 제출하지 않은 것과 관련된 비리의혹이 제기되었다. 그런 가운데 닥친 건강상의 문제로 수상직을 수행할 수 없게 되자 샘 아발(Sam Abal)을 임시 수상으로 임명했다. 불행히도 2011년 4월에는 심장수술을 위해 싱가포르로 떠나서 3개월간 집중적인 수술을 받는다. 그 뒤 가족들이 대신 수상직 사의를 발표했으나, 2011년 말 건강이 회복된 소마레는 당시 가족들과 의사소통이 원활하지 못해서 이루어진 일이고 아직까지 자신이 수상이라는 요지의 말을 한다. 이 문제로 인해 당시 수상으로 선출된 피터 오닐 측과 몇 차례 정치적 갈등이 빚어졌으나, 결국 소마레가 수상직에서 물러나는 것으로 사태는 마무리된다.

---

197) 1975년, 파푸아뉴기니의 최초 수상이 된 소마레는 아버지와 할아버지에게서 배운 '사나(Sana)'라는 관습에 대해 언급하기도 하였는데 "모든 부족들은 자신들의 특별한 마술을 갖는다. 우리의 마술은 평화의 마술이다. 사람들이 우리와 싸우러 오면, 우리는 그들에게 음식을 대접한다. 서로 앉아서 이야기를 하며 먹는다. 그리고 나면 그들의 마음이 변한다는 걸 믿는다. 더 이상 우리와 싸우려 하지 않는 것이다." "넌 사람들에게 화를 내서는 절대 그들을 이길 수 없다. 사나란 초대이다. 멀리서 카누가 오거든 해변으로 내려가 카누를 끌어올리는 걸 도와라. 그들을 초대해라. 사람들은 카누 끌어올리기를 도와준 사람들을 언제나 기억할 것이다."(Bohane, Bob, 2012, Somare's choice-fight leader or peace. Pacific Institute of Public Policy. Accessed 15 September 2015, http://pacificpolicy.org/2012/02/somares-choice-fight-leader-or-peacemaker/)

2. 정부구조 [198) 199) 200) 201) 202) 203)]

3단계 시스템

파푸아뉴기니 정부 시스템은 중앙정부(National), 주정부(Provincial), 지방정부(Local)의 3단계로 되어 있다. 현재 파푸아뉴기니에는 22개의 주(province)와 약 90여 개의 지방(district), 그리고 약 325개의 지방정부(Local-level governments)가 존재한다. 지방선거는 5년마다 실시되며, 전국 6,000개가 넘는 선거구에서 대표 1명씩을 선출한다. 지방정부의 수장은 지방정부 위원들이 뽑거나, 수상의 발표가 있을 경우 국민들이 직접 선출할 수도 있다. 지방정부의 임기 역시 5년이다. 최근의 지방 총선거는 2008년에 실시되었고, 부정선거 때문에 여러 지역에서 보조선거와 재선거가 실시되었다. 한편, 각 지방정부 선거에는 최소 2명의 여성 후보자가 출마해야 한다. 이는 325개 지방정부마다 최소한 1명의 여성 임원이 존재한다는 뜻이다. 현재 파푸아뉴기니 지방정부 공무원의 약 10%가 여성이다.

중앙정부와 지방정부

중앙정부와 지방정부 정치인들 사이의 권력경쟁은 지금도 볼 수 있다. 대부분 국가 예산을 활용하거나 지방 주민들로부터 명성을 얻으려는 경쟁이다. 1990년대 중반, 주정부 및 지방정부에 대한 기본법(Organic Law on Provincial Governments and Local-Level Governments)이 제정되면서 19개 주(province)와

---

198) The Economist. Papua New Guinea. Political structure. Accessed 15 September 2015. http://country.eiu.com/article.aspx?articleid=1901474574&Country=Papua%20New%20Guinea&topic=Summary&subtopic=Political+structure
199) Global Edge. Papua New Guinea Government. Accessed 15 September 2015. http://globaledge.msu.edu/countries/papua-new-guinea/government
200) Wikipedia. Politics of Papua New Guinea. Accessed 15 September 2015. https://en.wikipedia.org/wiki/Politics_of_Papua_New_Guinea
201) Papua New Guinea. Country profile. Accessed 15 September 2015. http://www.clgfpacific.org/userfiles/3/file/Papua_New%20Guinea_Local_Government_Profile_2013_CLGF.pdf
202) Embassy of Papua New Guinea to the American. Accessed 15 September 2015. http://www.pngembassy.org/governmentmain.html
203) Asia Development Bank (ADB). 2015. Country Partnership Strategy - Papua New Guiena 2016~2020. Accessed 15 September 2015. http://www.adb.org/sites/default/files/institutional-document/157927/cps-png-2016-2020.pdf

수도 특별시가 생겨났고(현재는 22개 주), 그 뒤에 부겐빌 주가 자치주로 독립했다. 각 지방의 대표들은 의회 구성원이거나 지방정부의 장, 정부 각료들로 구성되는데, 통상적으로는 겸직이 많다. '주정부 및 지방정부에 대한 기본법'의 골자는, 지방정부의 대표가 중앙정부 의회 소속일 경우, 지방정부의 권력을 중앙정부로 이양할 수 있게 한다는 것이다. 여기에는 각각의 지방정부가 중앙정부의 명령에 따르기를 바라는 기대가 담겨 있다. 그러나 지방정부는 지방의 요구사항에 우선권을 두고 아래로부터 위로의 정책결정을 지지한다. 파푸아뉴기니의 공공 서비스는 지방정부에 의해 탈중심화되어 시행되고 있다.

각 지방별 현황

주(province)	구역 (District)	인구 (2000기준)	인구 (2011)	인구증가율 (2000-2011)
Southern Region	16	1,041,820	1,456,250	3.0
Western (Fly)	3	153,304	201,351	2.5
Gulf	2	106,898	158,197	3.6
Central	4	183,983	269,756	3.5
NCD Port Moresby	1	254,158	364,125	3.3
Milne Bay	4	210,412	276,512	2.5
Oro (Nothern)	2	133,065	186,309	3.1
Highlands Region		1,973,996	2,854,874	3.3
Southern Highlands	8	360,318	510,245	3.2
Enga	4	295,031	432,045	3.5
Western Highlands	7	254,227	362,850	3.2
Chimbu(simbu)	6	259,703	376,850	3.4
Eastern Highlands	8	432,972	579,825	2.6
Hela*	-	185,947	249,449	2.7
Jiwaka*	-	185,798	343,987	5.6
Momase Region		1,433,432	1,867,657	2.4
Morobe	9	539,404	674,810	2.0
Madang	6	365,106	493,906	2.7
East Sepik	6	343,181	450,530	2.5
Sandaun (West Sepik)	4	185,741	248,411	2.6
Island Region		741,538	1,096,543	3.5
Manus	1	43,387	60,485	3.0
New Ireland	2	118,350	194,067	4.5
East New Britain	4	220,133	328,369	3.6
West New Britain	2	184,508	264,264	3.3
A.R. Bougainville	3	175,160	249,358	3.2
TOTAL	102	5,190,786	7,275,324	3.1

*2000년 인구조사 후 새롭게 만들어진 새로운 주
파푸아뉴기니 국가통계청(National Statistical Office) 자료에서 재구성
(http://www.nso.gov.pg/index.php/document-library)

파푸아뉴기니 지방정부 현황

파푸아뉴기니는 국토 면적이 넓고 외진 지역으로 인해 중앙정부의 경찰력, 헌법, 형벌 서비스 등 법 관련 분야를 제외한 공공 서비스 부문에서는 효율적으로 그 영향력을 발휘하지 못하고 있다. 아울러 중앙정부가 관할하는 대표적인 것으로 치안부문에서도 공공 서비스 운영이 효율적이지 못할 때가 많다. 현재 각 지방의 교육, 의료, 위생 등 대부분의 공공 서비스는 지방정부가 책임지고 있다. 중앙정부와 지방정부 시스템 간의 이러한 업무분할 및 협력관계는 2010년, 파푸아뉴기니 정부에서 발표한 "파푸아뉴기니 국가 비전 2050(Papua New Guinea Vision 2050)"에도 천명되어 있다.

파푸아뉴기니의 헬라주의 홀리가발마스크맨(Huli Wigman from Hela Province of Papua New Guinea)(Source : Picture originally from the English Wikipedia, where it was released by User:Nomadtales under GFDL Papua New Guinea, https://en.wikipedia.org/wiki/Papua_New_Guinea)

파푸아뉴기니 국가 비전 2050(The Papua New Guinea Vision 2050)이란? [204) 205)]

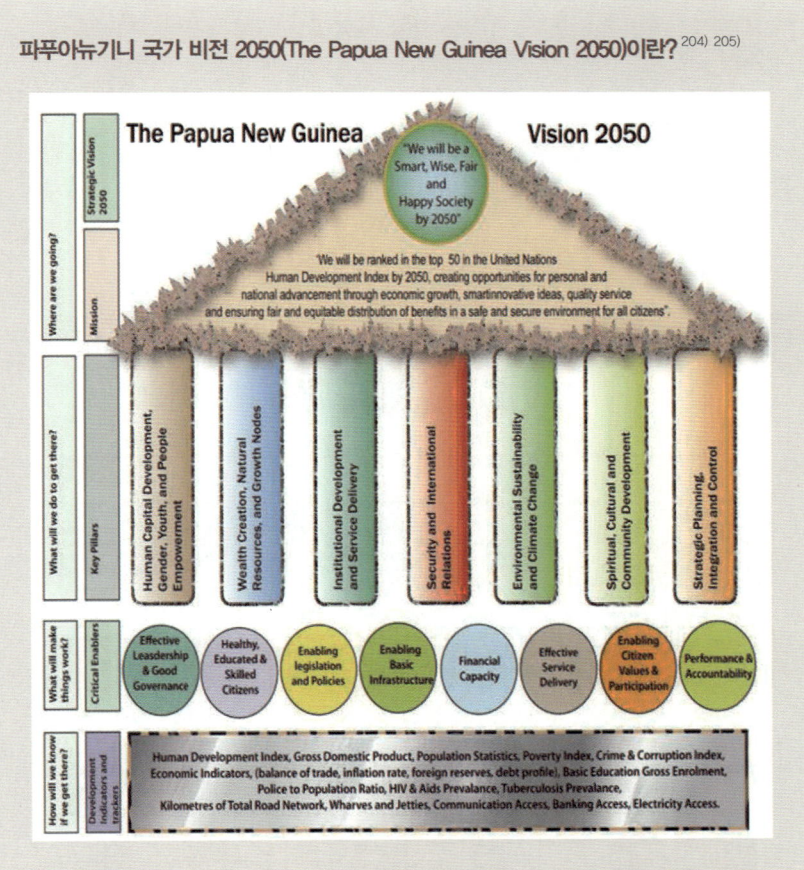

2007년에 제안된 파푸아뉴기니의 장기발전 전략으로 2010년부터 2050년까지 40년 기한이다. 인적 자원 및 커뮤니티 개발, 국부 창출, 기관 및 공공 서비스 개선, 치안강화, 환경보전 등을 골자로 한 정부의 발전계획으로서, 이에 대한 보조계획이 파푸아뉴기니

---

204) The Independent State of Papua New Guinea, 2010, National Strategic Plan TaskForce, Papua New Guinea Vision 2050, Accessed 15 September 2015, http://www.treasury.gov.pg/html/publications/files/pub_files/2011/2011.png.vision.2050.pdf
205) East Asia and Pacific, 2014, Independent State of Papua New Guinea: Water, sanitation and hygiene policy development in Papua New Guinea – Synthesis report of technical assistance, Accessed 15 Septebmer 2015, http://www-wds.worldbank.org/external/default/WDSContentServer/WDSP/IB/2014/06/23/000442464_20140623150051/Rendered/PDF/ACS84810WP0P1448230Box385243B00PUBLIC0.pdf

발전전략계획(Papua New Guinea Development Strategic Plan)이다.

주요 발전전략은 건전한 거버넌스 시스템 구축, 수출을 통한 성장, 파푸아뉴기니가 상대적 우위를 확보할 수 있는 핵심 산업 육성 등이다. 이 가운데 파푸아뉴기니 정부가 가장 중요하게 생각하는 일곱 가지 투자 우선영역은 운송망 구축 및 유지, 소득기회 향상, 의료 및 예방, 기본교육, HIV/AIDS 예방, 법 질서 및 치안 확보, 사회교육 개발이다.

PNG Vision 2050의 일곱 가지 주요 전략 영역

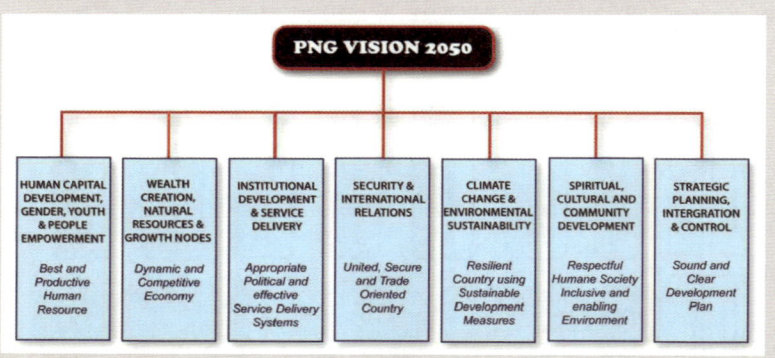

Year	Human Development Index (HDI) (out of 182 listed countries)	Life Expectancy (years)	Real per Capita GDP (Kina)	Adult Literacy Rate (percent of 15 years and older)	Basic Education Gross Enrolment (pre-Gr. 8, 6 – 14 year pop.)
2010	148	58.0	1 919.8	58	85.5
2020	123	63.0	2 744.4	70	90.0
2030	98	68.0	3 663.5	80	96.5
2040	73	72.0	6 178.6	90	98.0
2050	50	77.0	10 420.5	100	100.0

Table 2.2: Strategic Target Goals for Vision, 2050

인적 자본 개발, 국부창출, 기관 및 공공 서비스 개선, 치안강화, 환경보전, 커뮤니티 개발, 전략적 계획 등은 PNG Vision 2050의 주요 전략 영역이다.

지방분권의 실패[206) 207)]

파푸아뉴기니 헌법에는 각 지방정부에 자치권을 부여한다는 지방분권 원칙이 뚜렷이 명시되어 있지만, 현실은 크게 다르다. 행정권이 대부분 지방의 정치가나 지도자들에게 집중되어 있다. 특히 이들은 중앙정부나 의회의 고위직을 겸직하는 경우가 많아 실질적으로 지방자치를 크게 저해하고 있는 요소 중 하나이다. 또한 지방정부의 운영 역시 세력 있는 인물 중심으로 돌아가며, 이들이 예산배정, 프로젝트 추진 등에 영향력을 발휘하고 있어 공정한 행정 집행에 큰 방해가 되고 있다. 파푸아뉴기니 주정부와 지방정부는 효율성이 떨어지고, 각 지역 간의 문화 차이로 인해 통합된 행정 서비스 실행도 쉽지 않다. 특히 주정부는 저효율성의 온상으로, "주정부는 파푸아뉴기니의 재난"이라는 표현까지 나오고 있다. 또 지방분권이나 풀뿌리 민주주의의 원리를 구현하기 위해서는 주정부보다는 그 아래 있는 지방정부, 더 나아가 마을 커뮤니티 차원의 노력이 필요한 데 현재 파푸아뉴기니에서는 이를 기대하기 힘든 상황이다.

대부분의 공공 서비스는 중앙정부에서 계획하고 지방정부의 지원으로 운영된다. 그러나 파푸아뉴기니의 공공 서비스는 취약하고 비효율적이기로 유명하다. 중앙정부의 행정력은 국가 전역에 골고루 미치지 않을 뿐만 아니라 효율성도 미비하다.

---

206) Suang, Robin, 2012. The disaster of failed decentralisation in PNG. Accessed 15 Septebmer 2015. http://asopa.typepad.com/asopa_people/2012/10/the-disaster-of-failed-decentralisation-in-png.html
207) Kok, Frederik, 2014. Papua New Guinea - Invisible and negelected protracted displacement. Accessed 15 Septebmer 2015. http://www.internal-displacement.org/south-and-south-east-asia/papua-new-guinea/2014/papua-new-guinea-invisible-and-neglected-protracted-displacement

파푸아뉴기니의 중앙정부 - 지방정부 간 업무분담 현황[208]

서비스	집행책임			기타사항
	중앙정부	주정부	마을정부	
일반행정(General Administration)				
경찰(Police)	■			대부분의 서비스는 주정부와 마을정부의 지원을 통해 중앙정부에서 제공(unitary system of government/단일시스템 정부)
화재예방(Fire protection)	■			
시민보호(Civil protection)	■			
형사 사법(Criminal justice)	■			
주민현황등록(Civil status register)	■			
통계처(Statistical office)	■			
선거등록(Electoral register)	■			
교육(Education)				
유치원(Pre-school)		■	■	위와 같음
초등교육(Primary)		■	■	
중등교육(Secondary)		■		
직업기술학교(Vocational and technical)		■		
고등교육(Higher education)		■		
성인교육/평생교육(Adult education)		■		
기타(Other)		■		
사회복지(Social welfare)				
보육원(kindergarten and nursery)	■			
가정복지(family welfare services)	■			
복지주택(welfare homes)	■			
사회복지(social security)	■			
공공위생(Public health)				
일차진료(primary care)	■			
병원(hospital)				
건강보호(health protection)	■			
주택 및 도시계획(Housing and town planning)				
주택(housing)	■			
도시계획(town planning)	■			
농업토지계획(Agriculture land planning)				
교통(Transport)				
도로(Roads)	■	■	■	
운송/수송(transport)				
도시도로(urban roads)		■	■	
도시철도(urban rail)	없음			
항만(ports)				
공항(airports)	■			
환경과 공공위생(Environment and Public Sanitation)				
상수도와 위생(water and sanitation)	■			
폐기물수거 및 처분(refuse collection and disposal)				
묘지 및 화장터(Cemeteries and crematoria)				
도살장(Slaughterhouses)	■			
환경보호(Environmental protection)	■	■		
소비자보호(Consumer protection)	■			
문화, 여가 및 스포츠(Culture, Leisure and Sports)				
극장/연극무대와 콘서트(Theatre and concerts)	■	■	■	
박물관과 도서관(Museums and libraries)	■		■	
공원과 열린공간(광장)(Parks and open spaces)	■			
스포츠와 여가(Sports and leisure)	■	■	■	
기타 문화시설(Other cultural facilities)	■	■	■	
유용인프라(Utilities)				
가스 서비스(Gas services)				
지역난방(District heating)				
상수도 공급(Water supply)	■		■	
전기(Electricity)	■			
경제(Economic)				
농업, 임업, 수산업(Agriculture/forests/fisheries)	■			
경제촉진(Economic promotion)	■			
무역 및 산업(Trade and industry)	■			
관광(Tourism)	■			
기타 경제부분 서비스(Other economic services)	■	■		

---

208) Commonwealth Local Government Pacific Project, Country Profile, The local government system in Papua New Guinea, Papua New Guinea, http://www.clgfpacific.org/userfiles/3/file/Papua_New%20Guinea_Local_Government_Profile_2013_CLGF.pdf

3. 통치 시스템[209] [210] [211]

파푸아뉴기니의 거버넌스 시스템은 아직까지 비효율적이고 취약하며, 폐단이 많은 것으로 알려져있다. 그 원인을 파푸아뉴기니의 역사에서 찾을 수 있다. 파푸아뉴기니에 중앙집권적 관료체제가 도입된 것은 파푸아뉴기니의 긴 역사에 비추어 볼 때 극히 최근의 일이다. 전통적인 마을 단위의 통치 시스템에서는 '국가'라는 개념이 존재하지 않았고 통치력의 범위도 아주 작았다. 전통 마을 공동체에서 커뮤니티의 질서는 자족, 상호 협력, 수치심, 초자연적 힘(주술) 등의 원리에 의해 유지되어 왔다. 따라서 파푸아뉴기니에는 '국가주의' 또는 '민족주의'라는 개념이 존재하지 않는다. 몇몇 폴리네시아 국가와는 달리 파푸아뉴기니에는 원주민들이 자율적으로 고유한 국가를 형성하려 하거나, 식민지배나 서구적 통치 시스템에 항거하여 갈등을 일으킨 사례가 없었다. 마을 단위의 전통적 체제에서는 주민들이 '씨족'이나 '부족'이라는 개념만 알고 있을 뿐이다. 이런 까닭에 파푸아뉴기니를 식민통치한 서구 국가들은 사실상 이들의 전통사회를 정복하면서도 중앙집권적 관료주의, 또는 제대로 된 서구적 거버넌스 시스템을 국가 전체에 이식시키지는 못했다. 이것이 파푸아뉴기니의 거버넌스 시스템을 취약하게 만든 하나의 이유이기도 하다. 대부분의 공공 서비스는 중앙정부가 시행하고, 주정부와 지방정부의 도움을 받는다. 중앙정부에서는 국정 운영과 관련된 총괄적인 정책개발, 예산분배, 각종 공공 서비스 실행안 등을 개발하며, 지방정부는 주로 도로 및 공원 개발, 쓰레기 처리, 의료 서비스, 환경보호, 경제부흥 및 관광, 식수 공급 등 주민들의 생활과 직결된 실질적인 문제를 처리한다.

지금까지 거론된 파푸아뉴기니 정부의 문제는 경영부실, 예산낭비, 공공 서비스의 비효율성, 부정부패, 정치적 분규, 지나친 규제 또는 방임 등이다. 아직

---

[209] Commonwealth Local Government Forum, The local government system in Papua New Guinea, Accessed 15 September 2015, http://www.clgf.org.uk/index.cfm
[210] The Truman State University, Modern Papua New Guinea, "Peter Larmour, State and Society in Papua New Guinea", Thomas Jefferson University Press, 1998 (look inside), Accessed 15 September 2015, https://tsup.truman.edu/item.asp?itemId=340
[211] Turner, Mark and Kavanamur, David, 2011. Chapter 2 – Explaining public sector reform failure: Papua New Guinea 1975-2001, Accessed 15 September 2015, http://press.anu.edu.au/wp-content/uploads/2011/05/ch0268.pdf

성장통을 겪고 있는 어린국가인 것이다. 즉, 1975년 독립 이래, 파푸아뉴기니 정부는 '하나의 국가, 하나의 거버넌스 시스템'이라는 기치 아래 정부의 권력을 중앙집중적으로 통합하려고 노력했다. 그러나 현실을 보면, 각 정부부서 및 고위 관료들은 파벌을 이루어 '파편화'되어 있고, 각 부처 간의 질투 및 경쟁이 심하며, 지방정부와 중앙정부 간의 업무분담이나 협력도 원활하지 못한 상태이다. 특히 파푸아뉴기니의 공공 서비스 및 행정 서비스는 "정치화"되어 있다. 행정집행 및 공공 서비스 운영이 요직을 맡은 인물 및 파벌에 따라 상당히 왜곡되어 있는 것이다. 뿐만 아니라 재정지출 및 예산분배의 공정성도 심각하게 결여되어 있다. 또 1975년에는 파푸아뉴기니 초대 헌법에서 다양한 부서 간의 권리 및 의무를 규정한 법률들이 중첩되어 혼란을 낳기도 했다. 한마디로 이런 문제들은 파푸아뉴기니가 민주주의 국가로 성장하기 위해 진통을 겪는 것이라고 볼 수 있다.

부패 [212) 213) 214) 215)]

파푸아뉴기니 정부는 각종 비리와 부패로 비효율적이다. 2012년 국제투명성기구에서 내놓은 국가청렴도지수(CPI)를 보면, 파푸아뉴기니는 국가청렴도 지수 2.5(0~10 중 높을수록 청렴)를 기록하여, 176개국 중 150위였다. 기니비사우, 파라과이 등과 비슷한 수준으로, 파푸아뉴기니의 국가 부패도가 상당히 높다. 또한 유엔반부패협약(UNCAC)의 기준에 비추어 봐도 파푸아뉴기니의 부패수준은 평균 이하로 조사되었다. 2011년 조사 결과에 따른 2012 그린피스 보고서는 파푸아뉴기니 토지계획부의 부패 실태를 지적하기도 하였다. 파푸아뉴기니의 부패 상황은 뇌물, 선거부정, 비자금 조성, 족벌주의,

---

212) Wikipedia. Corruption in Papua New Guinea. Accessed 15 September 2015. http://en.wikipedia.org/wiki/Corruption_in_Papua_New_Guinea
213) The Economist. 2011. Papua New Guinea and Australia – Near neighbors and world apart. http://www.economist.com/blogs/banyan/2011/08/papua-new-guinea-and-australia
214) Transparency International. Corruption Perception Index 2011. Accessed 15 September 2015. http://www.transparency.org/cpi2011/results/#CountryResults
215) Transparency International. 2012. Papua New Guinea: Government must back its word to fight corruption. Accessed 15 September 2015. http://www.transparency.org/news/pressrelease/20120808_papua_new_guinea_government_must_back_its_word_to_fight_corruption

연고주의, 횡령, 밀실인사 등 아주 다양하며, 그 중 주요 사항을 열거하면 다음과 같다.

연고주의 : 민주주의의 초기 단계를 거치고 있는 파푸아뉴기니 거버넌스 시스템은 족벌주의, 연고주의가 지배한다. 정치적 지도자들은 자신들의 지역기반에만 공을 들여 자원을 분배하고, 그 지역의 인재를 등용, 후원하는 데 익숙해 있다.

정재계 유착 : 파푸아뉴기니는 정계와 재계의 구분이 불확실하며, 재계의 거물이 정치가로 변신해 공적 자금을 사적 자금으로 횡령하기도 한다. 또한 파푸아뉴기니의 중급 기업들은 대다수가 현직 또는 전직 정치인들의 소유로, 정부 수입이 사회 서비스나 인프라 구축에는 활용되지 않고, 정치인들이 횡령할 수 있는 구조가 만연되어 있다. 이 때문에 파푸아뉴기니는 풍부한 자원 부존량에도 불구하고, 광업 등에서 얻은 국가 수입이 대부분 관료들의 주머니로 들어가 전체 국민이나 국가발전에는 긍정적으로 쓰이지 못하고 있다(2001년 Human Rights Watch 보고서). 또한 선거 때가 되면 "나눔과 배려"라는 멜라네시아적 전통은 오히려 엄청난 선거자금 배포로 이어지고, 해당 선거구 주민들의 표를 얻기 위해 상당한 양의 금품과 향응을 선거자금 명목으로 뿌리는 데 기여하고 있다. 2012년 피터 오닐 수상은 국정 주요 과제 중 하나로 부패방지를 내걸고 20년 기한의 부패방지 전략을 수립하고, 뇌물 수수, 공공 자금 횡령 및 부당취득, 공공물품 취득, 채용 및 인사 시 족벌주의 등의 행위를 금지시켰다. 한편 2004년에는 국가부패방지위원회(The National Anti-Corruption Authority, NACA)를 창설하여 각 정부부서 및 공직자의 부패를 감시했으나 재원부족 및 위원회 자체의 공정성 훼손으로 부패척결이란 목표는 거의 달성하지 못한 실정이다.

치안과 질서의 부재[216) 217) 218) 219)]

파푸아뉴기니는 치안이 불안하기로 이름난 국가이다. 도시지역에서는 라스칼(Rascal)이라 불리는 강도 떼들이 내외국인 가릴 것 없이 폭력, 절도 등을 자행하고 있고, 중앙 산악지방인 하이랜즈 지역(Highlands Region)에서는 심각한 부족 간 싸움이 행해지기도 하였다. 또 가정에서의 폭력이나 주술로 인한 폭력, 살인 등도 만연해 있다. 1975년 독립 이후, 여러 지역에서 증가하는 이러한 무질서는 파푸아뉴기니의 치안력 및 국가 통제력의 결여를 보여 준다. 특히 파푸아뉴기니 정부는 지난 1990년대, 부겐빌 주의 분리독립을 요구하는 혁명군을 자체적으로 진압할 수 없어 영국의 민간군사기업 측에 손을 벌렸다가 대내외적으로 빈축을 산 적도 있다. 파푸아뉴기니의 치안문제는 국가 차원에서도 진지하게 논의되고 있다. 1991년, 포트모르즈비에서 있었던 국가범죄 정상회의에서 당시 치안국장관이었던 래비 나말리우(Rabbie Namaliu)는 현재 파푸아뉴기니의 최대 위협은 법과 치안문제라고 언급했다. 또한 5년 뒤 후임으로 들어온 줄리우스 챈(Julius Chan) 장관은 1996년을 "법 강화의 해"로 선포하고, 각종 범죄, 폭력, 공포를 국가에서 몰아내겠다며 대중 및 투자자들을 독려하기도 했다. 또 1996년에는 전 국가에 통행금지령을 실시해 범죄율을 낮춰 보려 했지만 여전히 강력범죄는 줄어들지 않고 있다.

파푸아뉴기니 내에서도 개인, 가정, 기업 차원에서 치안에 대한 불안은 상존하고 있다. 그러나 정치가나 공무원들은 치안문제로 야기될 외국인 투자 감소, 관광업 위축, 경제 축소 등을 우려해 가급적 이 문제가 드러내지 않으려고 한다. 이러한 국가 치안력의 부재를 단적으로 보여 주는 것은 사설 치안업체의

---

216) Dinnen, Sinclair. 1993. World Factbook of Criminal Justice Systems: Papua New Guinea. Washington D.C. US Department of Justice (Bureau of Justice Statistics). Accessed 15 September 2015. http://www.bjs.gov/content/pub/pdf/wfbcjspng.pdf
217) United States Department of State. Papua New Guinea. Accessed 15 September 2015. http://travel.state.gov/content/passports/en/country/papua-new-guinea.html
218) Connell, John. 1997. Papua New Guinea: The Struggle for development, preface, Routledge. (free sample). Accessed 15 September 2015. http://www.questia.com/read/109054914/papua-new-guinea-the-struggle-for-development
219) United States Department of State. Report: Papua New Guinea 2015. Crime and safety report. Accessed 30 September 2015. https://www.osac.gov/pages/ContentReportDetails.aspx?cid=17301

엄청난 성장이다. 이들 사설업체의 숫자에 대한 공식적인 집계는 없으나, 수백 개를 훨씬 웃돌 것으로 예상된다. 현재 파푸아뉴기니 전역에는 많은 사설 치안업체가 난무하고 있다. 대형 다국적 기업에서부터 가정, 회사, 정부 기관에 이르기까지 각각을 담당하는 다양한 규모의 업체가 있다. 몇몇 대형 치안업체의 경우는 내부 직원이 1만 명을 웃돌기도 한다. 더욱이 최근에는 사설 치안업체들의 성장으로 인한 개인정보 침해, 공권력과의 마찰, 치안업체 직원들의 횡포 등도 심각한 문제가 되고 있다.

최후의 보루, 완톡(Wantoks)[220]

그러나 대부분의 파푸아뉴기니인들은 이런 사설 치안 서비스를 이용할 형편이 못 된다. 이 경우 '완톡 시스템'이 대부분의 파푸아뉴기니인들에게 일종의 자가적 치안·복지 서비스를 제공한다. 완톡은 문자적 의미로 '같은 말을 쓰는 사람(one talk)'을 뜻하며, 넓은 의미로는 친한 친지, 친구, 같은 부족 및 씨족 구성원, 기타 친교관계가 있는 사람을 두루 일컫는다. 완톡관계에 있는 개인은 누군가가 위험에 처했을 때 그를 도와주어야 하고, 도움을 받은 사람은 나중에 다시 이를 되갚아야 한다. 이런 식으로 가장 기본적인 자가적 치안 및 복지 서비스가 커뮤니티 내에서 구현되고 있다.

파푸아뉴기니 정부의 대응조치 및 앞으로의 전망

파푸아뉴기니도 1980년대부터 치안 및 법질서의 부재를 인식하고 다양한 해결책을 강구하고 있다. 1987년부터 호주의 도움을 받아 '경찰국 발전 프로젝트(Police Development Project)를 실시하여 행정, 기술, 운영 측면에서 치안 서비스를 개선하려고 노력했다. 또한 범죄자 교정 프로젝트(Correctional Services Project)도 실시함으로써 범죄자의 재활, 감옥 인프라 개선 등을 위해서도 노력하고 있다. 한편 1990년대 초에는 치안 불안을 해결하기

---

[220] Morris, Michael R. One Talk in Papua New Guinea. The Church of Jesus Christ of Latter-Day Saints. Accessed 30 September 2015. https://www.lds.org/ensign/1995/02/one-talk-in-papua-new-guinea?lang=eng

위해 통행금지령 선포 및 군대병력을 동원한 극단적 방법을 사용하기도 하였다. 불심검문 및 대대적인 군병력을 동원해 질서회복을 꾀한 것이다. 그러나 이는 일시적 효과를 가져왔지만 그 못지않게 여러 부작용도 낳았다. 불심검문에 동원된 군병력이나 특수요원들이 오히려 각종 인권침해 행위를 자행했기 때문이다. 2000년대 들어와서도 치안문제는 여전히 해결되지 않고 있다. 최근에는 파푸아뉴기니 정부의 통제력 부재를 틈타 동남아 지역에서 갱(gang)들이 파푸아뉴기니로 유입되기도 하였다. 이 문제의 해결은 앞으로도 상당히 긴 시간이 소요될 것으로 예상된다.

4. 법체계[221) 222) 223) 224)]

파푸아뉴기니는 방대한 헌법체계로 이루어지고, 헌법은 의회 투표를 통해서만 수정할 수 있다. 파푸아뉴기니의 법구조는 영국법에 근거하며, 단순화되거나 파푸아뉴기니식으로 개조된 법조항도 많다. 파푸아뉴기니 사법부는 탄탄한 법리해석의 전통을 보유하고 있다. 또한 사법적 독립성은 뛰어난 편이지만 행정 및 판례 관리에는 문제가 많다. 특정 국가의 법체계는 그 나라의 문화와 분리시켜 생각할 수 없다. 파푸아뉴기니는 세계에서 가장 이질적인 문화구성을 가진 나라 중 하나이다. 수천 개의 부족이 있고, 개개의 부족은 대부분 몇백 명으로 구성되어 있으며, 고유의 언어, 풍습, 전통을 가진다는 것이 파푸아뉴기니의 문화적 특성이다. 이들 부족은 지난 수천 년간 이웃 부족들과 크고 작은 갈등에 휘말려 왔다. 이런 배경 탓에 외진 지방이나 마을 등을 포함해 파푸아뉴기니 전역에서는 통합된 법률을 시행하는 데 큰 어려움을 겪고 있다.

---

221) The University of Melborune. Papua New Guinea law – Legal research guide. Accessed 30 September 2015. http://unimelb.libguides.com/png
222) Larcom, S. and Swanson, T., 2014. Documenting legal dissonance – Legal pluralism in Papua New Guinea. Accessed 30 September 2015. http://repec.graduateinstitute.ch/pdfs/ciesrp/CIES_RP_31.pdf
223) Supreme & National Court of Papua New Guinea. Accessed 30 September 2015. http://www.pngjudiciary.gov.pg/home/index.php
224) Wikipedia. Law of Papua New Guinea. Accessed 30 September 2015. https://en.wikipedia.org/wiki/Law_of_Papua_New_Guinea

사법부

파푸아뉴기니 사법기관은 3심제(대법원, 고등법원, 지방법원 및 마을법원)로 구성되며 최고 기관은 대법원이다. 대법원은 하위 법원의 항소를 수령하고 고등법원에서 내린 판단을 점검하며, 제안된 의회법이 헌법의 정신에 맞는지에 대해 의견이나 조언을 준다. 또한 파푸아뉴기니의 고유풍습 및 전통에 근거한 '기저법(Underlying Law)'과 관련된 법령을 만들기도 한다. 한편, 고등법원은 재판법원으로서의 기능과 더불어 의회 입성에 실패한 후보자들로부터 선거소총(Electoral Petitions)을 접수하는 선거소송법원(court of disputed returns)의 기능도 하고 있다. 또 '리더십 재판소'는 옴부즈만 위원회에서 적발한 공직자들의 부정행위를 감시하는데, 고등법원의 법관 1명과 지역법원의 판사 2명으로 구성되어 있다. 대법원 및 고등법원의 최고 법관은 법무부장관과 협의한 후에 행정부의 제안에 따라 총독이 임명한다. 고등법원의 다른 법관들은 사법 및 법률위원회에서 임명한다. 현재 파푸아뉴기니의 대법원장은 살라모 인지아(Salamo Injia) 경이다.

한편, 파푸아뉴기니에는 전통 부족사회 및 원주민들의 관습을 고려한 마을법원(village court)이라는 것이 존재한다. 파푸아뉴기니에는 바누아투나 솔로몬 제도와 같이 각 지역의 추장들이 모여 하나의 권위체를 구성한 '추장위원회(The Council of Chiefs)'가 없는 대신 마을법원이 있다고 할 수 있다. 두 기관의 성격이 같은 것은 아니지만, 마을법원은 파푸아뉴기니의 문화적 여건을 반영한 독특한 기관으로서 주목할 만한 가치가 있다.

파푸아뉴기니의 사법 시스템(3심제)

1. 대법원(Supreme Court)
2. 고등법원(National Court)
3. 지방법원 및 마을법원(District Court and Village Court)

파푸아뉴기니 대법원[225]

파푸아뉴기니 대법원장[226]
살라모 인지아(Salamo Injia)

파푸아뉴기니 법률의 구성

파푸아뉴기니 법은 헌법, 의회에서 제정하거나 1975년 독립 당시 물려받은 일반 법령(부속 조항 포함), 판례로 구성되어 있다. 이 중 헌법은 파푸아뉴기니 법체계에서 최고 심급을 가지며, 일반 법령이 헌법에 위배된다고 판단할 경우 법원이 위헌법률 심사를 실시할 수 있다. 파푸아뉴기니의 성문법 대부분은 외국 법률체계에서 차용하였는데, 예를 들어 형법은 호주 퀸슬랜드 주에서, 쟁송관할법은 뉴사우스웨일스 주에서, 이혼법은 호주 연방정부의 이혼법(1964)보다도 훨씬 오래된 1857년의 영국 법률에서, 회사법은 1948년의

---

225) Althistory (wiki). Supreme court of Papua New Guinea. Accessed 30 September 2015. http://althistory.wikia.com/wiki/File:Supreme_Court.png
226) The Economist, 2012. Papua New Guinea. Courting trouble in Papua New Guinea. Banyan Blog. Accessed 30 September 2015. http://www.economist.com/blogs/banyan/2012/05/papua-new-guinea. The picture from http://asopa.typepad.com/asopa_people/2012/05/

영국 회사법을 거쳐 1997년의 뉴질랜드 회사법 등에서 차용되었다. 한편, 호주가 파푸아뉴기니령을 지배한 1914년 이후에는 독일 법률이 완전히 앵글로-호주식 법률로 대체되어, 현대 파푸아뉴기니 법률에는 어떤 독일 법률의 흔적도 없다.

파푸아뉴기니 헌법의 초안은 1973~1975년에 작성되었다. 여러 다른 영국령 식민지나 신탁통치 국가들처럼 파푸아뉴기니도 그들 고유의 '수장(Head of State)'을 갖기를 원했고, 헌법에서도 여왕이나 왕이 아닌 파푸아뉴기니 고유의 '수장'에 대해 명시하고 있다. 그 과정에서 파푸아뉴기니는 입헌군주제를 택했다. 다른 영국령 국가들처럼 의회 의원들이 투표를 통해 선출하는 총독은 결정권이 없는 사실상의 대통령이라 할 수 있다. 한편 각종 범죄에 관한 재판은 '여왕'이 아니라 '국가'의 이름으로 집행하며, 여왕의 형상은 파푸아뉴기니 지폐나 동전에 등장하지 않는다. 현재 영국 왕실과 연계된 몇몇 기관 – 왕립 파푸아뉴기니 경찰대, 왕립 파푸아 요트클럽 등 – 을 제외하면, 이러한 군주제의 흔적은 파푸아뉴기니에서 거의 발견되지 않으며 대중들도 이를 거의 의식하지 못하고 있다.

파푸아뉴기니의 전통적 관습과 '기저법'[227) 228)]

파푸아뉴기니 헌법은 '기저법(underlying law), 별도의 파푸아뉴기니 관습법'이 헌법에 포함되어야 한다고 명시하고 있다. 기저법은 파푸아뉴기니의 여러 다양한 부족의 '관습'에서 유래한 관습적 법률과 1975년 독립 시 영국법에 포함되어 있는 관습법도 포함하는 개념이다. 이 '기저법'의 제정은 대법원에서 담당하고 있다.

재미있는 사실은 파푸아뉴기니가 호주의 통치를 받았음에도 불구하고, 법체계 측면에서는 영국법을 직접적으로 수용하려 했다는 것이다. 파푸아뉴기니 '기저법'은 영국 관습법이 아닌 호주의 법률, 독립 이전의 파푸아뉴기니 법률 등은 인정하지 않고 있다. 그러나 파푸아뉴기니 독립 이전의 상원과 영국상소법원,

---

227) Jessep, Own. 2012. The elusive role of customs in the underlying law of Papua New Guinea. The Underlying Law Journal Developments in the Underlying Law of Papua New Guinea 4, PGULJ 5. Accessed 30 September 2015. http://www.paclii.org/countries/pg.html

228) Ottley, Bruce. 2012. Reconciling modernity and tradition – PNG Underlying Law Act (2012). The Underlying Law Journal Developments in the Underlying Law of Papua New Guinea 4, PGULJ 5. Accessed 30 September 2015. http://www.paclii.org/pg/cases/PGULJ/2012/5.html

영국 왕좌재판소 및 기타 영국 법원에서 제정한 법은 파푸아뉴기니 법률에 포함된다.

'기저법'의 관습법 파트는 파푸아뉴기니 헌법의 초기 기안자들이 숙고하여 만든 것으로, 그 내용은 파푸아뉴기니 전역의 지역적 관습에서 추출하여 포함시켰다. 그렇지만 이 기안자들은 물론 실질적 법 집행자들도 전통적인 파푸아뉴기니 관습들을 현대적 법체계에 적용시키는데 상당한 어려움을 겪었다. 멜라네시아의 전통적인 정의와 평등의 개념을 반영한 관습법은 1975년 경에도 충분히 개발되지 않은 상태였다. 2000년에 들어와서야 파푸아뉴기니 의회는 '기저법 법안(Underlying Law Act 2000)'을 발효시켰는데, 이는 법원들이 파푸아뉴기니의 전통적 관습에 더 관심을 가져야 하며, 동시에 관습법의 개발이 기저법의 핵심임을 강제적으로 명시한 것이다. 그러나 지금도 파푸아뉴기니 관습을 법체계에 적용하려는 노력은 충분히 성공을 거두지 못했다.

멜라네시아적 정의 관념과 마을법원

고등법원 또는 지방법원의 권고는 다른 소도서지역과 마찬가지로 아주 외딴 지방 마을들에서는 그리 강한 효력을 갖지 못한다. 범죄 피해자들은 그들의 사건을 직접 지방법원에 고소할 수 있지만, 이는 가장 가까운 대도시로 관련 증거 및 인력을 전부 수송해야 한다는 것을 의미한다. 게다가 지방법원 및 고등법원에서 내리는 판결들은 일반적으로 피해자에 대한 직접적 보상을 담고 있지 않은 경우가 많다. 이런 상황에서 외딴 마을이나 작은 커뮤니티 수준에서의 사법기관인 마을법원의 역할이 중요해진다. 멜라네시아적 전통에서는 범죄를 법 자체에 대한 위반이라기보다 피해자와 그의 가족 및 그의 커뮤니티에 대한 모욕이라고 본다. 따라서 피해를 입은 가족들은 돈이나 재화의 형태로 보상을 요구하게 된다. 따라서 마을법원들은 이를 감안하여 양측의 원만한 합의와 보상을 이끌어 내기 위해 노력한다.

마을법원은 1975년 독립 이전에도 존재했으며, 1989년의 '마을법원 법안'에 따라 대대적인 정비가 이루어졌다. 마을법원에는 다섯 종류의 공무원이 재직하며 이는 지방정부가 임명한다. 수석 공무원의 경우에는 '마을법원 및 토지조정사무국(Land Mediation Secretariat)'에서 국가적으로 그 이름을 명시한다. 마을법원의 사법권은 지역 커뮤니티의 질서를 해치는 모든 사건에 대한 일반적인 관할권을 포함한다. 실제적으로 아주 외딴시골 지역의 경우, 마을법원의 담당 공무원들은 자신들의 권한을 초과하여 사건을 심리하고 재판해야 하는 경우가 흔하며, 종종 상당한 업무 부담을 느끼기도 한다.

화폐경제에 포섭되지 않아 급여를 받는 노동자들이 거의 없는 외딴 지역에서 마을법원이 부과하는 벌금이나 과태료 등은 거의 회수되지 않을 것 같지만 이 시스템은 꽤나 효율적이다. '피해를 준 쪽은 피해자에게 보상을 해야 한다'는 멜라네시아적 전통 때문이다. 법원이 판결한 벌금은 법의 위반자 및 그 가족들에게 공동으로 부과되며, 이들은 벌금을 내기 위해 서로 협력한다. 한편, 피해자의 가족들은 그들의 가해자가 벌금의 형태로 보상을 해 주면 아주 기뻐하며, 이는 향후 두 세력 간의 갈등을 줄여 준다.

벌금을 지불하고 나면 가해자 측은 자신들이 알맞게 처신했다고 여기며, 한편 마을법원 위원들은 보통 사건을 의뢰한 인물에게 수고료 명목으로 약간의 수수료를 받는다. 경찰력도 미치지 못하는 외딴 지역에서 마을법원 위원들은 날카롭고 합리적인 판결을 내려야 하며, 이를 위해 상당한 지혜와 협상력이 필요하다. 훌륭한 마을법원 위원은 보통 지역 커뮤니티의 뛰어난 인물들이며, 그곳 공동체에 대한 많은 정보를 가지고 있다.

'루니 사건' – 초창기 파푸아뉴기니 행정부와 사법부 사이의 갈등

개발도상국에서는 사법부의 독립성 훼손이 종종 문제가 되지만, 파푸아뉴기니는 서구식 법체계를 도입한 까닭에 상당히 일찍 사법부의 독립이 규정되었다. 파푸아뉴기니 헌법은 삼권 분립의 원칙을 규정하여, 3개의 정부 세력이 실제적으로 분리되어 있으며, 따라서 행정부가 입법을 책임지지 않는다. 그러나 독립 이후 파푸아뉴기니 출범 초창기에 이 사법부의 권한이 지나치게 강해 문제가 된 사건이

---

229) Law of Papua New Guinea, The Rooney Affair: An early crisis in relations between the executive and judiciary. Accessed 30 September 2015. http://www.liquisearch.com/law_of_papua_new_guinea/the_rooney_affair_-_an_early_crisis_in_relations_between_the_executive_and_judiciary

바로 '루니 사건(Rooney Affair)'[229]이다. 파푸아뉴기니에서는 호주에서처럼 사법부의 독립 원칙이 다소 원론적으로 정의되어 있다. 즉, 1689년 영국의 '권리장전'에서처럼 단순히 사법권이 행정부의 간섭에서 독립했다는 의미인 것이다. 따라서 파푸아뉴기니의 사법부가 행정부에 권고적 의견을 주는 일이 금지되어 있지 않았다. 1979년, 당시 파푸아뉴기니의 법무부장관이었던 나하우 루니 여사(Mrs. Nahau Rooney)는 아주 유명한 편지 한 통을 쓴다. 이 편지에서 그녀는 전부 외국계 인사들로 구성된 파푸아뉴기니 대법원을 비판했다. 특히 그녀는 파푸아뉴기니의 토착적 법제 구축에 관심을 보이지 않는 대법원 법관들의 태도를 비판하고, 동시에 행정부가 명령한 국외추방령을 무효화시킨 대법원 판결을 비난했다.

이 일이 있은 뒤, 당시 파푸아뉴기니 대법원장이었던 윌리엄 프렌티스 경은 여러 법관과 함께 루니 장관의 태도를 사법권 독립에 대한 간섭이라고 비판했다. 그러자 루니 법무부장관은 자신은 "파푸아뉴기니의 대법원장 및 다른 법관들에 대해 어떠한 신뢰도 할 수 없다...... 외국계 인사들로 구성된 이 법관들은 오직 외국 법률의 운용에만 관심이 있고, 이 국가의 정치적 지도자들의 감정과 열망에 대해서는 무관심하다."고 응수했다. 그러자 법원은 루니의 첫 번째 편지와 관련하여, 반복되는 언행으로 파푸아뉴기니 법원을 모독하고 소란을 일으켰다는 명목으로 루니에게 8개월 징역형을 선고했다. 그러나 징역 하루 만에 당시 파푸아뉴기니 수상이 그녀를 석방하고, 그 뒤 대법원장을 포함함 총 5명의 법관이 사임하게 된다. 이 루니 사건의 요점은 사법부의 독립성이 지나쳐 일종의 무소불위의 권력체가 되려 했다는 데 있다. 당시 사법부는 자신들에 대한 비판을 수용하지 못했고, 외국 출신의 대법원 법관들이 파푸아뉴기니의 토착적 법체계를 고유화하여 파푸아뉴기니를 위한 진정한 법체계를 구축하는 데 관심이 없었던 것이다.

마을법원[230]

마을법원은 파푸아뉴기니에만 있는 독특한 사법기관으로, 파푸아뉴기니의 지형적·부족적·문화적 다양성을 고려한 것이다. 고등법원이나 지방법원의 힘이 미치지 못하는 소규모 커뮤니티, 또는 지나치게 외딴 지역 등을 위하여 마을 기반의 법원 시스템을 운영하기로 한 것이다. 마을법원은 파푸아뉴기니가

---

[230] Australian Law Reform Commission, Indigenous justice mechanisms in some overseas countries: models and comparisons – Papua New Guinea Village Courts, Accessed 30 September 2015, http://www.alrc.gov.au/publications/30.%20Indigenous%20Justice%20Mechanisms%20in%20some%20Overseas%20Countries%3A%20Models%20and%20Comparisons/pa

독립한 해인 1975년부터 공식적으로 운영되었다. 그 뒤 숫자가 점점 증가해 2000년대 들어와서는 파푸아뉴기니 전체 인구의 약 2/3가 마을법원을 이용하게 되었다. 1985년에도 856개의 마을법원과 7,674명의 공무원이 있었으며, 현재는 파푸아뉴기니 전역에 1,000개가 넘는 마을법원이 있다.

    마을법원은 지역 커뮤니티의 요청으로 설립되는데 지금도 많은 설립요청이 들어와 있다. 파푸아뉴기니 정부 역시 마을법원의 확장에 상당한 열의를 보이고 있다. 현재는 마을법원이 "파푸아뉴기니에서 가장 중요한 법률 기관"이라는 평가가 있을 정도로 그 시스템이 활성화된 상태이다. 마을법원의 도입은 1960~1970년대 초, 식민시대의 종결과 파푸아뉴기니의 독립, 국가적 정체성 탐색 등과 관련이 있다. 일률적으로 도입된 영국 법률에 대한 거리 두기, 그리고 새로운 나라의 법 시스템을 멜라네시아적 전통과 연계시키려는 의도가 담겨 있는 것이다. 기존의 법 시스템을 '파푸아뉴기니 식으로' 토착화하여 파푸아뉴기니 고유의 관습법 및 법률을 국가 법체계의 기저에 두고자 하는 시도가 있었고, 마을법원 역시 이러한 노력의 일환으로 탄생했다.

마을법원의 운영 시스템

▶ 기능

마을법원의 기능은 '관할 커뮤니티의 각종 분쟁을 정의롭고 평화롭게 해결하고, 중재에 의해 커뮤니티의 평화와 안녕을 보장하는 것'이다. 이때 만약 중재가 실패하면 강제적 사법권을 행사하게 된다.

▶ 관할권

마을법원의 관할권은 보통 관할구역 내에 있는 모든 거주민에게 미치며, 만약 서로 다른 마을 간에 갈등이 생겼을 경우 합석을 통한 공동재판으로 해결한다. 마을법원은 민사 및 형사권을 동시에 가지는데, 대체로 둘 사이의 경계가 모호해지는 경향이 있다. 마을법원의 관할권 내에서 범죄로 간주되는 주요 행위는 다음과 같다.

- 폭행
- 모욕을 주는 말
- 재산 파괴
- 마을 내에서의 만취
- 관습적 의무 불이행
- 주술[231) 232) 233)]

▶ 보상 및 벌금
마을법원은 대부분 300키나(약 12만원)까지 보상금을 명령할 수 있다. 그러나 자녀양육, 신부대금, 또는 사망보상금에 대한 보상금 한계는 존재하지 않는다. 한편, 상해나 피해를 당한 피해자 측을 위해 가해자 측에 4주까지의 노동명령을 내릴 수 있다. 이때 벌금으로 대체하려면 최대 50키나(약 2만원)까지 현금/현물로 지불 가능하다. 노동명령은 최대 4주까지 내릴 수 있지만, 구금을 시킬 때는 지역 및 주 법원 판사의 허가를 받아야 한다. 이런 조치는 마을법원에서 판결한 벌금 및 보상금 지불을 이행하지 않았을 때 취해진다.

▶ 상고 및 심리
마을법원은 보통 공식 법원의 위계 바깥에 존재한다고 간주되지만, 지방법원 또는 주법원에 대한 제한된 항소권도 있다. 그러나 이때 항소는 심리 및 감독권한이 있는 주 감독 판사(Provincial Supervising Magistrate)의 검토를 받아야 하며, 그 이상의 항소는 불가능하다.

---

231) 파푸아뉴기니 법체계의 독특한 점은 '주술'을 명백한 가해행위로 규정하여 여기에 대한 처벌을 명시했다는 점이다. 이것이 파푸아뉴기니의 악명 높은 주술법으로, 그간 주술법을 악용한 살인사건이 여러 차례 발생했다. 즉, 누군가를 죽여 놓고 그가 내게 주술을 행사하려 했다고 주장하면 정상참작이 되는 식이다. 그러나 주술이란 실증이 아니라 심증의 영역에 속하는 것이어서 증거확보나 공정한 판결이 어렵다. 따라서 주술법을 폐지하자는 주장이 지금껏 여러 번 제기되어 왔고, 2013년에 파푸아뉴기니 정부는 법을 개혁하여 통해 주술법을 폐지하겠다고 발표했다. 그러나 실제 이 법이 폐지될지는 아직 미지수이다. (Agence France-Presse, 2013. News-Sorcery in PNG: Murder, witchcraft and law reform. Accessed 30 September 2015. http://www.abc.net.au/news/2013-12-13/an2013——png-sorcery/5154246)
232) Sky News. Sorcery law repeal in PNG after witch burnings. Accessed 30 September 2015. http://news.sky.com/story/1085647/sorcery-law-repeal-in-png-after-witch-burnings
233) Herriman, Nicholas. 2013. PNG sorcery law highlights a deadly problem. Accessed 30 September 2015. The Age Comment. http://www.theage.com.au/comment/png-sorcery-law-highlights-a-deadly-problem-20130417-2hzdd.html

▶ 인사 시스템

마을법원 판사는 각 지역 주민들 중에서 임명되며 임기는 3년이다. 특별한 자격은 없고 마을법원 사무국에서 새 판사들을 위해 실시하는 단기 트라에닝 코스를 수료해야 한다. 3~10명 정도의 지역 판사가 마을법원에 임용되며, 많은 지역에서 '구역 마을법정(Area Court)'과 '전체 마을법정(Full Court)'이 구분되어 열린다.

'구역 마을법정'에서는 1~2명의 마을법원 판사가 중재 및 판결을 내리며, 이를 문서로 작성하여 효력을 발효시킨다. 만약 중재가 실패로 돌아가면 3명 또는 그 이상의 판사가 참석하는 '전체 마을법정'이 열려 사건이 심의된다. 한편 마을법원의 다른 공무원으로는 서기와 마을평화 담당관이 있는데, 마을법원 서기는 사건 및 재판기록을 담당하며, 마을평화 담당관은 법원업무를 지원하고 판결을 집행하는 역할을 한다. 그러나 이들은 정규직 직원은 아니며 따라서 급여도 제한적이다. 한편, 마을법원보다 한 단계 상급의 지방법원 판사는 자신이 속한 구역의 마을법원들을 정기적으로 점검해야 한다.

▶ 법률 및 절차

마을법원에서는 판결 시 어떤 법률이나 관습도 적용할 수 있다. 그러나 일반 법률보다는 관습적 정의 및 관습법을 존중하는 편이며, 법 집행 절차도 자유롭게 선택할 수 있다.

▶ 마을 법원의 실체

1975년 첫 공식 도입 후 마을법원의 숫자는 빠르게 증가했다. 여러 사람이 이용하는 마을법원은 상당히 대중적이며 현재 파푸아뉴기니 법체계의 중요한 요소가 되었다. 마을법원은 상대적으로 지역 커뮤니티 수준의 판결에 적합하며, 마을구성원을 활용함으로써 각 마을에서 자연스럽게 권위를 갖게 되었다는 점이 중요한 성공의 이유였다. 그러나 마을법원과 관련된 문제나 어려움이 없는 것은 아니다. 특히 마을법원 시스템의 비공식성과 관련된 비판이 있다. 마을법원들은 표준화된 모델에 따라 세워지는 경우가 드물다. 따라서 마을법원은 비공식적 절차, 증거를 다루는 전문적 규칙의 부재, 재판이 언제 어디서든 열릴 수 있다는 점, 중재보다는 합의를 이끌어 내는 점 등으로 인해 사건을 판결할 때 방만한 합의와 타협을 이끌어 내는 경우가 많다.

사실 판사들은 공식적인 법 집행을 통해 그들의 권위를 끌어내곤 한다. 그러나 마을법원에서는 공식적 법 절차가 완벽하게 지켜지지 않는다. 파푸아뉴기니 법 개혁위원회에 따르면, 마을법원의 판결에서는 법적 당사자들 간의 합의가 법조인의 역할보다 훨씬 중요하다. 공식적 판결에 따른 사건해결보다 당사자 간의 합의사건이 2배가량 많다. 그렇지만 이러한 다소 유연한 법 집행은 실제 지역 커뮤니티가 원하는 것이 무엇인가를 스스로 알고, 적당한 해결책을 도출한다는 의미에서 긍정적으로 평가할 수도 있다.

5. 국민성 및 국가 정체성[234) 235) 236) 237) 238) 239) 240)]

파푸아뉴기니의 핵심 단위, 부족

파푸아뉴기니는 부족중심적 국가(tribalistic country)이다. 파푸아뉴기니를 이루는 가장 중요한 사회단위는 가족도 마을도 아니고, 서로 다른 문화를 가진 '부족'이다(여기서 부족은 확장된 가족, 씨족, 종족을 모두 포함한 개념이다). 파푸아뉴기니는 세계에서 가장 풍부한 언어적·문화적 다양성을 보유한 국가인데, 이 문화의 다양성 속에 내재한 파푸아뉴기니 공통의 뿌리는 바로

---

234) The Garamut. 2007. The absence of "national identity" within PNG. Accessed 30 September 2015. https://garamut.wordpress.com/2008/10/29/the-absence-of-national-identity-within-png/
235) Narokobi, Emmanuel. 2006. Media and a national identity. https://masalai.wordpress.com/2006/12/13/media-and-a-national-identity/
236) Strathern, Andrew and Stewart, Pamela J.. 2000. "Miles long yupelausim flag bilong mi". Symbols and identity in Papua New Guinea. Pacific Studies 23(1/2): 21-49. Accessed 30 September 2015. https://ojs.lib.byu.edu/spc/index.php/PacificStudies/article/view/10188
237) Wikipedia. Demographics of Papua New Guinea. Accessed 30 September 2015. https://en.wikipedia.org/wiki/Demographics_of_Papua_New_Guinea
238) Nations Encyclopedia. 2015. Papua New Guinea - Ethnic groups. Accessed 30 September 2015. http://www.nationsencyclopedia.com/Asia-and-Oceania/Papua-New-Guinea-ETHNIC-GROUPS.html
239) Reilly, Benjamin. 2008. Ethnic conflict in Papua New Guinea. Asia Pacific Viewpoint. 49(1): 12-22. Accessed 30 September 2015. https://crawford.anu.edu.au/pdf/staff/ben_reilly/Ethnic%20Conflict%20in%20Papua%20New%20Guinea.pdf
240) Scott, Ben. 2005. Re-imagining PNG - Culture, democracy and Australia's role. Lowy Institute Paper 09. Lowy Institute. Accessed 30 September 2015. http://www.lowyinstitute.org/files/pubfiles/Scott,_Reimagining_PNG.pdf

부족이다. 따라서 파푸아뉴기니를 이해하려면 먼저 이 나라의 핵심 단위가 부족이라는 사실을 기억해야 한다[부족 내의 전통적 생활방식에 대해서는 '2장의 5(역사와 문화)' 참조] 그러므로 파푸아뉴기니 사람들에게 국가는 다소 생소한 개념일 수밖에 없다. 서양인들이 도착해 임의적인 경계선을 긋고, 전쟁을 벌이고, 여러 번 통치국을 바꾸어 가며 파푸아뉴기니를 지배했지만, 그들도 파푸아뉴기니의 가장 근본이 되는 원형, 즉 부족적 삶의 방식은 거의 건드리지 못했다고 할 수 있다. 부족원은 모두 자신들의 유래와 출신을 중요시한다.

현재 통계에 따르면 파푸아뉴기니 인구의 약 85%가 시골지역에 거주하며, 그들은 4만 년 전 그들의 조상과 거의 흡사하게 살아가고 있다. 인구의 대부분인 이들에게 중앙정부나 국가의 존재, 또는 그 영향력은 미미한 수준이라고 보아도 좋다. 사실 일반적인 파푸아뉴기니인은 자신의 가족, 씨족 부족, 자신의 지방 순으로 충성한다. 그런 충성의 계보 중 제일 마지막에 오는 것이 파푸아뉴기니 정부이다. 이러한 사실을 인식한 정부에서도 1975년 독립 이후로 국가의 영향력을 최대한 넓은 지역에까지 퍼뜨리려고 했지만 결국 실패하고 말았다. 이는 의지의 부족이라기보다는 도로, 통신 등 국가적 인프라의 취약함 때문이다. 2013년 현재까지도 파푸아뉴기니는 남북을 잇는 도로가 없는 실정이다.

파푸아뉴기니의 국민

파푸아뉴기니에는 1,000개가 넘는 민족이 살고 있는데 이 중 크게 나누어 멜라네시아계의 파푸아인과 멜라네시아인이 가장 많이 살고 있다. 뉴기니 섬의 남부 및 내륙 지방에 주로 살고 있는 파푸아인은 언급한 바와 같이 검은 곱슬머리, 흑색 또는 암갈색의 피부, 그리고 돌출한 이마 등의 특징이 있으며, 파푸아뉴기니 전체 인구의 대부분을 차지한다. 반면 뉴기니 섬 북동부와 인근 섬에 살고 있는 멜라네시아인은 검은 피부색과 곱슬머리, 평평한 코, 투박한 용모가 특징이다. 이들 외에 소수의 마이크로네시아인, 폴리네시아인, 중국인, 유럽인 등이 있다. 주로 파푸아인으로 이루어진 파푸아뉴기니 사람들은 생각이나 행동이 단순하며 격식을 차리지 않는다. 가부장적인 성향이 강한 대가족 체계를 유지하고 있으며, 같은 부족끼리는 단결력이 무척 강하지만 다른 부족에 대하여 다소 배타적인 측면이 있다.

중앙정부와 마을 커뮤니티 사이의 간극

대부분의 파푸아뉴기니인들은 시골 마을을 중심으로 한 소규모 커뮤니티에서 생활하며, 이 지역에 주재하는 교육, 의료, 마을법원 공무원들을 제외하면 중앙정부와의 접촉이 거의 없다고 할 수 있다. 중앙정부에 의한 공공 서비스 제공은 대체로 취약한 편으로, 중앙정부는 지방의 발전에 적극적인 역할을 하지 못하고 있다.

그 이유는 공공 서비스의 실행비용 때문이기도 하지만, 효율적인 집행구조의 부재 때문이기도 하다. 중앙정부 거버넌스의 부재 속에서 전통적·비공식적 권위체(추장이나 교회, 또는 지역 기반의 NGO)들이 마을수준에서 계속 기본적인 거버넌스 및 공공 서비스를 제공하고 있다. 물론 전국적 측면에서 볼 때 이러한 서비스는 불완전하다고 할 수 있다. 파푸아뉴기니의 부족사회적 성격은 때로 교회나 NGO 등의 서비스 이행도 어렵게 만든다. 최근에는 지방 주민들의 기대 변화, 기동성 향상, 정보접근성 향상, 경제발전 등으로 인해 지방정부와 전통적 권위체 사이의 긴장이 심해지는 추세이다. 전체적으로는 도시지역에 집중된 중앙 국가기관과 지방 또는 마을 지역을 관할하는 비공식 또는 전통 권위체 사이에는 상당한 간극이 존재한다. 이것이 지역적·마을적 수준에서의 국가개발계획이 성공하기 힘든 가장 중요한 이유 중 하나이다.

국가 정체성의 결여

부족 기반의 삶의 방식이 중요하기 때문에 사실 파푸아뉴기니에는 이렇다 할 국가적 정체성이 없다고 볼 수 있다. 이러한 국가정체성의 결여는 파푸아뉴기니 사회의 중요한 본질 중 하나이다. 부족 기반의 생활방식, 과도한 문화적 다양성, 통합된 국가정체성의 결여는 지금까지 강력한 중앙정부의 출현이나 단일한 집권세력의 등장, 효율적인 국가정책 추진 등을 방해했다. 그러나 한편으로 파푸아뉴기니에서는 독재자나 군사 쿠데타, 비민주적 정권 탈취 등이 일어난 적이 없는데, 여러 세력이 공존하면서 한

세력의 완벽한 우세나 집권을 막고 있기 때문이다. 이는 파푸아뉴기니의 문화적 다원성이 갖는 긍정적 측면 중 하나이다. 문화인류학자인 마이클 프렌치 스미스(Michael French Smith)는 그의 저서『벼랑 끝의 마을들 : 전환기의 파푸아뉴기니(Village on the Edge: Changing Times in Papua New Guinea)』[241]에서 파푸아뉴기니의 국가정체성 결여를 다음과 같이 명료하게 표현하고 있다.

"무엇보다 파푸아뉴기니에서는 그들 모두가 단일한 국가의 일원이고, 그들의 정체성이 그들의 좁은 연고 - 가족이나 친척, 마을, 같은 언어를 쓰는 이들 - 를 벗어나 형성될 수 있다는 개념이 존재하지 않는다. 파푸아뉴기니에서 독립을 향한 유명한 투쟁이 없었던 것도 그 때문이다. 여러 다른 공동체가 단일한 하나의 국가를 이루기 위해 애쓸 필요가 없었던 것이다. 사실 이들에게는 국가라는 개념조차 낯선 것이다. 서구의 '사회계약론'에서 언급된 것처럼, 사회란 개인이 자신들의 권리의 일부를 국가라는 더 큰 세력에 양도하여 형성된 것이라는 개념이 없다."

현대 파푸아뉴기니의 아버지인 초대 수상 미카엘 소마레 역시 이 사실을 인식하고 있었다. 그는 "럭비 리그는 국가적 통일성 및 정체성 강화에 크게 기여한다. 현재 파푸아뉴기니는 많은 어려움을 겪고 있는데, 우리는 국민들을 하나로 모아 줄 국가적 구심점이 필요하며 서로 다른 800개 이상의 언어를 구사하는 문화적 배경을 가진 부족들을 하나로 통합시킬 원리가 필요하다. 호주 내셔널 럭비 리그에 파푸아뉴기니팀이 생긴다면 분명 우리나라에 긍정적 효과를 가져올 것이다."라고 하면서 국가의 정체성 이슈를 풀어 나가려고 하였다.[242] [243]

---

241) Smith, Michael French, ISBN 0-8248-2609-4, 2002. Village on the edge: Changing times in Papua New Guinea. Honolulu: University of Hawai'i Press, ISBN 0-8248-2609-4. Accessed 30 September 2015, (Google book, https://books.google.co.kr/books?id=tFfF7qzetD8C&printsec=frontcover&hl=ko&source=gbs_ge_summary_r&cad=0#v=onepage&q&f=false)
242) Stewart-Withers, R. and Brook, M., 2009. Sport as a vehiclefor development: The influence of rugby league in/on the Pacific. Palmerstun North, N.Z. Massey University, Institute of Development Studies
243) The Garamut, 2007. The absence of "National Identitiy" within PNG. Accessed 30 September 2015, https://garamut.wordpress.com/2008/10/29/the-absence-of-national-identity-within-png/

'엘리트'와 '민초'의 이원화 – 국가권력에 대한 불신

파푸아뉴기니는 부족이라는 최소 사회단위로 이루어져 있다. 풍부한 자연자원과 문화적 다양성에도 불구하고, 정치체제나 국가 시스템은 관료들이 장악하고 있고, 지방 분권화는 거의 실현되지 않은 상태며, 국가 서비스는 국민들의 삶에 효율적으로 침투하지 못한 나라이다. 또 부족중심적 마을생활과 도시생활, 원시와 현대가 공존하는 세계에서 저개발된 국가 중 하나이다.

유럽인들의 도착 이전에 파푸아뉴기니는 '빅맨(big-man)' 또는 '추장'이 이끄는 수천 개의 독립된 정치 집단으로 구성되어 있었다. 당시 각 부족들은 폐쇄적이고 배타적으로 살면서도 광범위한 무역, 결혼, 교환체제를 가지고 있었다. 이렇듯 파푸아뉴기니의 전통사회는 강력한 군주나 통치 시스템이 결여된 수평적인 네트워크로 이루어져 있었다. 하지만 수직적 위계가 결여되어 있다는 전통은 현대 파푸아뉴기니 정치에서도 중요한 요소이다. 파푸아뉴기니 정치인들은 특정 선거구에서 지지를 얻어 정부에 입성하고 나면, 국가 전체에 봉사하는 결정을 내리기보다 자신의 이익을 위한 결정을 내리는 경우가 많다. 파푸아뉴기니 고위관료나 엘리트의 특징 중 하나는 일반 '민초'들에 대한 공감이 별로 없다는 점이다. 또한 정부 고위관료로 진출하려는 엘리트 여성들이 드물다는 것도 언급할 만하다. 이렇듯 일반국민들과 권력자들 간의 지나친 거리, 권력자들의 민생에 대한 무관심 또는 공감 결여가 파푸아뉴기니의 '국가 정체성'에 대해 많은 생각을 하게 한다. 오지의 외딴 마을 주민들은 스스로를 파푸아뉴기니인으로 여기지 않고 그들 부족의 부족원으로 생각한다. 일례로, 1990년대 중앙 산악지방인 하이랜즈(Highlands)에서 부족 간 다툼이 벌어졌을 때 정부에서 이를 법적으로 처리하자 주민들이 심하게 반발한 적이 있다. 이런 위기의 바탕에는 정치가와 리더들에 대한 실망과 환멸이 깊이 배어 있다. 그 이유는 파푸아뉴기니의 고위관료들이 외국 자본 및 기업들이 파푸아뉴기니의 각종 자원을 쉽게 이용할 수 있게 해 주었기 때문이다. 또한 지역적 불균형 역시 파푸아뉴기니의 응집력을 약화시키는 요인이다.

6. 외교 및 국방

파푸아뉴기니의 외교관계[244) 245)]

1981년 파푸아뉴기니 국회에 제출된 "외교백서"를 보면, 파푸아뉴기니 외교의 기본 방침은 '능동적 선별외교(Active and Selective Engagement Policy)'이다. 이 백서에 명시된 주요 외교정책을 살펴보면, ① 남태평양 국가들과의 관계 긴밀화 및 지역 협력강화, ② 호주와의 지속적 관계 유지·강화 및 대등화, ③ 인도네시아와의 건설적 선린우호관계 증진, ④ ASEAN과의 관계 증진, ⑤ 미국, 일본 등 선진국과의 통상 증진, ⑥ 투자유치 및 원조확보, ⑦ 인종차별 반대, 민족 자결 지지, ⑧남태평양에서의 핵실험 실시 및 핵폐기물 투기 반대 등이다. 파푸아뉴기니의 가장 중요한 외교 대상국은 호주이지만 최근에는 외교 다변화를 꾀하고자 일본, 중국 등 아시아를 향한 '북방(Look North)정책'을 실시 중이다.

1) 호주

파푸아뉴기니의 가장 가까운 이웃나라이자 최대 무역국은 호주이다. 호주는 파푸아뉴기니의 구종주국이라는 역사적·지리적 관계에 따라 파푸아뉴기니 외교에서 핵심적 역할을 하고 있으며, 양국관계는 무역, 원조, 투자, 국방 등 다방면에 걸쳐 있다. 호주는 파푸아뉴기니의 최대 무역상대국이자 원조국이다.[246)] 그러나 2000년대 들어와서 파푸아뉴기니의 소마레 수상이 호주 브리즈번 공항에서 공항 검색요원에게 과잉검색을 당한 데 이어, 2005년 5월 파푸아뉴기니 대법원이 호주와의 ECP(Enhanced Cooperation Program) 협정[247)]을 위헌으로 판결하면서 ECP가 중단되는 등 호주와의 관계가 일시적으로 경색되기도 하였다. 그러나 2007년 이후 호주와 파푸아뉴기니는 다시 우호

---

244) 외교통상부. 2013. 파푸아뉴기니 개황. http://png.mofa.go.kr/koreans/as/png/information/info/index.jsp
245) Wikipedia. Foreign Relations of Papua New Guinea. Accessed 30 September 2015. https://en.wikipedia.org/wiki/Foreign_relations_of_Papua_New_Guinea
246) 호주는 PNG가 세계로부터 받는 전체 원조액의 60% 이상을 제공하는 최대 원조국으로, 호주의 대 PNG 원조규모는 연 US$ 2억 달러 정도이다. 이 외에도 호주는 PNG의 각 정부부처에 고문 컨설턴트를 파견하여, 호주 정부에서 지원하는 각종 유무상 관련 프로젝트를 지원한다(외교통상부. 2013. 파푸아뉴기니 개황. Accessed 30 September 2015. http://www.mofa.go.kr/webmodule/htsboard/template/read/korboardread_tab.jsp?typeID=24&boardid=11666&seqno=6043&tableName=TYPE_KORBOARD)
247) 2004년, 호주에서 5년간 PNG에 약 8억 호주 달러(US$ 5.5억 달러)를 원조한다는 내용의 협정

협력관계로 돌아섰고, 인프라 구축을 위한 개발원조, 토레스(Torres) 해협 협력, 코코다 트랙(Kokoda Track, 트레킹 코스) 개발, 지속 가능한 산림관리를 위한 MOU 체결 등, 여러 다양한 원조, 협력 프로그램을 진행하고 있다. 그러나, 최근 일본, 중국 등을 향한 '북방정책'을 통해 호주와 대등한 관계 구축을 모색 중이다.

2) 뉴질랜드

뉴질랜드와 파푸아뉴기니는 1975년 독립 직후 공식 국교 수립 전부터 뉴질랜드 대표부가 파푸아뉴기니에 상주해 있었다. 정기적으로 정치 회담, 개발원조 프로그램, 상호 국방 협력, 무역 분야에서 꾸준한 교류가 있었다. 뉴질랜드는 1999년 파푸아뉴기니 경제 위기 시 국제사회에서 대 파푸아뉴기니 원조를 이끌어 내는 데 중요한 역할을 했으며, 주요 국제 현안에 대해 거의 같은 목소리를 내 왔다. 2014년 기준 뉴질랜드의 대파푸아뉴기니 수출액은 207백만 달러로 태평양 도서 지역에서 피지 다음으로 두 번째로 규모가 크며, 양국 간의 상호 원조 프로그램 MAP(Mutual Assistance Programme)에 의하여, 매년 파푸아뉴기니 군인들은 뉴질랜드 와이오우루(Waiouru)와 카뎃(Cadet) 군사학교에서 훈련을 받는다. 파푸아뉴기니는 뉴질랜드에서 원유, 커피, 목재, 목제품을 수입하고 있으며, 뉴질랜드는 파푸아뉴기니의 보험, 건설업에 많은 투자를 하고 있다. 그 외에도 뉴질랜드 지역개발원조 펀드는 2015~2018년 70백만 뉴질랜드달러를 파푸아뉴기니에 책정하고 대학, 사무국, 환경 프로그램, 지질연구 프로그램 등 지역사회를 위해 투자하고 있다. 그 외에 1990년대 부겐빌 사태가 유혈사태 및 내전으로 번졌을 때, 뉴질랜드 정부가 파푸아뉴기니 정부와 부겐빌 자치주의 평화협정을 성공적으로 이끌어 낸 바 있다.

3) 태평양 도서국

파푸아뉴기니는 적도태평양 도서국의 일원으로서 각 도서국과의 관계 강화 및 지역협력 강화를 중시하고 있으며, 동 지역협력기구인 태평양도서포럼(Pacific Islands Forum, PIF) 사무국에서 적극적인 활동을 보이고 있다. 특히 적도태평양 도서국의 리더 역할을 하고자 하며, 적도 태평양 도서국과 아시아 지역 사이의 중개자 역할을 자임하고 있다. 구체적인 활동내용을 보면, 2003년 솔로몬 제도 사태[248]시 다국적군을 파견했고 2005년 8월 멜라네시안 4개국(파푸아뉴기니, 피지, 솔로몬제도, 바누아투) 정상회담을 개최했다. 같은 해 10월에는 PIF 16개국 정상회담도 개최했다. 또한 남태평양 비핵지대화 조약에 미국, 영국, 프랑스의 조속한 참가를 촉구해 왔으며, 1996년 미국, 프랑스, 영국이 이 조약에 서명함으로써 남태평양 비핵지대가 실효적으로 창설되도록 했다.

4) 일본

일본은 과거 태평양 전쟁 시, 파푸아뉴기니에서 남부 및 북부 해안의 연합군 기지를 공격한 적이 있으며, 오웬 스탠리 산맥을 가로질러 포트모르즈비를 탈취하기 위해 호주군 및 연합군과 벌였던 코코다 트랙(Kokoda Track) 전투로 유명하다. 일본은 호주에 이어 제2의 대 파푸아뉴기니 원조국으로 ODA(Official Development Assitance) 자금으로 유무상 원조, 기술원조 등에 연평균 미화 4천만 달러를 원조하고 있다.

5) 중국

중국은 개발도상국에 대한 기술협력(Technical Cooperation between Developing Countries, TCDC)프로그램에 따라 연평균 5백만 달러를 원조하고 있다. 파푸아뉴기니는 소마레 총리가 80명으로 구성된 대규모 사절단을 이끌고 2004년 2월 9일부터 2월 12일 동안 중국을 방문하였고, 2005년 11월에도 중국을 방문하는 등, 중국과의 협력관계를 강화 · 확대하고 있으며, 중국도 경제발전에 따라 대 파푸아뉴기니 기술협력 및 무상원조를 확대하는 등 양국 간의 관계가 증진되고 있다. 특히 파푸아뉴기니는 대만 측의 수교노력에도

---

[248] 1990년대 말, 과달카날 섬 군인들의 과달카날 섬 분리독립 요구, 말라에타 섬(솔로몬 제도에서 가장 큰 섬) 주민들에 대한 학대를 계기로 시작된 내전상태. 2003년, 솔로몬 제도 전역에 무정부 사태 및 혼돈이 속출하자 솔로몬 제도는 외국에 손을 내밀어, 그해 7월 호주군이 포함된 다국적군이 솔로몬 제도에 상륙함(Foulona, J.D., 2009. Regional intervention in Solomon Islands. Journal of South Pacific Law 9(1). Accessed 30 September 2015. http://www.paclii.org/journals/fJSPL/vol09no1/4.shtml : Wikipedia. Solomon Islands. Accessed 30 September 2015. https://en.wikipedia.org/wiki/Solomon_Islands)

불구하고 중국 측의 '하나의 중국' 정책에 대한 적극적인 지지입장을 표명하였다. 이에 따라 중국의 경제지원 및 자원확보를 위한 투자진출 등 양국 간 경제협력관계는 확대 추세에 있다.

6) 인도네시아

파푸아뉴기니는 인도네시아와 국경을 접하고 있으며 웨스트파푸아[인도네시아 명칭은 이리안 자야(Irian Jaya)] 문제로 인도네시아와 갈등을 겪고 있다. 과거 파푸아뉴기니 영토였으며, 동시에 파푸아뉴기니 주민들과 동일한 멜라네시아인이 주민의 대부분을 차지하는 웨스트파푸아에서 인도네시아로부터의 분리독립운동이 지속적으로 전개되어 왔기 때문이다. 이 때문에 국경지대에서 여러 번의 유혈사태가 있었고, 인도네시아 정부가 이리안 자야 지역의 반인도네시아 독립운동을 폭력적으로 진압하거나 파푸아뉴기니 영토로 빈번하게 침입하는 등 양국관계 발전을 저해하는 여러 요인이 있었다. 이에 파푸아뉴기니는 인도네시아와의 우호선린관계 유지를 주요 외교정책으로 설정하고 있다. 파푸아뉴기니-인도네시아 간에는 매년 양국 국경위원회가 개최되어 이리안 자야 문제로 인한 마찰을 해소하려는 노력이 계속되고 있고, 2003년 3월에 맺어진 제4차 양국 국경 조약은 양국 국경지대 거주민들의 편의를 위한 광범위한 내용의 규정들을 담고 있다.

7) 대한민국

파푸아뉴기니는 남·북한과 동시에 수교를 한 상태지만, 남한 측의 경제발전을 높이 평가하고 경제개발 경험과 노하우를 전수받기를 희망하고 있다. 또한 자원 수출, 투자유치, 원조 등을 기대하는 입장에서 국제무대에서 남한을 적극적으로 지지하는 등 친한(親韓)적 입장을 견지하고 있다. 파푸아뉴기니는 1976년 6월 북한과 외교관계를 수립하였으나, 1982년 2월 북한 사절단이 파푸아뉴기니에 방문한 당시 정치 선전활동을 이유로 강제출국 조치를 취한 이후 북한의 관계 증진 요청을 일축한 바 있으며, 현재 대북한 관계는 전무한 상황이다.

파푸아뉴기니의 국방[249) 250) 251) 252)]

파푸아뉴기니의 국방력은 국토 규모를 감안하면 크지 않은 편이다. 파푸아뉴기니에는 이웃 나라인 피지나 인도네시아와 같은 강력한 군사문화가 존재하지 않았고, 군대의 지도자나 수장이 쿠데타를 일으키거나 폭력적으로 정권을 장악한 적도 없다. 그러나 독립 이후 웨스트파푸아 문제로 인도네시아 국경지역에서, 또 부겐빌 자치주의 독립문제로 부겐빌 섬에서 유혈사태가 발생한 적이 있다.

1) 군사력 : 약 2,300명

육군 병력은 약 1,780명으로 보병 2개 대대 및 공병 1개 대대로 이루어져 있다. 제1대대는 포트모르즈비 타우마라(Taurama), 제2 대대는 파푸아뉴기니 북부의 웨왁시 모엠(Moem)에 주둔하고 있으며, 공병 대대는 포트모르즈비 머라에(Murray)에 주둔하고 있다. 한편 해군 병력은 약 400명으로 함정은 6척이다. 구체적으로는 패트롤보트(감시) 함대(Patrol Boat Squadron)가 4대, 상륙용 중(重)주정(Landing Craft Heavier) 2대가 있다. 마지막으로 공군 병력은 약 120명으로 8대의 항공기가 있다. 스페인(Spanish)산 CASA 2대, ATS 소함대(Squadron) 2대, 이스라엘산 아라바(Israeli Arava) 2대, 이로쿼이 헬리콥터(Iriquois Chopper) 2대를 보유하고 있다. 2011년 기준 국방예산은 미화 5,800만 달러 규모이다.

2) 군사 시스템

파푸아뉴기니 군대는 모병제로 유지되며, 문민우위, 정치적 엄정중립을 원칙으로 하고 있다. 군의 중점적 역할은 국내치안 유지이며, 병력은 2012년까지 2,300명 수준으로 유지하고, 장기적으로 5,000명 수준까지 증강할 계획이다.

---

249) Wikipedia. Papua New Guinea Defence Force. Accessed 18 September 2015. https://en.wikipedia.org/wiki/Papua_New_Guinea_Defence_Force
250) Papua New Guinea Defence Force. Accessed 18 September 2015. http://www.defence.gov.pg/
251) May, R.J. and Haley, Nicole. 2014. The military in Papua New Guinea: A culture of instability but no coup. Security Challenges 10(2): 53-70. Accessed 18 September 2015. http://www.securitychallenges.org.au/ArticlePDFs/SC%2010-2%20MayandHaley.pdf
252) May, R.J., 1993. The changing role of the military in Papua New Guinea. Canberra Papers on Strategy and Defence No. 101. Australia National University. Accessed 18 September 2015. http://ips.cap.anu.edu.au/sites/default/files/101%20The%20changing%20role%20of%20the%20military%20in%20Papua%20New%20Guinea%20(Canberra%20papers%20on%20strategy%20and%20defence)%20Ronald%20James%20May%2097p_0731518470.pdf

호주, 뉴질랜드, 미국 등과 군사 협력 체제를 구축하고 합동훈련, 군사교육, 군사지도자 방문 등을 실시하고 있다.

7. 복지 및 교육[253) 254) 255) 256) 257) 258) 259) 260)]

의료 및 복지

의료 및 복지 시스템은 미비한 편이다. 사회보장제도도 빈약하고, 신체적 정신적 장애자를 위한 의료기관도 거의 없다. 복지 프로그램이나 정부 식량배급 등도 거의 없다. 그 이유는 제한된 정부 예산의 대부분이 험준하고 외딴 시골지역의 도로, 학교 등 기본적 사회기반시설 구축에 사용되기 때문이다. 또한 주민을 배려하기 위해서는 마을구성원을 확대가족으로 간주하여 자체적으로 구성원을 배려해야 하며 외부의 도움은 원치 않는다는 생각 때문에 소규모 마을 등 국지적 복지제도가 빈약하다. 그러나 몇몇 사회문제, 즉 가정폭력, AIDS/HIV 감염 등에 대해서는 정부 차원에서 상당히 공격적으로 대응정책을 내놓고 있다. 2013년에는 살인, 강간, 아동납치 등에 대해 정부가 강력한 법 개정안을 내놓고 사형제를 부활시켰다.

---

253) WHO, 2012, Health Service Delivery Profile – Papua New Guinea, World Health Orgnization, Accessed 18 September 2015, http://www.wpro.who.int/health_services/service_delivery_profile_papua_new_guinea.pdf
254) Kelly, Angela, Mathers, Bradley, Kawage, Thomas and Vallely, Andrew, 2012, Emerging HIS risk in Papua New Guinea, UNAIDS, Papua New Guinea Institute of Medical Research/University of New South Wales, Accessed 18 September 2015, http://www.pngimr.org.pg/research%20publications/Kelly%20et%20al%202012%20%20Emerging%20HIV%20Risk%20in%20PNG.pdf
255) Asante, Augustine and Hall, John, 2011, A review of health leadership and management capacity in Papua New Guinea, University of New South Wales, Accessed 18 September 2015, https://sphcm.med.unsw.edu.au/sites/default/files/sphcm/Centres_and_Units/LM_PNG_Report.pdf
256) Papua New Guinea Department of Education, http://www.education.gov.pg/
257) National Executive Council, 2009, Achieving universal education for a better future, Universal Basic Education Plan 2010~2019, Accessed 18 September 2015, http://www.education.gov.pg/QL_Plans/plans/ube-plan-2010~2019.pdf
258) Department of Education, Achieving a better future – A National Plan for Education 2005~2014, Accessed 18 September 2015, http://www.education.gov.pg/QL_Plans/plans/national-education-plan-2005-2014.pdf
259) UNESCO, 2008, National report on the state-of-the-art of adult learning and education in Papua New Guinea – A situational analyses, http://www.unesco.org/fileadmin/MULTIMEDIA/INSTITUTES/UIL/confintea/pdf/National_Reports/Asia%20-%20Pacific/Papua_New_Guinea.pdf
260) National Department of Education, 2002, The state of education Papua New Guinea, Education Reform Facilitating and Monitoring Unit, Accessed 18 September 2015, http://www.paddle.usp.ac.fj/collect/paddle/index/assoc/png038.dir/doc.pdf

교육

1) 초등교육

초등교육 과정은 초급 초등학교(Elementary School, 3년제로 Prep, E1, E2)와 상급 초등학교(Primary School, 6년제로 G 3~8)로, 공립 및 기독교계 사립초등학교가 교육을 담당하고 있다. 정부는 공립초등학교의 확충·증설을 위해 노력하고 있으나 재정난으로 인해 무상교육정책이 중단되었다. 취학적령 아동의 취학률은 53%이다.

2) 중등교육

중등교육은 공립중학교(Provincial High School, 4년제로 G 9~12)와 공립중학교 2년 수료 후 시험을 치르고 입학할 수 있는 국립고등학교(National High School), 2년제(G 11~12)이다(포트모르즈비, 소게리, 케라밧, 아이유라, 파쌈에 5개교가 있음). 이 외에 공립중학교 4년 수료 후 입학할 수 있는 기술 대학(Technical College, 7개교, 학생 수 : 5,830명)과 지역사범대학(Community Teacher's College, 10개교, 학생 수 : 3,591명)에 의해 전문기술교육 및 초등교원 양성 교육이 행해진다. 중등교육 적령 청소년의 취학률은 12% 정도이다.

3) 고등교육

1905년에 설립된 파푸아뉴기니대학이 있다. 이 대학 의과(5년제)·문과·이과·교양학부·법과·교육학부의 6개 학부가 설치되어 있는 종합대학으로 수도 포트모르즈비에 있다. 또한 국립 파푸아뉴기니 공과대학(UNTECH)은 1967년 설립되었으며, 라에에 소재하고 있다. 한편 1976년에 중등교사 양성을 위해 고로카 교원대학(파푸아뉴기니대학 분교)이 설립된 바 있으며, 3년제로 운영되고 있다.

4) 국제학교

파푸아뉴기니는 상기 교육기관 외에 주로 외국인 자녀를 위한 국제학교(International School)가 초등학교 17개교, 중등학교 5개교가 설치되어 있으며, 호주의 뉴사우스웨일스(New South Wales) 주 교육 커리큘럼에 의해 교육이 진행된다.

05 역사와 문화 [261) 262) 263) 264) 265) 266) 267) 268)]

파푸아뉴기니에는 선사(Pre-history)와 현대사(Modern history)만 존재하며, 그 사이의 역사적 기억이나 기록은 거의 전무한 형편이라고 할 수 있다. 원시와 현재가 이렇게 첨예하게 공존하는 나라는 지구상에서 다시 찾아보기 힘들 것이다.

---

261) Wikipedia. History of Papua New Guinea. Accessed 18 September 2015. https://en.wikipedia.org/wiki/History_of_Papua_New_Guinea
262) The Commonwealth. Papua New Guinea - History Accessed 18 September 2015. http://thecommonwealth.org/our-member-countries/papua-new-guinea/history
263) Embassy of Papua New Guinea to the America. History and Major Events. Accessed 18 September 2015. http://www.pngembassy.org/history.html
264) National Encyclopedia. Papua New Guinea - History Accessed 18 September 2015. http://www.nationsencyclopedia.com/Asia-and-Oceania/Papua-New-Guinea-HISTORY.html
265) Australian Government. Records of Papua New Guinea 1883~1942 - Fact Sheet 148. Accessed 18 September 2015. http://www.naa.gov.au/collection/fact-sheets/fs148.aspx
266) Australian Government. Papua New Guinea Records 1883~1942 - Appendix 4: A history of the PNG records. Accessed 18 September 2015. http://guides.naa.gov.au/papua-new-guinea/appendixes/4.aspx
267) Papua New Guinea Tourism Promotion Authority. About Papua New Guinea. Accessed 18 September 2015. http://www.papuanewguinea.travel/papuanewguineaculture
268) Countries and Their Cultures. Papua New Guinea. Accessed 18 September 2015. http://www.everyculture.com/No-Sa/Papua-New-Guinea.html

파푸아뉴기니 약사

시기	개요
5만 년 이전 (플라이스토세)	해수면이 낮았던 빙하기에 동남아시아 지역에서 최초로 인간이 이주한 것으로 추정됨
6000~7000년 전	오스트로네시아인(오늘날의 말라에시아, 인도네시아, 필리핀, 폴리네시아인)이 남중국에서 배를 타고 뉴기니 섬 및 인근 섬들에 정착함. 이들은 마을을 이루어 얌 같은 작물이나 돼지, 닭 같은 가축을 기르고 토기를 사용함
1526~1527년	유럽인이 최초로 파푸아뉴기니를 방문. 포르투갈 탐험가인 호르헤 데 메네제스(Jorge de Menezes)가 파푸아뉴기니를 방문하고 '파푸아 제도(Ilhas dos Papuas)'라고 명명. '파푸아'는 '곱슬곱슬한 머리'를 뜻하는 말라에어 '오랑 파푸와(Orang papuwah)'에서 유래한 것임
1545년	스페인 탐험가 이니고 오르티스 데 레테스(Yñigo Ortiz de Retez)가 파푸아뉴기니를 방문. 그가 파푸아뉴기니 연안이 아프리카 기니 연안을 닮았다고 '뉴기니(Nueva Guinea)'라는 이름을 붙인 것으로 알려져 있음
1660년	네덜란드 동인도 회사에서 뉴기니 섬이 술탄 티도레의 관할하에 있는 것을 발견하고, 웨스턴 뉴기니(오늘날 웨스트파푸아 지역)에 대한 네덜란드의 독점적 접근권을 선포함
1768년	프랑스 탐험가 루이 앙트안 드 부겐빌이 뉴기니 섬 동부의 부겐빌 섬을 방문한 뒤 '부겐빌'로 명명함
1770년	제임스 쿡 선장이 토레스 해협을 방문함
1873년	영국 탐험가 모르즈비가 뉴기니 섬을 대영제국 관할로 선포하고 수도 이름을 포트모르즈비로 결정함
1884년	영국에서 뉴기니 섬 남동부 지역(파푸아 지역)을 영국 보호령으로 지정하자 독일도 뉴기니 섬 북동부(뉴기니 지역)를 독일 부속령으로 선포함
1892년	네덜란드령 웨스턴 뉴기니와 영국령 남동부 뉴기니 사이의 경계선이 동경 141도 지점으로 정해짐
1906년	호주가 영국령 뉴기니에 대한 행정통치를 시작함
1914년	제1차 세계대전 중 호주군이 독일군을 제압하고 독일령 뉴기니를 7년간 통치함
1942년	제2차 세계대전 중 일본군이 뉴기니 섬 북동부 연안을 점령하고 파푸아 및 뉴기니 지역을 차지함
1946년	유엔에서 뉴기니 섬 동부(파푸아 및 뉴기니)에 대한 신탁통치권을 호주에 넘김. 이때부터 이 지역이 '파푸아 및 뉴기니'로 명명됨

시기	개요
1963년	유엔에서 뉴기니 섬 서부(웨스트파푸아)에 대한 통치권을 인도네시아에 부여. 인도네시아는 이 지역을 '이리안 자야'라는 명칭으로 바꿈
1975년	9월 16일, 파푸아뉴기니 독립. 초대 수상으로 마이클 소마레가 취임함
1977년	독립 이후 최초의 의회투표가 실시됨
1989년	팡구나(Panguna) 광산으로 인한 환경파괴, 불평등한 수익분배 등으로 부겐빌 혁명군(BRA) 창설, 파푸아뉴기니 정부와의 긴 유혈충돌 시작. 이 해 부겐빌 섬은 파푸아뉴기니로부터의 독립을 선포('부겐빌공화국' 선언)함
2001년	부겐빌 평화협정 체결. 10~15년 내에 부겐빌 섬의 향후 정치적 향방을 결정하기 위한 국민투표 실시를 약속함
2011년	피터 오닐(Peter O'Neill)을 새 수상으로 선출함
2012년	피터 오닐 수상이 이끄는 제9대 내각이 구성됨

파푸아뉴기니 전통가면 (Pixabay.Com)

1. 역사[269) 270) 271) 272) 273) 274) 275) 276)]

초기 역사[277)]

고고학 증거에 따르면 파푸아뉴기니에 처음 인간이 도착한 것은 최소한 5만 년 전이다. 초기 정착민들은 해수면이 낮았고 섬 사이의 거리가 가까워진 빙하시대에 동남아시아 지역에서 이주한 것으로 추정된다.[278)] 이들은 아시아에서 인도네시아를 거쳐 북쪽 해안지역에 정착했는데, 주로 수렵 및 채취에 종사한 것으로 보인다. 또 식량 채취를 위해 숲을 가꾼 흔적도 남아 있다. 최근의 고고학 연구에 따르면 5만 년 전의 초기 정착민들은 연안지역뿐 아니라, 해발고도 2,000m 이상의 중부 고지대에도 거주했던 것으로 추정된다. 한편, 메소포타미아와 이집트에서 농경이 시작된 것과 거의 비슷한 시기인 기원전 8000~6500년경에 조성된 농경지 유적도 있다. 중앙 산악지방의 쿡(Kuk) 지역에서 발견된 이 농경지 유적은 유네스코 세계문화유산으로 지정되어 있으며, 인류가 거의 1만 년 이전부터 습지를 개간하고 농경지를 만든 흔적을

---

269) Wikipedia. History of Papua New Guinea. Accessed 18 September 2015. https://en.wikipedia.org/wiki/History_of_Papua_New_Guinea
270) Global Edge. Papua New Guinea - History Accessed 18 September 2015. http://globaledge.msu.edu/countries/papua-new-guinea/history
271) 원래 파푸아뉴기니는 '뉴기니'와 '파푸아' 지역으로 나뉘어 불리다가, 1946년에야 오늘날처럼 '파푸아뉴기니'라 합쳐서 부르게 되었다. 1946년 이전에는 현재의 웨스트파푸아 지역을 '네덜란드령 뉴기니', 파푸아뉴기니 북동부 지역을 '독일령 뉴기니', 남동부 지역을 '영국령 파푸아'라고 불렀다
272) Wikipedia. Papua New Guinea. Accessed 18 September 2015. https://en.wikipedia.org/wiki/Papua_New_Guinea#History
273) Wikipedia. New Guinea. Accessed 30 September 2015. https://en.wikipedia.org/wiki/New_Guinea#History
274) Soukup, Martin. Anthropology in Papua New Guinea: History and continuities. 2010. Antropologia Integra. 1(2): 45-54
275) Lonely Planet. Papua New Guinea - History. Accessed 18 September 2015. http://www.lonelyplanet.com/papua-new-guinea/history
276) Countries Quest. Papua New Guinea. history. Accessed 18 September 2015. http://www.countriesquest.com/oceania/papua_new_guinea/history.htm
277) Radio New Zeland. 8 - Papua New Guinea. Accessed 18 September 2015. http://www.radionz.co.nz/collections/u/new-flags-flying/nff-png/about-png
278) 자연 지리적으로는 파푸아뉴기니가 동남아시아가 아니라 호주대륙과 더 가깝다. 파푸아뉴기니는 6,000년 전까지 토레스 해협을 통해 호주와 한 대륙으로 이어져 있었고, 이런 이유로 현재 파푸아뉴기니에 존재하는 동식물군은 호주 대륙의 동식물군과 비슷한 것이 많다. 또한 인도네시아의 보르네오 섬과 술라웨시 섬 사이에 형성된 월리스 선(Wallace Line)은 깊은 수심 때문에 양쪽 지역의 생물상을 가르는 뚜렷한 장벽으로 남아있다. 월리스 선이란 자바섬 동부의 발리 섬과 롬복 섬 사이, 그리고 보르네오 섬과 술라웨시 섬 사이를 지나는 선. 영국의 박물학자 알프레드 러셀 월리스(Alfred Russel Wallace)가 발견한 것으로, 그는 말라카 제도의 생물상을 조사하여 1860년에 이 선을 경계로 동부와 서부의 동물상이 매우 다르다는 점에 착안하여 동부는 오스트레일리아구, 서부는 동양구에 속한다고 언급했다. 그러다 1868년에 토마스 헨리 헉슬리(Thomas H. Huxley)가 이 경계선을 월리스 선이라고 명명했다 (네이버 두산백과. 월리스 선. 생명과학대사전. 월리스 선. http://terms.naver.com/entry.nhn?cid=200000000&docId=1131478&mobile&categoryId=200000977; http://terms.naver.com/entry.nhn?cid=579&docId=438360&mobile&categoryId=579)

파푸아뉴기니인들의 시골생활 일상[281] [282] [283] [284] [285]

보여 준다. 이곳에서 사람들은 사탕수수, 바나나, 얌, 토란 등을 길렀다. 또 이스턴 하이랜드(Eastern Highland) 주에서는 작물 재배를 위해 대규모로 언덕을 개간한 흔적과 여러 종류의 석기 도구가 발견되었다. 이 도구들의 연대는 최소한 1만 년 전의 것으로 보이며, 당시 사람들이 숲에서 채취한 두 가지 주요 작물은 사고(Sago)[279]와 판다누스(Pandanus)열매였다.[280] 파푸아뉴기니 인구의 80% 정도가 지금도 자급자족적인 삶을 이어가고 있다.

---

279) 사고: 야자나무에서 나오는 쌀알 모양의 흰 전분(네이버 두산백과. 사고. http://terms.naver.com/entry.nhn?docId=1262598&cid=40942&categoryId=32114&mobile)
280) Wikipedia. Pandanus. https://en.wikipedia.org/wiki/Pandanus (열대성 상록 교목의 일종)
281) Countries Quest. The people of Papua New Guinea. way of life. Accessed 18 September 2015, tp://www.countriesquest.com/oceania/papua_new_guinea/the_people_of_papua_new_guinea/way_of_life.htm
282) Diversicare. 2006. Papua New Guinean culture profile. An Initiative of Community Partners Program. Accessed 18 September 2015. http://www.diversicare.com.au/upl_files/file_17.pdf
283) Diversicare. 2012. Papua New Guinean culture profile. An Initiative of HACC Multicultural Advisory Service. Accessed 18 September 2015. http://diversicare.com.au/wp-content/uploads/CulturalProfile_PNG.pdf
284) Jasons.Com. Village life in Papua New Guinea. Accessed 18 September 2015. http://www.jasons.com/papua-new-guinea/village-life-in-papua-new-guinea
285) Smaalders, Mark and Kinch, Jeff. 1995. Canoes, subsistence and conservation in the Louisiade Archipelago of Papua New Guinea. SPC Traditional Marine Resource Management and Knowledge Information Bulletin #15: 11-21. http://www.spc.int/DigitalLibrary/Doc/FAME/InfoBull/TRAD/15/TRAD15_11_Smaalders.pdf

해안 및 도서지방의 전통적 아웃트리거 카누
파푸아뉴기니 동부의 비스마르크 해 및 솔로몬 해에 거주하는 원주민들은 뛰어난 카누 항해자들이기도 했다

고대 국가나 왕조가 없었던 나라

유럽인들이 도착하기 전 파푸아뉴기니에서는 커다란 도시나 국가가 형성된 적이 없었다. 당연히 기록으로 남은 역사나 왕들의 연대기 등도 없으며 고대사나 중세도 존재하지 않는다. 파푸아뉴기니에서는 수많은 부족이 외부세계와 단절된 채 고립된 생활을 하면서 고유한 언어와 관습을 발전시켜 오늘에 이르렀다. 그래서 자신의 부족에 대해서는 무조건적인 소속감을, 외부 종족에 대해서는 배타적인 태도를 드러내기도 했고 이것이 심해지면 부족 간의 전쟁이 벌어지기도 했다. 그러나 이 부족들이 전부 고립되어 폐쇄적인 생활을 했던 것은 아니다. 다른 부족과의 무역은 아주 중요한 행위였고, 소금, 기름, 흑요석, 염료 등 다양한 물품이 파푸아뉴기니 전역에서 활발하게 거래되었다.

바다 건너 다른 지역과의 무역도 활발히 이루어졌는데, 심지어 파푸아뉴기니로부터 4,000km가 떨어진 피지에서 3,500년 전에 거래된 것으로 보이는 조각품과 도기가 발견되기도 했다. 이것이 파푸아뉴기니, 뉴칼레도니아, 바누아투, 피지 등 서태평양 일대에서 기원전 1500년경에 부흥한 라피타 도기문화(Lapita Culture)이다. 라피타 도기 유적지는 서태평양 곳곳에 흩어져 있으며, 놀랄 만큼 섬세하고 아름다운 문양으로 유명하다.

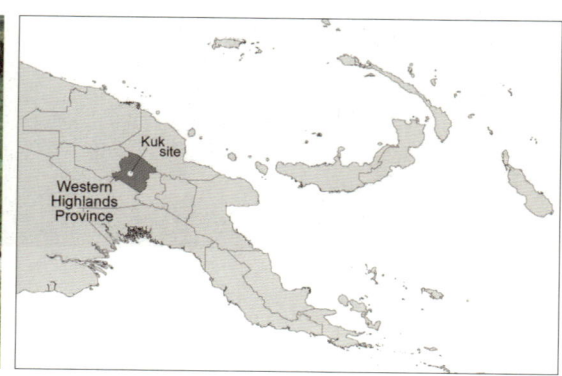

쿠크 초기 농경지(Kuk Early Agricultural Site)[286] 세계문화유산에 등재된 쿠크 초기 농경지는 파푸아뉴기니 중부 고산지역에 위치하며 약 6,500년 전, 식물채집에서 농경적 생활방식으로의 전환을 보여 주는 귀중한 유적지이다. 전 세계적으로 농경사회의 출현 및 변모를 보여 주는 몇 안 되는 고고학 유적에 속한다

---

286) UNESCO, Kuk early agricultural site, Accessed 18 September 2015, http://whc.unesco.org/en/list/887

유럽인들의 등장

파푸아뉴기니에 처음 도착한 유럽인들은 16세기 초 남태평양을 항해했던 포르투갈 및 스페인 탐험가들로 추정되는데 1526~1527년 사이, 포르투갈 탐험가인 호르헤 데 메네제스(Jorge de Menezes)가 우연히 파푸아뉴기니 본섬을 발견한 후 170년 동안 여러 탐험가가 파푸아뉴기니 인근의 섬과 연안을 지속적으로 방문했다. 그러나 19세기 후반까지도 파푸아뉴기니에 대해 알려진 것은 많지 않았다.

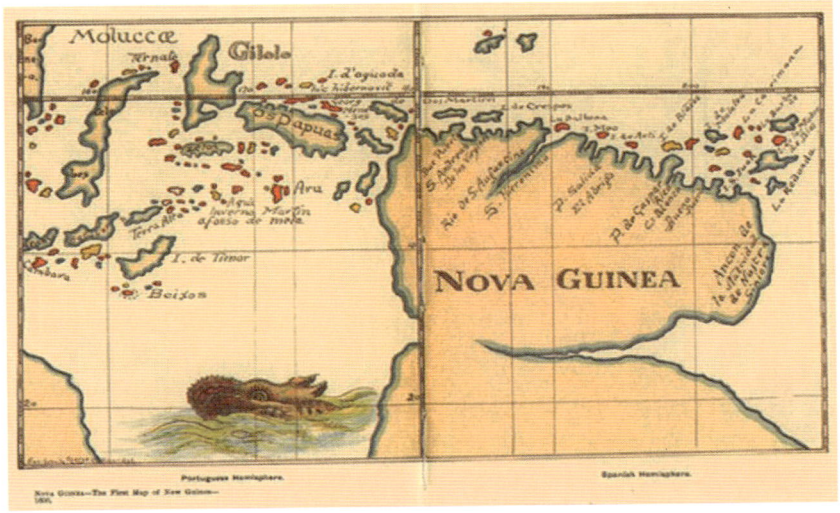

1600년대 파푸아뉴기니[287] 파푸아뉴기니를 그린 최초의 그림이다

서구의 식민통치 개요

16세기 이후 거의 200년간 서구 열강은 파푸아뉴기니에 큰 관심을 갖지 않았다. 예외적으로 동인도 제도(인도네시아)에서 큰 경제적 이익을 거둔

---

287) Sejara, Peta, 2004. The discovery of New Guinea. Originally from George Collingridge, The first discovery of Australia and New Guinea, William Brooks and Company, Sydney, 1906. Accessed 18 September 2015. http://www.papuaweb.org/gb/peta/sejarah/collingridge/nova-guinea-1600.jpg

네덜란드만 파푸아뉴기니에 유독 관심을 보였다. 그것은 동인도 제도를 다른 유럽 국가들로부터 보호하기 위한 자구책이기도 했다. 그러던 중 1824년 영국이 뉴기니 섬의 서쪽(지금의 웨스트파푸아) 절반에 대해 네덜란드의 영유권을 인정했다. 그 뒤 영국이 1884년 뉴기니 섬 남동부를 자국령으로 귀속시키자 독일 역시 재빨리 북부 해안에 자신들의 깃발을 꽂은 후 자국의 식민지로 선포했다. 1884년부터 본격적으로 시작된 식민지 쟁탈전 결과, 네덜란드가 뉴기니 섬의 서쪽 지역을, 영국이 섬의 남동부를, 독일이 북동부를 각각 차지했다. 이는 각각 오늘날의 웨스트파푸아, 파푸아뉴기니 남동부, 파푸아뉴기니 북동부에 해당한다. 제1차 세계대전 발발 후 독일령 뉴기니는 호주의 관할하에 들어갔고, 제2차 세계대전 시에는 파푸아뉴기니 북부 연안 및 도서지역이 일시적으로 일본군 점령 아래 놓였다.

그 뒤 1975년 뉴기니 섬의 동쪽 지역이 '파푸아뉴기니 독립국'으로 독립했다. 그러나 섬의 서쪽 지역은 네덜란드의 지배를 받다가 마침내 인도네시아 영토가 되었다. 네덜란드는 1949년 인도네시아와 네덜란드령 동인도를 인도네시아에 이양한다는 조항을 가진 헤이그협정(Hague Agreement)을 체결했지만, 1년 후 웨스트파푸아의 종족·문화적 특성이 인도네시아와 다르다는 점을 들어 웨스트파푸아 이양을 거절했다.

그 뒤 네덜란드는 1952년, 유엔헌장에 따라 웨스트파푸아인들의 자결권을 인정하고 웨스트파푸아의 독립을 보장하기로 약속했다. 그러나 결국 1962년에 웨스트파푸아는 유엔 동의하에 인도네시아령으로 편입되었다.

1884~1919년까지의 파푸아뉴기니[288] 19세기 후반부터 파푸아뉴기니의 서쪽 절반은 네덜란드가, 북동부는 독일이, 남동부는 영국이 지배했다. 제1차 세계대전 이후 뉴기니 섬의 관할권은 호주로 넘어갔다가, 그 뒤 동쪽 절반은 '파푸아뉴기니'로 독립하고 서쪽 절반은 인도네시아령(웨스트파푸아)이 되었다

뉴기니의 탄생

19세기 후반, 유럽에서 야자기름 수요가 늘어나면서 독일 함부르크에 본사를 둔 태평양 최대의 무역회사인 고데프로이(Godeffroy)사가 뉴기니에서 야자열매 무역을 시작했다. 1884년, 독일은 파푸아뉴기니 북동부 지역을 공식적으로 점령하고 그 지역의 관할권을 고데프로이사 측에 넘겼다. 1899년, 독일 황제는 이 지역에 대한 직할권을 선언했고 이를 독일령 뉴기니(German New Guinea)라 명명했다. 이 지역은 1914년, 다시 호주 군대가 점령하여 1921년까지 통치했다.

독일 지배 당시의 독일령 뉴기니 국기[289]

한편 현재의 웨스트파푸아 지역은 과거 '네덜란드령 뉴기니'로 불린 곳이다. 1660년 네덜란드는 당시 네덜란드령이었던 인도네시아가 뉴기니 지역을 지배하고 있다는 것을 확인했다. 이에 법적으로 뉴기니 지역도 네덜란드의 관할하에 들어가게 된다. 그러다가 1824년 영국과 네덜란드는 상호 합의를 통해 파푸아뉴기니의 서부 지역을 네덜란드령 동인도로 삼는 데 합의했다. 그 후 영국과 독일은 1885년과 1895년의 조약을 통해 파푸아뉴기니 서부 지역에 대한 네덜란드의 지배에 합의했다.

---

288) Wikimedia Commons, New Guinea 1884~1919 with contested boundary, Accessed 18 September 2015, https://commons.wikimedia.org/wiki/File:New_Guinea_1884-1919_w_contested_boundary.png
289) Wikipedia, German New Guinea, Accessed 18 September 2015, https://en.wikipedia.org/wiki/German_New_Guinea

코프라 만들기[290]

지역 전통옷[291]

파푸아의 탄생

1884년 11월 6일 영국은 뉴기니 남부 지역(오늘날의 파푸아뉴기니 남쪽 지역)과 인근 섬들을 자국의 보호령으로 지정했다. 보호령의 명칭은 브리티시 뉴기니(British New Guinea)로 하였고, 1888년 9월 4일 영국의 부속령이 시행되었다. 1902년부터는 이 지역을 호주 연방이 지배하기로 했고, 1905년에는

---

290) Jane's Ocean Home Page. Papua New Guinea. Visit Part 8. Accessed 18 September 2015, http://www.janesoceania.com/png_visit7/index.htm
291) Jane's Ocean HomePage. Papua New Guinea. Accessed 18 September 2015, http://www.janeresture.com/png_art/index.htm

'파푸아 법'을 제정해 이 지역의 공식명칭을 '파푸아 준주(Territory of Papua)'로 변경했다. 호주는 1906년부터 공식 행정 통치를 시작했으며, 1941년 12월 일본군이 파푸아뉴기니를 침공할 때까지 통치했다. 그 뒤 1945년 일본의 항복 이후 파푸아 및 뉴기니 지역의 행정 시스템이 복구되었으며, 1946년 파푸아와 뉴기니가 하나로 통합되어 지금의 파푸아뉴기니가 되었다.

제2차 세계대전

제1차 세계대전이 발발하자마자 호주군은 즉각 뉴브리튼 섬의 라바울에 있던 독일군 본부를 공격하여 함락시켰다. 그 뒤 7년 동안 독일령 뉴기니는 호주군이 점령했고 1920년에는 호주 정부에 인계되었다. 제2차 세계대전 발발 후, 뉴기니 섬 대부분은 일본군에 점령당했다. 네덜란드령이던 웨스트파푸아 지역과 호주가 지배했던 북동부 지역은 대부분 함락되었지만, 영국이 지배하던 남동부의 '파푸아 지역'만은 거의 무사했다. 이는 파푸아 지역이 남쪽에 있고, 험준한 오웬 스탠리 산맥이 병력의 육로이동을 매우 어렵게 했기 때문이다.

1942년 뉴브리튼 섬의 라바울에서 일본군과 호주군의 대대적인 전투가 벌어졌다. 일본군은 라바울을 함락시키고 군사기지를 설치한 뒤, 뉴기니 섬의 수도였던 포트모르즈비와 호주 북부 해안까지 공격했다. 그 뒤 재차 반격에 나선 호주군은 수도지역을 1942년에 탈환했고, 유명한 코코다 트랙(Kokoda Track) 전투에서 일본군을 대패시켰다. 그러나 본토 북부지방을 비롯해 북쪽 섬들은 1945년 일본의 항복선언 때까지 일본군의 지배하에 있었다.

제2차 세계대전 후

제2차 세계대전이 끝나고 1949년의 파푸아 및 뉴기니 법(The Papua and New Guinea Act)에 따라 뉴기니 섬은 국제적 신탁통치를 받게 되었으며, 뉴기니와 파푸아를 합쳐 '파푸아 및 뉴기니(Papua & New Guinea)'로 불리게 되었다. 그와 동시에 입법 심의회, 사법부, 공공 서비스 및 지방 정부 시스템도 갖추어졌다. 1963년에는 입법 심의회가 의회로 대체되고, 1964년 6월 8일에 의회가 개원하고 1972년 다시 국가의 공식 명칭이 '파푸아뉴기니'로 수정되었다. 1972년 치러진

1941-1945년 사이의 태평양[292] 붉은색 선은 일본군의 최대 점령지역. 일본이 아시아를 비롯해 태평양에 이르기까지 광범위한 지역을 지배하고 있었음을 보여 준다. 파란 화살선들은 아군의 공격진로를 나타낸다

---

292) The Map Database. Pacific Theater – World War II, Original source from University of Texas-Perry-Castaneda Library Map Collection – World War II Maps. Accessed 18 September 2015, http://www.themapdatabase.com/category/wars/world-war-ii/

코코다 트랙 전투 (Kokoda Track Campaign)란?[293) 294) 295) 296)]

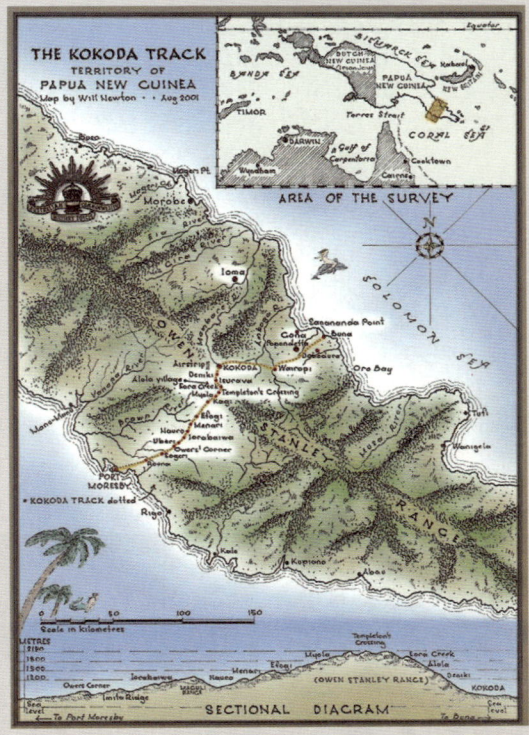

코코다 트랙.
파푸아뉴기니 동부의 험준한 오웬 스탠리 산맥에 있는 약 100km의 산길이다. 여기서 제2차 세계대전 시 일본군과 연합군 사이의 가장 중요한 전투 중 하나가 벌어졌다

---

293) World War II (Pacific) 1939~1945. Accessed 18 September 2015. http://rememberance2010.indev.com.au/media/21/World-War-II-Pacific/69/Kokoda-Trail
294) The Peace Generation. Unready for war. Accessed 18 September 2015. http://www.couriermail.com.au/extras/ww2/unready.htm
295) Kokoda Trail Expeditions – Safe heritage adventure. Accessed 18 September 2015. http://www.kokodatrailexpeditions.com.au/new/
296) Kokoda Track Memorial Walkway. Map of the Kokoda track. Accessed 18 September 2015. http://www.kokodawalkway.com.au/map-of-the-kokoda-track

제2차 세계대전 시, 태평양에서 가장 중요한 전투 중 하나가 파푸아뉴기니 동부의 오웬 스탠리 산맥을 가로지르는 코코다 트랙이라는 산길에서 벌어졌다. 코코아 트랙은 파푸아뉴기니의 수도 포트모르즈비에서 오웬 스탠리 산맥을 가로질러 북부 연안의 고나(Gona)까지 이어지는 약 100km 정도의 험난한 산길이다. 1942년 7월 21일, 파푸아뉴기니 북부 연안의 고나에 상륙한 1만 3천여 명의 일본군은, 연합군(호주군)의 거점이었던 포트모르즈비를 탈환하기 위해 도보로 오웬 스탠리 산맥을 넘어 포트모르즈비로 진군한다는 허를 찌르는 계획을 발표한다. 그러나 이 기밀작전이 호주군의 귀에 들어가고, 이번에는 호주군이 오웬 스탠리 산맥 남부에서 북쪽으로 험준한 산길을 뚫으며 전진하기 시작한다. 그 뒤 4개월에 걸쳐 코코다 트랙의 여러 지점에서 전투가 벌어지고, 결국 일본군이 대패하고 다시 고나로 후퇴하게 된다.

호주 측에서는 약 600여 명의 사망자, 1,000명 정도의 부상자가 발생했고 일본 측에서는 최소한 5,000명 이상의 사망자가 발생한 것으로 추정된다. 이 전투는 태평양 지역에서 승승장구하던 일본군의 기선을 제압하는 시초가 되면서, 동시에 호주의 국가 정체성 확립에도 큰 도움을 준 중요한 전투로 평가된다. 코코다 트랙 전투는 터키에서 치러진 갈리폴리 전투와 함께, 호주인들이 가장 자랑스러워하는 역사적 사건이다. 현재 코코다 트랙은 유명한 트레킹 코스로 개발되어 많은 관광객이 찾고 있다.

코코다 트랙 전투 시 호주군 모습

선거에서 정부의 각 부처가 생겼으며, 수석장관인 마이클 소마레가 자치정부 구성 및 차후 독립을 건의하였다. 1973년 12월부터 파푸아뉴기니는 자치정부가 되었고, 1975년 9월 16일 비로소 독립국이 되었다.

독립

파푸아뉴기니의 독립 논의는 1960년대 들어 본격적으로 진행되었다. 1964년에 64명을 정족수로 하는 입법부가 구성되었다. 그중 44명은 공개경쟁을 통해 선출되고, 20명은 식민정부에 의해 선발되었다. 이들 중 10명은 호주인으로 구성되었다. 1975년의 독립을 전제로 1973년에 자치정부가 설립되었고, 1975년 9월 16일 완전한 독립을 이루었다.

독립 이후

독립 이후 파푸아뉴기니 정권은 여러 차례 교체되며 혼란을 겪었다. 1977년 국민 선거에서 팡구(Pangu)당 출신의 마이클 소마레가 수상에 올랐다. 그러나 소마레 내각은 1980년 불신임 투표로 인해 실각하고 줄리어스 챈을 수상으로 하는 내각이 들어섰다. 하지만 1982년 선거에서는 다시 팡구당이 선전함으로써 소마레가 다시 수상이 되었으나, 1985년에는 또다시 소마레 정부가 실각하고 파이아스 윙티(Paias Wingti)를 수상으로 하는 내각이 꾸려졌다. 1987년 치러진 선거에서도 윙티의 당이 승리하지만, 1988년 불신임투표로 윙티가 실각하고 다시 소마레 대신 팡구당의 의장이 된 라비 나말리우(Rabbie Namaliu)가 수상이 된다. 1992년에는 윙티가 재차 수상으로 선출되지만, 1994년에는 줄리어스 챈(Julius Chan), 1997년에는 빌 스케이트(Bill Skate)가 수상이 되었고, 1999년에는 메케레 모라우타(Mekere Morauta)가 수상 자리에 오른다. 놀랍게도 소마레는 2002년에 세 번째로 수상직에 올랐다. 소마레는 2007년 선거에서도 자신의 국민연합당을 승리로 이끌어 수상직을 유지한 바 있어, 파푸아뉴기니 역대 최장 수상이었다. 사실, 소마레 정부는 독립 이후 5년 임기를 완수한 첫 번째 내각이었다. 그러나 2011년 8월에는 소마레 수상의 오랜 투병으로 수상직 수행이 불가능하자 피터 오닐이 수상으로 선출되었다. 그해 12월 12일, 대법원은 오닐 수상의 선출이 위헌이라는 판결을 내리고 소마레가 수상임을 천명했지만, 같은 날 의회에서는 소마레를 의회 의원에서 제외시키고, 오닐을 수상으로 복귀시키는 일이 벌어진다. 결국 소마레는 물러났고, 피터 오닐은 지금의 수상이 되었다.

현대 파푸아뉴기니의 비극적 역사, 웨스트파푸아와 부겐빌 자치주[297) 298) 299) 300) 301)]

1) 웨스트파푸아 문제[302) 303) 304) 305) 306) 307) 308)]

웨스트파푸아는 뉴기니 섬의 서쪽 지역으로 현재 인도네시아에 속해 있다(인도네시아 명칭은 이리안 자야). 웨스트파푸아의 인구는 대략 300만으로, 대부분 파푸아뉴기니인, 멜라네시아인, 오스트로네시아인으로 구성되어 있다. 지형은 거의 빽빽한 열대우림이며, 파푸아뉴기니와 비슷하게 많은

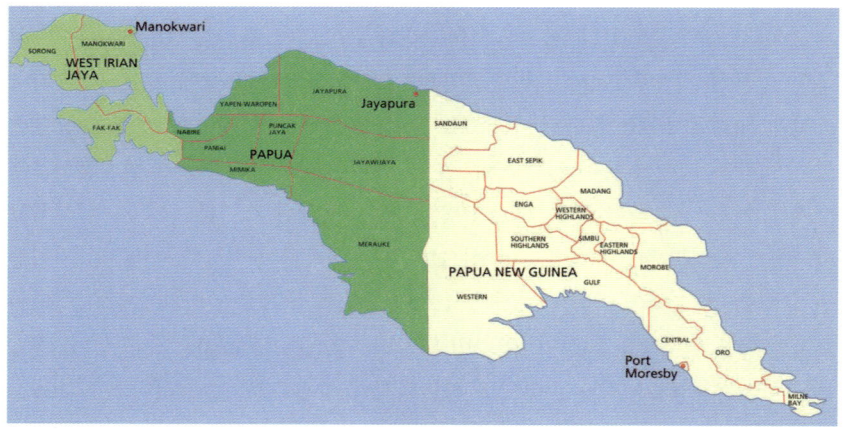

웨스트파푸아 지도
웨스트파푸아는 뉴기니 섬의 서쪽 절반을 차지하는 지역으로, 현재 인도네시아령이다

---

297) Wikipedia. Papua conflict. Accessed 10 August 2015. https://en.wikipedia.org/wiki/Papua_conflict
298) Wikipedia. West New Guinea dispute. Accessed 10 August 2015. https://en.wikipedia.org/wiki/West_New_Guinea_dispute
299) Celerier, Philippe Pataud. 2010. Autonomy isn't independence: Indonesian democracy stops in Papua. Le Monde Diplomatique. Accessed 10 August 2015. http://mondediplo.com/2010/06/14indonesia
300) Human Rights Watch. 2001. Violence and Political Impasse in Papua 13(2C). July 2001. Accessed 10 August 2015. http://www.hrw.org/reports/2001/papua/PAPUA0701.pdf#
301) The Sukarno Years. Snapshots from Indoensian history. Depicting the first period of Indonesian independence the Sukarno years 1945~1967. Accessed 10 August 2015. http://www.sukarnoyears.com/420dutchrelations.htm

전통부족들이 숲이나 연안지역에 살고 있다. 웨스트파푸아에서 가장 널리 쓰이는 언어(공식 언어)는 인도네시아어이며, 웨스트파푸아의 부족언어들은 역시 파푸아뉴기니처럼 아주 다양하여 200~700개 정도로 추산된다. 웨스트파푸아의 주요 종교는 전통적인 풍습 및 미신과 결합되어 있는 기독교이며, 그 다음이 이슬람교이다. 웨스트파푸아의 주요 산업은 농업, 어업, 야자유 생산, 광업 등이다. 웨스트파푸아에 사람이 거주하기 시작한 것은 대략 4만2천~4만8천년 전으로 추정된다.

19세기에 네덜란드가 이 지역에 대한 지배권을 주장하고 선교활동을 펼치기 시작했고, 1960년대에 강제적인 국제사회의 합의에 의해 인도네시아의 부속령이 된다. 1945년 인도네시아가 네덜란드로부터 독립했을 때, 당시 인도네시아 대통령인 아흐메드 수카르노는 자유민주주의 노선을 따르려고 했다. 그는 인도네시아 군부와 공산당 노선을 절충하려 했지만, 결국 이는 실패로 돌아가고 만다. 그 과정에서 약 50만명의 사회주의 노선 지지자들이 죽었다. 그 뒤 수하르토 장군이 실권을 잡았으며 인도네시아는 군사력을 이용하여 웨스트파푸아를 점거하였다. 1963년 유엔은 이 지역을 네덜란드령에서 인도네시아령으로 이양한다. 이때 유엔은 웨스트파푸아인들이 인도네시아에 병합에 대한 선택을 할 수 있다는 조항(Act of Free Choice)을 명시하면서 독립투표를 실시했지만, 결국 자유선택은 우스운 해프닝으로 끝나고 만다.

---

302) Schluter, Andreas. 2013. Neocolonialism & the forgotten struggle of West Papua. Keth Jackson & Fridends. http://asopa.typepad.com/asopa_people/2013/01/neocolonialism-the-forgotten-struggle-of-west-papua.html#more
303) Unrepresented Nations and Peoples Organization. 2013. "West Papua: Nobel Prize Desmond Tutu calls on UN to act". Unrepresented Nations and Peoples Organization. Accessed 15 May 2013. http://www.unpo.org/article/435
304) Historycommons.org. 2002. "Free Papua Movement". Accessed 10 August 2015. http://www.historycommons.org/entity.jsp?entity=free_papua_movement_1
305) 이상희. 「또 하나의 동티모르」: 웨스트파푸아」, 「민주사회를 위한 변론」, 2006. 3~4월호. Accessed 10 August 2015. http://cafe453.daum.net/_c21_/bbs_search_read?grpid=1BNHR&fldid=9oEf&datanum=35&openArticle=true&docid=1BNHR9oEf3520101017163153
306) Asian Human Rights Commission. 2009. Indonesia: The killing of a Papuan at a demonstration remains unpunished. Accessed 10 August 2015. http://www.humanrights.asia/news/urgent-appeals/AHRC-UAC-152-2009
307) West Papua Review. 2009. Violence in West Papua (Reuters). Accessed 10 August 2015. https://westpapuareview.wordpress.com/2009/04/11/violence-in-west-papua/
308) ETAN.org. 2011. West Papua Report. Accessed 10 August 2015. http://etan.org/issues/wpapua/2011/1111wpap.htm

1969년 인도네시아 군부에서 자체적으로 선출한 1,022명의 투표단은 만장일치로 인도네시아의 웨스트파푸아 지배를 찬성했다. 그 사이 웨스트파푸아의 풍부한 광물자원을 채굴하며 인도네시아는 이를 국가 부채를 갚는 데 활용했다. 후에 인도네시아의 통치를 거부하는 웨스트파푸아 독립운동이 여러 번 벌어졌지만, 인도네시아 군부는 이를 용납하지 않았다. 한편 인도네시아-웨스트파푸아의 갈등에는 인종적 요소도 있는데, 웨스트파푸아인은 대부분 멜라네시안 계통으로 인도네시아 지역의 자바인과는 인종이 달라서 자바인들은 멜라네시아인을 차별하는 편이다.

최근에는 아프리카 국가들이 웨스트파푸아에 동정적 시선을 보내고 있고, 태평양에서는 특히 바누아투가 멜라네시아 선진그룹(MSG)의 옵서버 멤버로 웨스트파푸아를 인정하는 등, 웨스트파푸아를 적극 지지하고 있다. 웨스트파푸아 지역은 2003년 이전에는 파푸아 주와 웨스트파푸아 주, 2개의 행정구역으로 나누어져 있었으나 2003년에 단일한 '웨스트파푸아 주'로 지정되었다.

2) 부겐빌 자치주 문제[309] [310] [311] [312] [313] [314] [315] [316] [317] [318]

부겐빌 섬은 지리적·문화적으로 파푸아뉴기니보다는 솔로몬 군도의 일부이며, 풍부한 광물자원을 보유한 섬이다. 부겐빌 섬의 광물자원은 1964년에 처음 탐사되었는데, 영국계 호주 기업인 리오틴토 아연(Rio Tinto Zinc) 산하, CRA 탐사(CRA Exploration)회사에서 부겐빌 섬의 팡구나 지역에 최초로 시추작업을 실시했다. 1969년, 리오 틴토-아연의 자회사로 설립된 부겐빌 구리회사(Bougainville Copper Ltd., BCL)가 팡구나 광산을 열었다. 부겐빌 섬 주민들은 식민정부 상황하에서 호주 정부가 팡구나 광산을 독점하는 데 반감을 갖기 시작했다. 이 광산은 당시 파푸아뉴기니 수출 소득의 40% 이상을 담당하기도 했다. 그러나 이 정도의 수익창출에도 불구하고 부겐빌 주민들은 얻는 게 없었고, 대신 환경파괴, 주민들의 강제이주, 관습적 토지 훼손 등 잃는 것이 많았다. 광산에서 배출된 중금속인 구리, 납, 수은, 비소 등이 하천 생태계를 파괴하고, 동식물은 물론 사람이 먹을 식수원도 파괴하였다.

당시 호주의 외국령 장관(External Territories Minister)인 찰스 반즈(Charles Barnes)는 팡구나 광산에서 얻은 수입을 통해 부겐빌 주민들이 "아무것도 얻지 못할 것"이라는 발언으로 빈축을 샀다. 당시 광산 수익 분배문제가 호주 대법원에서 논의되었으나, 호주 정부는 현 호주연방법 하에서는 부겐빌 주민들에게 어떤 보상도 해 줄 수 없다는 결정을 내렸다. 파푸아뉴기니의 지위가 호주 외국령(external territory)이었던 탓에, 호주 본토와는 다른 법률을 적용받았기 때문이다.

1972년, 부겐빌 섬에는 어느 정도의 자치권이 주어졌지만 여전히 파푸아뉴기니와의 긴장관계는 계속되었다. 그러다 1972년 12월, 부겐빌 섬의 두 고위공직자가 파푸아뉴기니 산악지방에서 살해되었다. 이는 부겐빌 섬과 본토의 관계를 크게 악화시켰다. 부겐빌 섬 주민들은 분개했고 이는 독립을 위한 결속력을 다지는 계기가 되었다. 그 결과, 파푸아뉴기니 정부와 부겐빌 섬의 미래를 논의하기 위한 부겐빌 특별정치위원회(Bougainville Special Political Committee, BSPC)가 조직되었다. 1974년에 이 특별위원회는 파푸아뉴기니 의회와 협상 끝에 더 큰 자치권을 부여받았지만, 위원회의 핵심 요구사항 중 하나였던 팡구나 광산의 수익을 부겐빌 주민들에게 배분해 달라는 요청은

---

309) Lasslett, Kristian. State terror and the Bougainville. http://www.statecrime.org/testimonyproject/bougainville
310) Wikipedia. History of Bougainville. Accessed 10 August 2015. http://en.wikipedia.org/wiki/History_of_Bougainville#Uprising
311) Hammond, Timothy G. 2012. Resolving hybrid conflicts: the Bougainville story. Foreign Policy Journal. Accessed 10 August 2015. http://www.foreignpolicyjournal.com/2012/12/22/resolving-hybrid-conflicts-the-bougainville-story/
312) Radio New Zeland. 2013. New Zeland looking to extend role of police in Bougainville. Accessed 10 August 2015. http://www.radionz.co.nz/international/programmes/datelinepacific/audio/2566636/new-zealand-looking-to-extend-role-of-police-in-bougainville
313) Capie, David. 2015. 'Peacekeeping – Bougainville and East Timor', Te Ara – The Encyclopedia of New Zealand, updated 26-Jan-15. Accessed 10 August 2015. http://www.TeAra.govt.nz/en/video/36092/bougainville-peace-talks
314) Radio New Zeland. 2015. Bougainville ready to talk mining with Rio Tinto. Accessed 10 August 2015. http://www.radionz.co.nz/international/pacific-news/275750/bougainville-ready-to-talk-mining-with-rio-tinto
315) Wikipedia. Autonomous region of Bougainville. Accessed 10 August 2015. http://en.wikipedia.org/wiki/Autonomous_Region_of_Bougainville
316) Kathoa, Tom. New dawn on Bougainville. Accessed 10 August 2015. http://bougainville.typepad.com/
317) O'Callaghan, Mary-Louise. 2002. The origin of the conflict – Weaving consensus: The Papua New Guinea-Bougainville peace process. Accord issue 12. Accessed 10 August 2015. http://www.c-r.org/accord-article/origins-conflict
318) Callick, Rowan. 2015. Rumbles from the jungle as Bougainville mine stirs. The Australian Business Review. Accessed 10 August 2015. http://www.theaustralian.com.au/business/mining-energy/rumbles-from-the-jungle-as-bougainville-mine-stirs/story-e6frg9df-1227300785803

받아들여지지 않았다. 그 뒤 파푸아뉴기니 정부는 1975년 5월, 특별위원회에서 제출한 보고서의 핵심 사항들을 전부 거절했다. 이후 두 단체 사이의 협상은 결렬됐다.

이러한 문제는 제2차 세계대전 이후 태평양에서 일어난 가장 격렬한 유혈사태로 알려진 부겐빌 사태로 급진전되었다. 부겐빌 사태란 부겐빌 주민들과 파푸아뉴기니 정부 사이의 사회적·군사적 갈등을 일컫는다. 이 내전은 1988~1997년까지 계속되고, 군인 외에도 살육, 기아, 질병 등으로 민간인 1만~1만 5천명이 사망하게 된다.

부겐빌 사태의 원인은 크게 두 가지이다. 하나는 부겐빌 섬에 위치한 팡구나광산의 수익분배 문제이고, 다른 하나는 부겐빌 주민들의 문화적, 인종적 특징이 파푸아뉴기니보다 솔로몬 군도의 주민들과 더 가깝다는 것 때문에 발생한다는 것이다. 즉, 부겐빌 섬 주민들이 파푸아뉴기니 주민들과 서로 다른 민족적 정체성을 갖고 있는 것도 또 하나의 이유이다.

부겐빌 자치주는 파푸아뉴기니의 섬들 중 가장 동쪽에 있어 솔로몬 군도와 가깝다. 이 섬에는 세계 최대의 노천광산 중 하나인 팡구나 광산이 있다. 2004년 호주 전략정책연구소에 따르면, 파푸아뉴기니의 부실한 정부정책으로 인해 해당 지역에 동남아시아에서 갱단이 유입되고 있다고 한다.

1997년 뉴질랜드가 파푸아뉴기니 정부와 부겐빌 자치주 사이의 최초 평화협상을 중재했다. 협상은 성공적이었고, 마침내 2001년에 부겐빌 평화협정이 비준되었으며, 부겐빌은 자치권을 획득하여 자치주로 거듭났다. 이 평화협정의 성공요인은 갈등해결 시 여성의 역할 강조, 전통적 거버넌스 시스템 인정, 복구 절차상의 책임 및 정의 강조, 엄격한 모니터링, 성급한 결과 도출보다는 회복 및 치유에 우선권 부여 등이었다. 이는 커뮤니티의 고유 전통과 관습을 존중한, 아래로부터의(bottom-up) 중재로 유사한 많은 내전과 갈등해결의 모범사례가 될 만하다고 평가된다. 첫 부겐빌 자치정부를 위한 선거가 2005년 5~6월에 실시되고, 조지프 카부이(Joseph Kabui)가 대통령으로 선출되었으나 3년 뒤인 2008년 6월에 사망하였다. 2005년 7월에는 부겐빌 혁명군을 이끌었던 프랜시스 오나(Francis Ona)도 지병으로 숨졌다. 부겐빌 자치주의 정치적 향방은 2015년 이후 독립 의향을 묻는 주민투표를 통해 최종 결정하게 된다.[319]

파푸아뉴기니 국회의사당 전경
(Transparency International, Papua New Guinea, Second Parliament Performance Report August 2013~August 2014. http://www.parliament.gov.pg/uploads/Second-Annual-Parliament-Performance-Report-Aug-2013-2014.pdf

---

319) 외교부. 주 파푸아뉴기니 대한민국 대사관. PNG정세 (부겐빌 자치지역 총선 결과). Accessed 10 Octber 2015. http://png.mofa.go.kr

2. 문화

파푸아뉴기니의 문화는 다양하고 복잡하다. 언급된 바와 같이 파푸아뉴기니는 세계에서 가장 다양한 인종적·문화적 구성을 보이는 나라 중 하나이다. 단일 국가로는 세계에서 가장 많은 고유 언어를 가지고 있으며, 풍습과 문화가 다른 1,000개 이상의 부족이 전국 각지에 흩어져 살아가고 있다. 이들은 자신들의 전통문화에 자부심을 가지고 있으며 각종 공예, 춤, 장식, 음악 등을 발전시켰다. 현재 파푸아뉴기니 인구의 약 80%는 여전히 부족 중심의 자급자족적 생활을 이어 가고 있다. 파푸아뉴기니는 멜라네시아 문화권에 속하며, 멜라네시아적 전통에 따라 개인보다는 씨족이나 마을 중심의 공동체적 원리가 강조된다. 전통 커뮤니티에서는 인간관계가 무엇보다 중요하다.

한편 파푸아뉴기니 사회의 기저에는 상호부조를 원칙으로 하는 지역 특유의 유대 및 협력 시스템으로, 파푸아뉴기니의 경제, 사회, 정치 등 전 분야에 영향을 끼치고 있는 앞에 언급한 '완톡'이라는 독특한 문화 시스템이 있다. 파푸아뉴기니로 진출하거나 효율적인 커뮤니케이션을 하기 위하여 완톡의 원리를 충분히 고려할 필요가 있다.

1) 언어의 다양성 [320] [321] [322]

현재 파푸아뉴기니의 공식 언어는 세 가지로, 영어, 톡 피진(Tok Pisin)어, 그리고 히리모투(Hiri Motu)어이다. 파푸아뉴기니는 세계에서 가장 많은 고유어를 보유한 국가로[323] 현재 약 800개 이상의 고유어가 있는 것으로 추산된다. 파푸아뉴기니 인구가 7백만 정도임을 감안하면, 이는 놀라운 언어적 다양성이라고 할 수 있다. 2012년 국가통계를 보면, 파푸아뉴기니의 문맹률은 약 40% 정도이다.

---

[320] Paliwala, Adam Blaxter. 2011. Tok Pisin and English in Papua New Guinea – The value of census data. Presentation from SPCL-2011-Accra
[321] Paliwala, Adam Blaxter. 2012. Language in Papua New Guinea: The value of census data, language & linguistics in Melanesia. Journal of the Linguistic Society of Papua New Guiena 30(1). Accessed 10 August 2015. http://www.langlxmelanesia.com/Adam%20Paliwala%20Vol.%2030%20No.%201.pdf
[322] The Basement Geographer. 2012. The facinating history of Tok Pisin & Hiri Motu. Keith Jackson & Friends: PNG Attitude. Accessed 10 August 2015. http://asopa.typepad.com/asopa_people/2012/07/the-fascinating-history-of-tok-pisin-hiri-motu.html

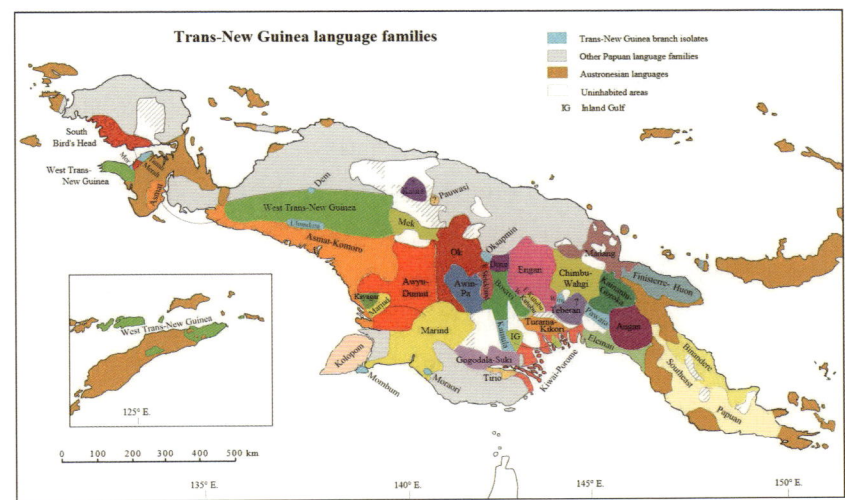

파푸아뉴기니의 다양한 언어군[324] 파푸아뉴기니는 세계에서 가장 많은 고유언어를 보유한 국가이다(약 830개)

공공분야 표준어 영어, 가장 많은 사람이 사용하는 파푸아뉴기니 국민언어 톡 피진어[325] 그리고 쇠퇴하고 있는 히리 모투어

영어는 국가적 차원에서 권장, 통용하는 표준어로, 현재 파푸아뉴기니 정부기관, 학교, 무역 거래 등에 활용되는 공식 언어이다. 제2차 세계대전 이후, 파푸아뉴기니

---

323) UNESCO의 자문기관이자 세계 언어다양성 보존 & 연구기관인 SIL International(http://www.sil.org/resources)에서는 정기적으로 "Ethnologue: Languages of the World(http://www.ethnologue.com/statistics/country)"를 발간한다. 2013년 판을 보면 현재 파푸아뉴기니에서 사용 중인 언어는 836개로 세계 1위이며, 2위가 인도네시아 707개, 3위가 나이지리아 529개로 집계되었다. 그 밖에 인구수 대비 고유언어 비율인 언어다양성 지수 역시 파푸아뉴기니가 0.988로 세계에서 가장 높다

324) Ross, Malcolm. 2005. "Pronouns as a preliminary diagnostic for grouping Papuan languages". In, Andrew Pawley et al. eds, Papuan pasts: Cultural, linguistic and biological histories of Papuan—speaking peoples. Canberra: Pacific Linguistics. pp. 15-66. Accessed 10 August 2015. http://www.ibrarian.net/navon/paper/Pronouns_as_a_preliminary_diagnostic_for_grouping.pdf?paperid=1402984

325) 톡 피진(Tok Pisin)어와 히리 모투(Hiri Motu)어는 모두 피진어(Pidgin)이다. 피진어는 그 자체로 특정 집단에서 자생한 모국어가 아니라, 외부인과 현지인 사이의 의사소통에 의해 형성된 혼성어이다. 이는 유럽인들의 지리상 발견 이후에 생겨난 언어로, 서유럽 언어를 기반으로 하며 단순화된 문법과 적은 어휘 수가 특징이다. 유명한 피진어로는 중국 피진영어, 아이티 피진 프랑스어, 멜라네시아 피진영어 등이 있다. 피진어가 한 민족의 모국어로 정착되면 그때부터는 '크리올어'라고 부른다. 파푸아뉴기니의 톡 피진어는 피진어가 크리올어가 된 좋은 사례라고 할 수 있다. 한편 히리 모투어는 파푸아뉴기니 전역에서 광범위하게 쓰이지 않을 뿐더러, 점점 사용이 줄어들고 있어 크리올어로 승격되지 못하고 여전히 피진어로 남아 있다.(The Basement Geographer. 2012. The facinating history of Tok Pisin & Hiri Motu. Keith Jackson & Friends: PNG Attitude. Accessed 10 August 2015. http://asopa.typepad.com/asopa_people/2012/07/the-fascinating-history-of-tok-pisin-hiri-motu.html)

정부는 영어교육에 상당한 노력을 기울이고 있다. 또한 정부의 공식문서는 대부분 영어로 작성되고 있다. 그러나 영어를 유창하게 활용할 수 있는 파푸아뉴기니인은 총인구의 5% 정도이다. 이는 일반적인 파푸아뉴기니인들이 영어보다 톡 피진어나 히리 모투어 같은 혼성된 토착어를 더 선호하기 때문이라고 할 수 있다.

영어만큼, 또는 영어보다 더 중요한 톡 피진어라는 독특한 언어는 파푸아뉴기니식으로 토착화된 외래 언어라 할 수 있는데, 파푸아뉴기니 북부에서 퍼져 나가 현재 파푸아뉴기니 주민의 절반 이상이 사용하고 있다. 톡 피진어는 현재 파푸아뉴기니에서 가장 널리 쓰이는 언어다. '톡 피진'이라는 명칭은 영어의 'talk'와 'pidgin'에서 왔는데, 'pidgin'은 영어단어 'business'가 변해서 된 것으로, 과거에 중국인들이 비즈니스를 중국식으로 '피진'이라고 읽었던 데서 유래한다. 피진어는 서유럽 언어를 기반으로 해서 생겨난 혼성어를 일컫는다.

피진어는 19세기, 호주 및 사모아의 독일농장에서 일하던 파푸아뉴기니 노동자들에 의해 만들어졌다. 파푸아뉴기니 전역에서 모여든 노동자들은 서로 출신 배경과 언어가 달랐다. 그래서 백인 고용주들과는 물론, 자신들끼리도 의사소통 할 방법이 없었다. 그래서 이들은 백인 무역상에게 주워들은 간단한 영어단어를 그들 식의 문법에 맞춰 사용하기 시작했다. 이것이 톡 피진어의 기원이다. 그 뒤 톡 피진어는 다양한 언어권의 어휘들을 필요에 따라 흡수하면서 발전했고, 결국 노동자들 사이에서 하나의 표준화된 공용어가 되었다. 노동자들은 고향으로 돌아간 뒤에도 톡 피진어를 계속 사용했고, 결국 이것이 파푸아뉴기니 전역으로 퍼져 공용어가 되었다.

현재 톡 피진어를 모국어로 사용하는 파푸아뉴기니인들은 약 1백만 명으로 추산되며, 톡 피진을 제 1외국어처럼 말할 수 있는 인구는 약 4백만 명이 된다. 파푸아뉴기니 전체 인구가 약 7백만 명으로 추산되므로 이는 상당한 숫자이다. 톡 피진어는 파푸아뉴기니 국외에서도 사용되며, 호주 방송인 라디오 오스트레일리아(Radio Australia)는 톡 피진어로 방영하는 자체 프로그램을 제공한다. 톡 피진어의 문법과 통사는 멜라네시아 언어를 기반으로 하며, 어휘는 대부분 영어에서 빌려왔다(80% 이상). 이 외에도 독일어, 스페인어, 말라에/인도네시아어, 파푸아뉴기니 고유어 등이 섞여 있다. 톡 피진어는 영어기반 사람들에게는 배우기가 어렵지 않으며, 흥미로운 것은 전치사가 단 2개뿐이라는 점이다. 톡 피진어의 전치사는 blong(혹은 bilong)과 long뿐으로, blong(혹은 bilong)은 영어의 of 혹은 for, long은 of와 for를 제외한 나머지 모든 의미의 전치사에 쓰인다.

톡 피진어는 그 문법이 단순하고 어휘가 적어 한때 '아기 영어(Baby English)' '망가진 영어(Broken English)'등으로 무시되기도 하였다. 그러나 톡 피진어는 현재 파푸아뉴기니에서 가장 광범위하게 사용되어, 다양한 문화를 가진 파푸아뉴기니 국민들을 하나로 묶어 주는 문화적 구심점 역할을 하는 언어라고 할 수 있다.

파푸아뉴기니의 세 번째 공식 언어는 히리 모투어이다. 이는 파푸아뉴기니 남부 연안에서 사용되던 모투(Motu)라는 토착어가 발전된 언어로, 역시 톡 피진어와 같은 피진어이다. 히리 모투어는 폴리스 모투어(Police Motu), 피진 모투어(Pidgin motu), 또는 히리어(Hiri)라고도 불린다. 히리 모투어의 유래는 톡 피진어만큼 분명하지 않고 논란도 많다. 그러나 히리 모투어 역시 유럽인들과의 접촉에서 생겨난 것만은 확실하다. 가장 유명한 설은 파푸아뉴기니 남동부에 살던 모투족(Motu tribe)이 주변의 다른 부족들과 의사소통을 하기 위해 단순화된 모투어를 쓰기 시작했는데, 이것이 히리 모투어의 기원이 되었다는 것이다. 여기서 '히리(Hiri)'는 과거 모투 족이 파푸아 만에서 다른 부족들과 진행하던 무역항해를 말한다.

한편, 다른 설은 다음과 같다. 20세기 들어 파푸아뉴기니 남동부 지역은 영국이 지배했다. 1890년대 파푸아뉴기니 남동부 지역에 처음 영국 경찰서가 설치되었는데, 모투족과 영국 경찰관들의 접촉에서 히리 모투어가 생겨났다는 것이다.

유래야 어떻든 파푸아뉴기니에 파견된 영국 관료들은 모투족과의 의사소통을 위해 모투족이 사용하던 히리 모투어를 쓰기 시작했다. 이 때문에 히리 모투어의 사용이 늘어났고 여기서 '폴리스 모투'라는 별명도 생겨났다. 즉, 영국경찰 및 관료들이 사용한 언어라는 뜻이다. 수도인 포트모르즈비의 영향으로, 히리 모투어는 파푸아뉴기니 남부 지역에서 널리 사용되는 공용어가 되었고, 1960년대에는 절정에 달해 톡 피진어보다 더 많이 쓰이기도 했다. 그러나 톡

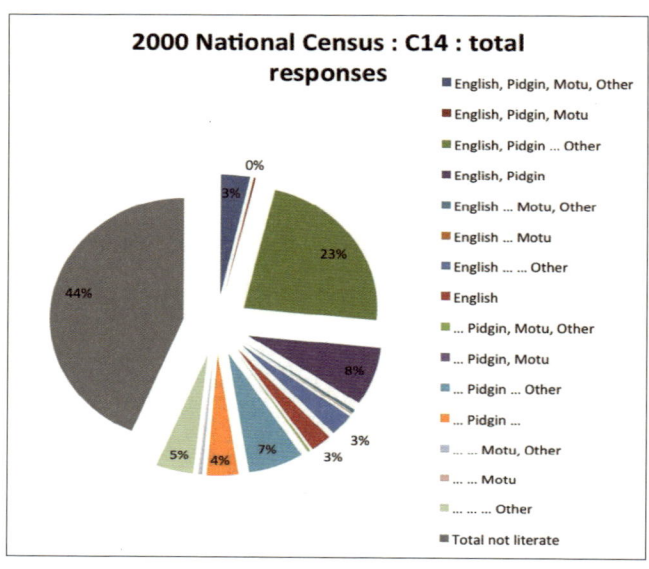

파푸아뉴기니의 언어별 사용비율(2000년 기준)
문맹자(44%)를 제외한 언어 사용자 중에서 영어·톡 피진어·토착어를 같이 쓸 줄 아는 이들이 가장 많고(23%), 그다음으로 영어·톡 피진어를 사용할 줄 아는 이들이 많다는 것(8%)을 알 수 있다

피진어처럼 국민 언어로 발전하지 못했고, 최근에는 급격하게 사용이 줄어들고 있다. 또 히리 모투어를 사용하는 이들도 전부 노인들이다. 심지어 모투 사람들조차 이 언어를 더 이상 쓰지 않는다. 현재 파푸아뉴기니 인구의 약 10% 정도가 히리 모투어를 사용할 수 있으며, 앞으로는 사용 인구가 더욱 줄어들 것으로 보인다.

세 가지 공식 언어 외에 각 지방에 따라 800개가 넘는 토착언어가 사용되고 있는데, 토착언어 중에는 특별히 지배적인 언어가 없어 언어권 간의 긴장이나 갈등은 거의 없다고 볼 수 있다. 따라서 현재 보통의 파푸아뉴기니인이라면 대략 세 가지 정도의 언어를 말할 수 있는 셈이다.

1) 출신 지방의 토착어
2) 톡 피진어 또는 히리 모투어
3) 영어

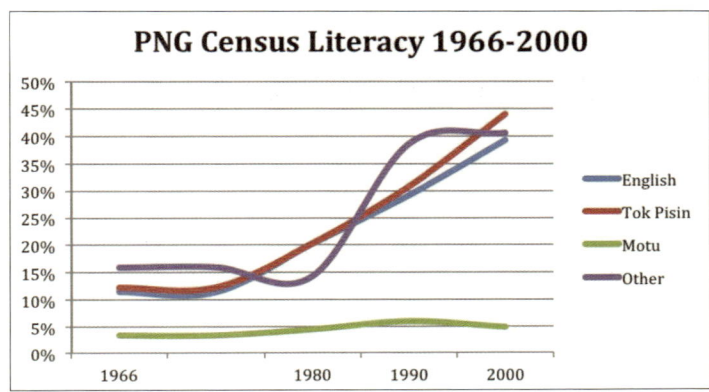

파푸아뉴기니의 식자율(Literacy Rate) 추이
파푸아뉴기니에서 가장 널리 활용되는 언어는 톡 피진어이다. 1980년 이후로 파푸아뉴기니 고유어의 사용도 급격하게 늘어나고 있다. 그러나 이는 특정한 하나의 언어가 아니라 약 800개 정도의 고유어 전체의 사용비율이다. 한편, 세 공용어 중 하나인 히리 모투어의 사용은 상대적으로 낮고 또 서서히 감소하고 있다

톡 피진어의 예(어휘)[326]

톡 피진어	의미	개요
라푼(lapun)	오래되다(old)	파푸아뉴기니 토착어
카물(kumul)	천상의 새(bird of paradise)	
무락(muruk)	화식조(cassowary)	
팔라이(palai)	도마뱀(lizard)	
키아우(kiau)	달걀(egg)	
비나탕(binatang)	벌레(insect)	말라에어
롬보(lombo)	고추(chilli)	
세이요르(sayor)	잎이 많은 채소(leafy vegetable)	
구미(gumi)	고무(rubber)	독일어
베텐(beten)	기도(pray)	
라우스(raus)	나가(get out!)	
브로스(bros)	가슴(chest)	
피키니니(pikinini)	어린이(child)	포르투갈어
사베(save)	알다(know)	

---

326) Siegel, Jeff. Tok Pisin. Language varieties. University of Hawaii. Accessed 10 August 2015. http://www.hawaii.edu/satocenter/langnet/definitions/tokpisin.html#vocab-hce

톡 피진어의 예(구문)[327) 328)]

한국어	톡 피진어
환영합니다.	웰캄 (Welkam)
안녕	구드/ 하이/ 하이(Gude / Hi / Hai)
어떻게 지내니? 괜찮아.	유 스탑 굿?(Yu stap gut?) 미 스탑 굿(Mi stap gut)
이름이 무엇입니까? 제 이름은……	후삿 넴 빌롱 유 (Husat nem bilong yu?) 넴 빌롱 미 애미 (Nem bilong mi emi …)
만나서 반갑습니다.	굿펠라 롱 벙김 유(Gutpela long bungim yu)
좋은 아침입니다.	모닝/ 모닝트루/ 모닝나우(Moning / Moning tru / Moning nau)
좋은 오후입니다.	아피눔(Apinum)
좋은 저녁입니다.	아피눔/ 굿 나잇(Apinum / Gut nait)
좋은 밤입니다.	굿 나잇(Gut nait)
안녕가세요/계세요	굿바이/ 루킴 유 이하인(Gutbai / Lukim yu bihain)
맛있게 드세요.	하마마스(Hamamas!)
이해해.	미 사베 톡 빌롱 유(Mi save tok bilong yu)
이해하지 못해.	미 노 하림 톡 빌롱 유(Mi no harim tok bilong yu)
모르겠어.	미 노 사베(Mi no save)
영어 할 줄 아세요?	유 사베 롱 톡 잉글리스 아?(Yu save long tok inglis, a?) 톡톡 롱 톡 잉글리스? (Toktok long tok inglis?)
톡 피진어 할 줄 아세요? 조금 합니다.	유 사베 롱 톡 피진!?(Yu save long Tok Pisin?) 톡톡 롱 톡 피진!?(Toktok long tok pisin?) 야 릭릭(Ya, liklik)
실례합니다.	스키우스(Skius)
얼마예요?	하마스 롱 디스펠라? 엠 하오 마스?(Hamas long dispela? Em hao mas?)
미안.	미 소리(Mi sori)
부탁드립니다.	플리스(Plis)
감사합니다. / 별말씀을요.	텐키우/ 텐키우 트루/ 텐키우 투마스(Tenkiu / Tenkiu tru / Tenkiu tumas) 노갓 삼팅(Nogat samting)
화장실은 어디인가요?	스몰하우스 아이 스탑 위?(Smolhaus i stap we?)
사랑합니다.	미 라빔 유(Mi lavim yu)
저리 개!	라림 미!(Larim mi!)
내버려 둬.	라림 미!(Larim mi!)
도와주세요! / 불이야! / 멈춰!	헬프(Help!) / 파이아(Paia!) / 홀림(Holim!)
즐거운 성탄절과 새해되세요.	빅펠라 하마마스 블롱 디스펠라 크리스마스 고 롱 유/ 메리 크리스마스 해피 뉴이아 ((Bikpela hamamas blong dispela Krismas go long yu / Meri Krismas Hepi Nu Yia)
즐거운 부활절!	해피 이스타(Hepi ista)
생일 축하해!	해피 베스데(Hepi berthde)

---

327) Omniglot, Useful phrases in Tok Pisin, Accessed 10 August 2015, http://www.omniglot.com/language/phrases/tokpisin.php
328) UniLang, Tok Pisin for beginners, Accessed 10 August 2015, http://www.unilang.org/course.php?res=80

히리 모투어의 예[329]

한국어	히리 모투어
잘 지내세요?(한 사람일 때)	Oi namo?
잘 지내세요?(여러명일 때)	Umui namo?
네, 전 잘 지내요.	Io, lau namo
네, 저희는 잘 지냅니다.	Io, ai namo
좋은 하루 보내세요.	Dina namona
좋은 아침입니다.	Daba namona
좋은 오후입니다.	Adorahi namona
좋은 저녁되세요.	Hanuaboi namona
안녕히 가세요.	Ba mahuta
네.	Io / Oibe
아니요.	Lasi
잘 모르겠습니다.	Sedira
물론입니다.	Momokani
조금만 기다려주세요.	Dohore
멈추세요.	Vadaeni
그렇게 될 겁니다.	Vadaeni
충분합니다.	Vadaeni
부탁입니다.	Mani / Mani emu kara / Pilisi
좋습니다.	Namo
아주 좋습니다.	Namo herea
감사합니다.	Tanikiu
누구?	Daika?
뭐?	Dahaka?
저 분은 누구십니까?	Unai be daika?
이것은 무엇입니까?	Inai be dahaka?
이것의 이름은 무엇입니까?	Inai gau ena ladana be dahaka?
저 소년의 이름은 무엇입니까?	Unai mero ena ladana be daika?
누구의 것입니까?	Daika ena?
몇 개?	Dida?
총 몇 개입니까?	Ibounai hida?
이 생선은 얼마입니까?	Inai gwarume ena davana hida?
어느 것?	Edena?
어느 것을 원합니까?	Oi ura edena? / Edena oi ura?
언제 그가 왔습니까?	Edena negai ia mai?
제가 어떻게 할까요?	Edena bamona lau karaia?
어디서?	Edeseni ai?
왜?	Badina dahaka?
댄스 공연은 어디서 하나요?	Mavaru gabuna be edeseni ai?
왜 그가 오지 않았습니까?	Badina dahaka ia mai lasi?

---

329) Chatterton, Percy, 2010. Say it in Motu, an instant introduction to the common language of Papua. Accessed 10 August 2015. http://exkiap.net/other/tok_pisin/Say_It_In_Motu.pdf

2) 전통문화[330) 331) 332)]

전통적 생활양식[333) 334) 335) 336) 337)]

씨족

전통적 파푸아뉴기니 사회의 핵심단위는 씨족인데, 씨족은 공통 조상을 가진 이들을 총칭하는 말이다. 씨족은 다시, 공통 조상보다 후대의 공통 조상을 공유하는 하위 씨족으로 나누어진다. 이 하위씨족은 다시 하위혈통, 또는 '가족'으로 나뉜다. 씨족 내의 인간관계와 유대는 극도로 끈끈하기 때문에, 한 씨족원의 요구사항, 소문 등은 모든 사람이 알게 된다. 파푸아뉴기니 전통 커뮤니티의 가족구조는 오늘날과 같은 핵가족이라기보다 확장된 가족, 더 나아가 일종의 '커뮤니티'에 가깝다. 그 예로 이들에게는 삼촌, 조카 같은 단어가 없고, 삼촌이나 조카는 '아버지' 또는 '형제'로 여겨진다. 중요한 결정 역시 가족이 내리는 게 아니라 커뮤니티가 내린다. 따라서 파푸아뉴기니에서는 개인 위 또는 뒤에 항상 커다란 가족적 커뮤니티가 있다는 사실을 염두에 두어야 한다.

대부분의 부족이나 마을에는 '빅맨'이라고 불리는 최고 지도자가 존재한다. 압도적 지식과 지혜를 가진 '빅맨'은 수평적 유대가 그 근간을 이루는 파푸아뉴기니 전통사회에서는 독특하리만치 수직적이며 마술적인 존재이다. 이

---

330) Wikipedia. Culture of Papua New Guinea. Accessed 10 August 2015. https://en.wikipedia.org/wiki/Culture_of_Papua_New_Guinea
331) Encyclopaedia Britannica. Papua New Guinea. Accessed 10 August 2015. http://www.britannica.com/place/Papua-New-Guinea
332) Diversicare, 2006, Papua New Guinean culture profile. An initiative of community partners program. Accessed 10 August 2015. http://www.diversicare.com.au/upl_files/file_17.pdf
333) Mundhenks's Ministry. Religion. Accessed 10 August 2015. http://mundhenks.org/index.php?option=com_content&task=view&id=20&Itemid=22
334) Countries and Their Cultures. Papua New Guinea. Accessed 10 August 2015. http://www.everyculture.com/No-Sa/Papua-New-Guinea.html
335) Trans Niugini Tours. Papua New Guinea Culture. Accessed 10 August 2015. http://www.pngtours.com/pngculture.html
336) Virtual Tourist. Local Traiditons and Culture in Papua New Guinea. Accessed 10 August 2015. http://www.virtualtourist.com/travel/Australia_and_Oceania/Papua_New_Guinea/Local_Customs-Papua_New_Guinea-MISC-BR-1.html
337) Jason.Com. Culture & People in Papua New Guinea. Accessed 10 August 2015. http://www.jasons.com/papua-new-guinea/culture-and-people-in-papua-new-guinea

전통적 리더는 지지자로 구성된 방대한 인적 네트워크를 보유하고 있다. 소위 말하는 '빅맨'은 근면하고 웅변에 능하며, 매력적·지적이고 관대하며 아내는 전통적으로는 1명 이상이다. 빅맨의 중요한 덕목 중 하나는 '아낌없이 주는 것'이며, 빅맨은 이러한 '증여'를 통하여 지지자들을 확보하고 자신의 권력을 유지시킨다.

결혼

파푸아뉴기니 전통사회에서는 개인이 결혼 파트너를 선택하는 경우는 드물다. 성인식을 치르고 나면 남자와 여자는 이성과 일정 기간 자유롭게 연애를 하는 시기를 갖는다. 파푸아뉴기니에서 최상의 결혼 상대는 매력적인 동시에 일을 열심히 하는 사람이다. 이때 족외혼이 필수이며, 보통 부모들은 자신의 딸이 부유하고 세력 있는 구혼자와 결혼하기를 원한다. 그래야 신랑 측에서 많은 액수의 신부대금[338]을 지불하고, 무역 및 전쟁에서도 훌륭한 아군이 되어 줄 수 있기 때문이다. 신부대금을 치르는 일은 신랑 측에서나 신부 측에서 상당히 중요한 의식이다. 반면, 부족의 뜻과 어긋나는 결혼을 원하는 여성의 경우,

---

338) 지방 및 인종에 따라 차이는 있지만 일반적으로 파푸아뉴기니에서는 결혼 풍습으로 신부대금을 치르는 것이 가장 큰 특징이라고 할 수 있다. 현금으로 약 5,000~6,000키나(약 2,500달러)를 지불하고 돼지 약 30마리를 건네는 것이다. 이런 대가가 신부 집안에 지불된다. 신부 집안은 이 돈과 물건을 받아서 이를 적절히 부족민에게 분배하게 된다. 결혼 행사는 신부 집의 문제일 뿐 아니라 그 집안 일가, 아니 부족 전체의 일인 셈이다. 신부 대금은 상당한 액수이기 때문에 신랑 측에서 한꺼번에 마련해 주는 것이 바람직하나 일부는 결혼 후에 천천히 갚아 나갈 수 있다. 일시불로 처리하면 신랑의 체면이 훨씬 더 설 수 있다. 신랑이 신부 집안에 그 돈을 다 치르지 못할 경우 그 위신이 깎이고 고개를 들기 어려울 뿐 아니라, 부인에게 큰 소리를 치기도 어려운 사정이 될 수 있다. 한편 신부는 신랑 집안으로 들어와 그 대가에 상응하는 일을 해야 하는 의무를 지게 된다. 주로 가사라고 볼 수 있는데 정원을 가꾸고 농사일을 하는 것부터 시작하여 아이를 기르고 밥을 짓는 일, 돼지를 사육하는 일 등을 하게 된다. 시고장에서는 신체 건강한 부인이 집에 들어와 새 식구로서의 역할을 톡톡히 하기를 기대하게 된다. 본전을 뽑으려고 하게 된다. 부인의 일하는 모습이 마음에 들지 않으면 가정에 분쟁이 생기고 종국적으로는 갈라서기도 한다. 또 하나의 특징은 과거의 유습이라고 할 수 있는 일부다처제를 여전히 시행하고 있는 지역이 있다는 사실이다. 대다수의 국민이 믿는 기독교의 영향과 생활비의 상승으로 인해 아주 부유한 사람을 제외하고는 일부다처제가 퇴조하고 있지는 하다. 뉴아일랜드주에서는 전통적으로 부와 권력의 징표로서 여러 부인을 두기도 하였다. 이 부인들은 각자가 맡은 역할을 통해 남편을 도움으로써 남편이 사회에서 존경을 받고 리더십을 발휘하도록 한다. 파푸아뉴기니에서는 집안의 중매를 통해서 결혼하게 되는 경우가 대다수이다. 집안 어른이 일 잘하고 성품이 좋은 신부를 선택하여 결혼식을 치르게 된다. 신부 대금을 치르고 결혼 잔치가 벌어진다. 또 당사자들이 어릴 때 약혼을 해 두었다가 나중에 성혼을 하기도 한다. 신부를 고를 때는 일을 잘하는지, 손님을 대하는 태도 등을 보고 신랑 집안은 약혼 제의를 한다. 신부집에서 동의하면 약혼이 성립되며 이후 당사자는 결혼할 때까지 서로 얼굴을 보는 것이 허용되지 않는다. 물론 양가는 음식이나 돼지 등 귀중품을 교환하면서 서로 교류를 한다. 예비 신부는 결혼에 이를 때까지 순결을 유지하는 것이 중요하다. 결혼 당일에 신부는 전통 복장을 입고 부모, 친지들과 함께 신랑집으로 가서 양가 집안이 서로 인사를 나누고 신부 대금을 치른다. 당사자의 의사에 따라 배우자를 선택하는 경우에도 부모는 신부 대금과 결혼 잔치를 준비하게 된다. 결혼을 위해서는 관청에 신고와 등록을 하는데 이때 성직자가 와서 기도를 하고 예비 신랑 신부의 성혼 약속을 다짐하게 된다. 성경을 읽고 설교에 가까운 장황한 말씀을 들어야 하는 경우도 있다. 이러한 절차를 거치고 약간의 경비를 납부하는데 사람에 따라 많이 내기도 한다. (외교부, 2011. '파푸아뉴기니 경제 및 사회의 이해'에서 발췌)

남자를 버리고 부족의 뜻에 따르거나, 자살 등의 방법으로 부족을 위협한다. 이런 전략도 실패하면 아예 둘이서 부족을 떠나 살기도 한다.

주거

유럽인들이 도착하기 전에 파푸아뉴기니에는 '타운'의 개념이 없었다. 수천 개의 작은 마을이 좁은 소로를 통해 연결되어 있었다. 각 마을들은 고유의 풍습이 있었으며, 결혼관계 또는 무역관계로 다른 마을과 연결되어 있었다. 숲에서 구할 수 있는 간단한 나무와 이엉으로 집을 짓고 살았으며, 거주 기한은 일시적이었다. 왜냐하면 동맹 부족들과 흩어지거나 재결합하며 다른 곳으로 이주하는 일이 잦았기 때문이다. 보통 남자들은 남자들끼리 같은 공간에서 지냈고, 여자들과 여자 친척들은 남자들의 집보다 더 작은 집에서 생활했다. 대부분의 마을에는 하나 이상의 혈족이 거주했다.

남자들만 거주하는 전통가옥[339]

---

339) Delcampe.net, Postcard, Papua New Guinea, Papua New Guinea – Long house, Accessed 10 August 2015, http://www.delcampe.net/page/item/id,224420889,var,PAPUA-NEW-GUINEA-LONG-HOUSE,language,E.html.

역사적으로 파푸아뉴기니의 대다수 부족은 남자와 여자를 구분하여 거주하였다. 전통에 의하면 마을에는 보통 남성들이 공동으로 모여 사는 '롱하우스'라 불리는 큰 집이 있으며, 여자들은 자녀들과 함께 근처의 작은 집에서 살아간다. 그러다 남자아이가 성인이 되면 성인식을 시작하기 위해 '롱하우스'로 들어간다. 보통 파푸아뉴기니인은 엄격하게 나이를 헤아리지 않지만, 롱하우스로 들어가는 나이는 대략 10~18세이다.

음식

전통사회의 주식은 탄수화물로 된 작물류였는데[야생 사고(sago, 작은 알의 사고야자 녹말), 빵 열매(breadfruit), 타로, 고구마, 쌀 등], 여기에 산에서 구한 채소와 다양한 종류의 바나나, 코코넛, 망고, 기타 과일을 곁들여 먹었다. 한편, 가축으로 닭과 돼지 등을 길렀고, 각종 새와 유대류, 거북, 화식조 등은 사냥해서 먹었다. 강가나 연안 지역에서는 물고기나 조개가 중요한 식량원이었다. 마을 사람들은 보통 하루에 두 번 식사를 했고, 대부분 음식을 끓이거나 불에 구워 먹었다. 특별한 행사가 있을 때는 행사나 축제가 있는 지역의 땅에 커다란 화덕을 파기도 했다. 한편, 식사하고 남은 음식이나 사탕수수, 코코넛 음료 등은 밭에서 일할 때 군것질용으로 먹었다. 부족별로 음식에 관한 터부는 다양한데 보통 임신한 여자나 갓 성인식을 마친 부족원에 대한 것이 많았다. 그 외에도 혈족을 상징하는 동식물 등에 대한 토템적 터부가 존재한다. 그 밖에 친족 구성원 간의 터부도 있다. 예를 들어, 사위는 자신의 장모 앞에서 음식을 먹어서는 안 된다.

음식축제

파푸아뉴기니의 전통사회에서는 추장과 빅맨들이 경쟁적으로 수백 마리의 돼지나 기타 귀중품을 손님에게 마구 나누어 주는 축제가 있다. 이는 명예 획득을 목표로 하는 일종의 재화와 위세의 과시용 축제로, 보통 며칠에 걸쳐 웅변, 춤, 노래, 드럼 연주, 만찬 등이 이루어진다. 신부의 몸값 지불, 기타 재화의 교환 등이 이때 이루어지기도 한다. 추장이나 빅맨들은 자신들의 재산이 하찮다는 듯이 처신하며, 물품을 파괴하거나 내다 버리고 극도로 낭비하는 경향이 있다. 재화를 그만큼 무시하고 하찮게 대할 수 있다는 것 자체가 그 추장의 스케일과 재화의 양을 잘 보여 준다고 생각하기 때문이다.

토지소유권

대부분의 토지는 혈족에게 물려주고 필요에 따라 분배한다. 개인이 토지를 소유하는 경우는 흔치 않은데, 몇 그루의 나무 등을 소유할 수는 있어도 땅을 소유하지는 않는다. 토지는 보통 아버지나 삼촌으로부터 그들의 자녀, 또는 남자 조카, 여자 조카에게 상속되며, 토지를 받게 될 개인은 토지를 양도받기 전에 토지의 소유주에게 상당한 선물을 제공한다. 반면 마을을 떠나는 등의 이유로 마을의 물품교환 의식에 참여하지 못하는 개인의 경우, 그의 토지를 몰수해 그 지역 토지소유부족에게 귀속시키기도 한다.

경제생활

전통사회에서는 먹을 것을 스스로 생산하는 자급자족적인 생활방식을 취한다. 직업 분화는 거의 이루어지지 않으며, 마을에서 나이, 성별에 따라 일을 분배한다. 이때 가족별로 성인 남자와 여자가 모여 농사나 양육, 가축 기르기 등에 참여하고, 어린이나 연장자는 이들을 다양한 방식으로 돕는다. 판매용 작물은 대부분 남자 소유지만 수확은 남녀가 같이 한다.

사회적 위계 : 빅맨[340] [341] [342] [343] [344] [345] [346] [347] [348]

파푸아뉴기니 전통사회는 놀라울 정도의 수평적 사회로 뚜렷한 계급구분은 존재하지 않는다. 다만 추장이나 빅맨만 예외적으로 돌출한 수직적 권위를 가지고 있다.

    빅맨이란 멜라네시아 문화권에서 보이는 초기 형태의 정치적 지도자를 말하는데, 보통 걸출한 능력과 매력, 부와 명성을 획득한 인물이다. 빅맨은 교환과 축제 그리고 전쟁에서 두드러진 활약을 함으로써 다른 사람들의 지지를 얻는다. 전통적으로 빅맨은 복혼으로 여러 명의 아내를 두어 아내들의 노동력을 확보하고, 교환용 가치재(exchange valuables)로써 부를 축적하며, 이것을 기반으로 젊은 추종자들을 확보한다. 아내를 여러 명 두는 일은 빅맨에게 아주 중요한데, '한 아내는 밭일을 하고, 다른 아내는 나무를 하러 가고, 또 다른 아내는 고기를 잡으러 가고, 또 다른 아내는 요리를 하고, 남편은 노래를 부르고, 많은 사람들이 먹으러 몰려온다'는 상황이 성립한다. 빅맨과 추장(chief)을 비교한다면, 빅맨은 추장보다는 권력의 급이 낮은, 추장 시스템의 '맹아'를 보여주는 통치자라고 할 수 있다. 빅맨은 가치재와 노동력의 장악, 신화와 의례적 정당화를 통해 추장(chief)으로 나아간다. 어느 정도 정치적 권위를 확보한 빅맨은 잉여생산물을 거둬들이고 재분배하면서 정치적 지위와 권력을 유지한다. 그러면 빅맨은 재분배 추장(redistributive chief)으로서 중앙집권적 정치력을 보여 주기도 한다.

빅맨의 정치적 지위는 추종자들과의 대면적 거래(face-to-face)에 기초하고 있다. 빅맨은 다른 사람들을 크게 도와줌으로써 입지를 구축한다. 도움 받은 이들이 고마움을 느끼도록 하거나 빚을 지게 만드는 등 철저히 계산된 인심

---

340) 현대에 들어서 천천히 계급 분화가 일어나고 있는데, 여기에는 경제력이 큰 역할을 한다. 현대 파푸아뉴기니의 통상적인 계급 구분은, 사회계층을 엘리트(elite)와 민초(grassroot)로 나누는 것이다. 민초에는 대부분의 시골 마을 주민들과 도시의 저소득층이 포함되며, 엘리트에는 교육받은 고소득 인력, '커피로 부를 얻은 백만장자', 정부 고위관료, 정치가, 기타 전문직이 포함된다. 그러나 파푸아뉴기니 특유의 완톡(wantok)문화 때문에 엘리트가 혼자만 잘살기는 힘들고 다른 이들과 상호작용 및 교류를 하여야 한다. 원칙적으로는 엘리트는 커뮤니티의 업무를 관할하고, 동시에 언제든 자신의 집과 재화, 시간을 다른 이들에게 개방해야 한다. 그러나 최근에는 엘리트와 민초의 생활수준이 점점 벌어져 중산층이 등장하고 있다.
341) May, R.J., 2011. Class, ethnicity, regionalism and political parties. In, State and Society in Papua New Guinea: The First Twenty-Five Years, Crawford House Publishing, Adelaide. pp. 127-146
342) Gewertz, Deborah B. and Errington, Frederick K., 1999. Emerging class in Papua New Guinea: The Telling of Difference. Cambridge University Press. pp. 183
343) Connell, John. 1997. Papua New Guinea – The Struggle for Development. Routledge, London. pp. 372
344) Sahlins, Marshall D., 1963. Poor man, rich man, big man, chief: Political types in melanesia and polynesia. Comparative Studies in Society and History 5(3): 285-303. http://journals.cambridge.org/action/displayFulltext?type=1&fid=4402672&jid=CSS&volumeId=5&issueId=03&aid=4402660
345) Flaherty, Teresa. 2013. The history of the Sisters of Mercy in Papua New Guinea (1956~2006): Within the tradition of women called to Gospel Discipleship and Christian Mission. Doctor of Philosophy Thesis. Australian Catholic University. http://dlibrary.acu.edu.au/digitaltheses/public/adt-acuvp458.02102014/FLAHERTY2013.pdf
346) Seeland, Dan. 2007. Stressing servant leadership in a land of big men and great men. Melanesian Journal of Theology 23(1): 6-21. http://biblicalstudies.org.uk/pdf/mjt/23-1_06.pdf
347) Wikipedia. Big man (anthropology). https://en.wikipedia.org/wiki/Big_man_(anthropology)
348) Sand, Christophe. 2002. Melanesian tribes vs. polynesian chiefdoms: Recent archaeological assessement of a classic model of sociopolitical types in Oceania. Asian Perspectives 41(2): 284-296. https://scholarspace.manoa.hawaii.edu/bitstream/handle/10125/17176/AP-v41n2-284-296.pdf?sequence=1

둑둑(Dukduk) 의례에 참여 중인 파푸아뉴기니의 빅맨

쓰기에 의해 입지가 굳어지는 것이다. 가장 손쉬운 방법은 아내를 맞이하고자 하는 가난한 젊은이를 위해 신부대금을 대신 지불해 주는 것이다. 또한 빅맨에게는 돼지를 비롯한 각종 재화, 조가비 화폐, 농작물 등을 모아서 사람들에게 나누어주는 등 멋있고 인심 좋은 사람이라는 명성을 쌓아올리는 일이 중요하다. 말리노프스키(1932)는 이러한 행위를 권력기금(fund of power)의 축적이라고 표현했다.

빅맨은 축적한 부, 후한 인심, 전쟁에서의 용맹 등을 통해 정치적 권위를 획득한다. 빅맨은 자신에게 주술능력, 농사기술, 웅변능력, 전투 상황에서의 용맹 등 특별한 능력이 있다는 것을 증명함으로써 존경을 얻어야 한다. 본질적으로 빅맨의 지위는 불안정하다. 빅맨의 지위는 선물을 증여하거나 은혜를 베풀어 추종자들을 끌어 모으는, 개인적 능력에 의존하고 있기 때문이다. 축적한 부를 상실하거나 전쟁에서 패배했을 때 빅맨의 지위는 즉시 사라져 버린다.

빅맨은 일단 자신의 명성을 구축해야 하는데(fame building), 파푸아뉴기니를 포함한 멜라네시아에서 명성 만들기는 여러 형태로 이루어진다. 돼지, 귀중품 같은 선물을 하거나, 신부대금을 내주기도 하고, 건물을 지을 때 성대한 잔치를 베풀기도 한다. 또한 씨족 성원들이 다른 집단의 구성원에게 피해를 끼쳤을 때 지불하는 후한 보상의 형태로 이루어지기도 한다. 또 빅맨들끼리는 명성 과시를 위해 상대방 빅맨들보다 더 많은 재화를 위세적으로 소비, 분배하고, 심지어 파괴하고 불태우기까지 한다.

빅맨체계는 수렵채집 사회에서 보이는 무리 유형의 정치체계와 추장제 사이에 놓여 있는 중간적 유형으로 여겨진다. 빅맨체계의 특징은 개방된 지위 경쟁이다. 추장제에서는 추장이라는 이미 존재하는 직위에 도달해야 하는 반면, 빅맨은 추종자들과 빅맨이라는 지위를 스스로 만들어야 한다. 빅맨의 특징은 빅맨이 가지고 있는 힘 또는 권력이 제도적인 것이 아니라 지극히 개인적인 것이라는 점에 있다. 빅맨이 된다는 것은 어떠한 공식적인 직책에 취임하는 것이 아니다. 빅맨은 그 주변에 자신을 추종하는 사람들이 계속 모이도록 만듦으로써 지위를 획득한다. 그러므로 빅맨이란 정치적 직함이 아니며, 단지 사람들 간의 상호관계에서 인정되고 있는 위치에 불과하다. 그래서 빅맨의 지위는 상당히 불안정할 수밖에 없다. 빅맨의 명성이 높고 낮음에 따라 파벌들은 부침과 이합집산을 거듭하게 된다. 빅맨의 사망 또한 지역 내의 정치 상황에 커다란 영향을 미친다. 빅맨체계는 개인적인 정치적 유대로 이루어져 있기 때문에, 더 이상의 정치적 진화가 거의 불가능하다. 추종자들이 언제라도 이탈할 수 있기 때문이다. 따라서 고도화된 정치적 조직의 등장이 어렵다는 측면이 있다.

3) 완톡(Wantok)[349)][350)][351)][352)][353)][354)]

완톡은 파푸아뉴기니 사회에 뿌리내린 가장 중요한 문화 원리 중 하나이다. 정치, 경제, 사회, 일상생활 등 거의 모든 것이 완톡과 관계되기 때문이다. 완톡의 사전적 의미는 "같은 언어를 쓰는 사람(one talk)"이다. 다양한 문화집단이 존재하는 파푸아뉴기니에서 출신지와 언어가 같은 이들을 뜻하는 말이다. 그러나 현재는 더 넓은 의미로 '공통의 유대를 가진 사람들, 또는 그러한 유대'를 의미하게 되었다. 완톡은 특정 개인을 지칭할 수도 있고, 또 개인들 간의 관계를 지칭하기도 한다. 완톡은 대략 아래와 같은 특징을 갖는 개인들 또는 그런 개인들 간의 유대를 말한다.

(1) 공통 언어(wantok = "one talk")
(2) 공통 혈족
(3) 공통의 출신지
(4) 공통의 사회적·종교적 집단 구성원

이러한 유대는 보통 같은 고향 사람이나 같은 씨족끼리 나누지만, 같은 학교 동창, 같은 회사동료와도 나눌 수 있다. 도시에서 만난 직장동료라도 친해지면 완톡이 될 수 있다. 현지에서 오랫동안 거주한 서양 선교사도 완톡으로 받아들여지기도 한다.

누군가와 완톡이 되려면 나름의 내재된 규칙을 지켜야 한다. 가장 중요한 원칙은 상호 호혜의 원칙이다. 완톡이 곤궁에 처하면 무조건 도와주어야 한다. 아이들의 학비, 신부대금, 또는 잘못된 사고에 대한 복수 등 완톡이 도움을 필요로 할 때, 거의 거절할 수 없으며, 이를 수행할 수 없는 분명한 이유가 없는 한 이를 해야 한다. 할 수 없다는 변명을 너무 많이 할 때도 완톡에서 제외된다. 이런 식으로 만약 다음에 도움을 준 완톡이 곤궁에 처하면, 도움을 받은 완톡이 도와준다. 중앙 산악지방에서는 이 때문에 씨족 간 전쟁이 벌어지기도 한다. 만약 한 씨족의 구성원이 다른 씨족에게 사고로, 또는 의도적으로 상처를 입게 되면 완톡은 이를 복수할 의무가 있다. 이때 복수는 보통 처음 받은 피해보다 더

---

349) Niugini, Taim Bilong, 2013. The Wontok system. Accessed 10 August 2015. http://caermynach.blogspot.kr/2013/01/13-wantok-system.html
350) Paolo de Renzio, Paolo. Bigmen and wantoks: Social capital and group behaviour in Papua New Guinea, QEH Working Paper Series - QEHWPS27, Working Paper Number 27. Accessed 10 August 2015. http://core.ac.uk/download/pdf/6759461.pdf
351) Jak2010. Wantok system: A traditional social security system in Papua New Guinea (2010). Accessed 10 August 2015. http://www.infobarrel.com/Wantok_System:_A_Traditional_Social_Security_System_in_Papua_New_Guinea
352) Morris, Michael R. One talk in Papua New Guinea. The Church of Jesus Christ of Latter-Day Saints. Accessed 30 September 2015. http://www.lds.org/ensign/1995/02/one-talk-in-papua-new-guinea?lang=eng
353) Mundhenks' Ministry. The people. Accessed 10 August 2015. http://mundhenks.org/index.php?option=com_content&task=view&id=21&Itemid=33
354) Dickson, J., 1995. Culturally sustainable rural enterprise development in Papua New Guinea. Small Enterprise Development 6(1): 39-43 (abstract). http://www.developmentbookshelf.com/doi/abs/10.3362/0957-1329.1995.006?journalCode=sed

커지기 마련이고, 그러면 다시 복수가 이어지고 두 씨족은 전쟁상태로 돌입하여, 살인이나 큰 싸움이 벌어지기도 한다. 이를 멈추는 유일한 방법은 피해를 입힌 측에서 많은 재화와 돈으로 보상을 하는 것이다.

파푸아뉴기니에는 풍습과 언어가 다른 수많은 부족이 존재한다. 이들은 서로 다른 지리적·자연적·문화적 환경에서 고립된 커뮤니티를 이루며 살아왔다. 그러나 최근의 도시화, 국가의 탄생 등으로 부족 간 경계가 허물어지고 다양한 사회집단 간의 교류와 경쟁이 시작되었다. 이런 상황 속에서 출신이 같고 언어가 같은 이들에 대한 신뢰, 친화성이 부각되고 이것이 완톡 시스템으로 발전했다.

완톡은 사회경제학적 측면에서 일종의 사회적 자본이다. 완톡은 인맥이면서 동시에 신뢰와 협력, 상호이익을 위한 관계로 그 긍정적 측면은 다음과 같다. 일단 완톡은 신뢰와 유대로 이루어진 인간관계 네트워크를 제공한다. 완톡은 상부상조의 정신으로 서로를 도우며, 일종의 공동자산을 통해 구성원들에게 삶의 다양한 위험들에 대한 완충효과를 제공한다. 완톡은 서구의 사회보장제도, 복지제도와 같은 역할을 수행하는데, 공동체 내의 약자, 불운을 겪은 자들을 보살피고 그들이 다시 일어설 수 있게 한다. 이런 식으로 완톡은 파푸아뉴기니 정부의 빈약한 사회보장 및 복지체제를 보충하는 역할을 담당하기도 한다.

한편, 완톡 시스템은 그 나름의 부정적 측면도 가지고 있다. 위에서 언급한 상부상조의 원칙은 뒤집어 보면, 그 구성원에게 상당한 압박과 책임이 부과된다는 뜻이다. 예를 들어 수입이 있는 개인의 경우, 일자리가 없거나 게으른 완톡, 또는 끝없이 무언가를 요구하는 가족이나 씨족 때문에 거의 자산을 모을 수 없다는 이야기는 상당히 유명하다. 더 나아가 완톡 시스템은 파푸아뉴기니의 산업발전 및 기업체 성장에도 큰 방해요소가 되기도 한다. 수많은 소규모 기업체가 자신의 완톡에게 융자를 해 주거나, 자신의 커뮤니티를 위해 반강제적으로 투자 해야 하기 때문에 파산하게 된다고 보는 시선도 있다. 한편 완톡 시스템이 요구하는 상호부조 의무는 받은 것을 되갚을 수 없는 이들(병든 자들이나 아주 가난한 사람들)에게 상당히 큰 고통이 되기도 한다. 이들은 체면의 상실, 모욕, 수치, 자신의 공동체에서의 소외 등을 겪기 때문이다. 완톡은 또한 개인의 개성발현, 공동체끼리의 원활한 의사소통을 방해하는 측면도 있다. 친족 중심의 강한 유대와 책임이 강조되는 반면, 개인의 자발성, 개성 등은 상당히 제한되고, 또 외부인이나 외부 집단에 대해 배타성, 불신을 품는 경우가 많기 때문이다.

이러한 완톡의 또 다른 부정적 측면은 파푸아뉴기니의 정치 시스템에서 극명하게 드러난다. 파푸아뉴기니 정계는 자신과 가까운 혈족, 친족을 우선 등용하는 족벌주의, 연고주의로 점철되어 있다. 여기에서 의회 및 관료체제의 부패가 생겨나며, 이는 국정운영 전반에 영향을 미친다. 또 지역이나 출신이 다른 그룹들끼리는 협력도 잘 되지 않을 때가 많다. 자신의 공동체 내의 유대만 강조하다 보니 공동 체간, 개인 간 유대는 약화된다. 공동체 내의 협력은 강화되지만, 더 넓고 긍정적인 의미의 '열림', 다른 커뮤니티 및 더 큰 공동체와의 협력, 유대가 차단되는 것이다. 정부 시스템의 파편화, 부서 간 갈등, 공공서비스의 비효율성 등도 부분적으로 완톡 시스템에 기인한다. 자신의 세력 및 부서의 이익만 옹호하기 때문에 부서 간 협력 및 소통이 잘되지 않기 때문이다.

4) 종교와 주술 [355) 356) 357) 358) 359) 360) 361) 362) 363) 364) 365)]

종교 [366)]

현재 파푸아뉴기니 인구의 90% 이상은 기독교를 믿는다. 좀 더 세밀한 통계수치를

---

355) Wikipedia. Religion in Papua New Guinea. https://en.wikipedia.org/wiki/Religion_in_Papua_New_Guinea
356) Human Rights and Labor/Bureau of Democracy. 2012. Papua New Guinea 2012 International Religious Freedom Report. United States Department of State. http://www.state.gov/documents/organization/208470.pdf
357) Silverman, Herb. 2013. God in Papua New Guinea. http://www.faithstreet.com/onfaith/2013/11/05/god-in-papua-new-guinea/25152
358) Embassy of Pupua New Guinea to the Americas. Religion. http://www.pngembassy.org/religion.html
359) Culture of the Countryside. Belief systems and spiritual aspects in Papua New Guinea. http://www.cultureoftheco untryside.ac.uk/resources/belief-systems-and-spiritual-aspects-papua-new-guinea
360) Campano, Erik. 2013. Religion, healing, and violence against women in Papua New Guinea. http://www.patheos.com/blogs/erikcampano/2013/07/religion-healing-and-violence-against-women-in-papua-new-guinea/
361) 신인철 홈페이지. 주술이란 무엇인가. 「집안의 명칭: 택호」「인류학의 세계」. http://synnic.com.ne.kr/a1.htm
362) Encyclopedia.Com. Papua New Guinea. http://www.encyclopedia.com/topic/Papua_New_Guinea.aspx
363) Alerts, Theo. 1996. Traditional religion in Melanesia. Port Moresby. University of Papua New Guinea press. http://www.pngbuai.com/200religion/traditional/
364) Religion Freedom Report. Papua New Guinea. http://religion-freedom-report.org.uk/wp-content/uploads/country-reports/papua_new_guinea.pdf
365) Hanson, Doug. 2012. Challenges christianity has faced in Papua New Guinea - Lessons for today. Melanesian Journal of Theology 28(2). http://biblicalstudies.org.uk/pdf/mjt/28-2_82.pdf
366) Association of Religion Data Archives. Qualtiy data on religion. Papua New Guinea. http://www.thearda.com/internationalData/countries/Country_175_1.asp

보면 거의 98%에 육박하기도 한다. 하지만 이 수치에는 약간의 허점이 없지 않다. 바로 파푸아뉴기니의 씨족(부족)문화 때문이다. 씨족의 구성원 중 1명이 기독교를 믿으면, 커뮤니티 차원에서 다른 이들도 전부 기독교를 향해 '집단 개종'을 하는데, 이는 커뮤니티 차원의 자동적인 결정에 따른 것일 뿐 개인적인 종교적 회심이나 결단과는 거리가 있다. 즉, 특정 마을이나 씨족이 기독교를 자신들의 문화의 일부로 받아들였다는 뜻이지, 서구인들이 생각하는 것처럼 기독교가 중심된 종교생활을 하는 것은 아니기 때문이다. 또한 기독교의 확산 이면에는 서구인들로부터 얻을 수 있는 물질적 혜택에 대한 기대감도 있다. 과거 파푸아뉴기니 시골에서 주교가 미사를 집전하며 신도들에게 질문하라고 했을 때, 한 남자는 배구 네트를, 두 번째 남자는 축구공을, 세 번째 남자는 농구공을 달라고 했다는 에피소드가 있다. 사실 기독교는 19세기 이후 서양인들에 의해 전파된 것이다. 하지만 파푸아뉴기니 인들은 아직도 자신이 추구해 왔던 애니미즘 같은 전통적 믿음, 조상들의 정령이 늘 자신들과 함께 산다고 믿으며, 이들을 노하게 해서는 안 된다는 믿음 등을 강하게 갖고 있다.

주술 [367] [368] [369] [370]

주술은 전통적인 파푸아뉴기니인들의 삶에 극도로 중요한 요소이다. 주술은 그들의 일상생활 전반에 구석구석 스며들어 있다. 주술이란 특정한 결과를 얻기 위해 의례적 수단으로 초자연적인 힘들을 조작하려는 시도이다. 간절히 바라던 일을 실현시키고 싶을 때, 다양한 상황에서 이들은 주술을 통해 위안을 받고자 한다. 구체적인 예를 들어 보면, 작황을 좋게 하기 위한 밭 주술, 사랑을 성공시키는 사랑의 주술, 비가 오게 하는 우레와 번개의 주술, 악의적인 다른 주술사의 저주 주술을 막아 내기 위한 예방 주술, 더 많은 물고기가 잡히기를 기원하는 어로 주술,

---

367) Adventure Kokoda. Culture - Sorcery. Originally source from Encyclopedia of Papua and New Guinea. Peter Ryan, Melbourne University Press, 1972. http://www.kokodatreks.com/png/culture/sorcery.cfm
368) Religious News Blog. Sorcery and witchcraft beliefs remain prevalent in Papua New Guinea. http://www.religionnewsblog.com/20258/witchcraft-11
369) Almeida, Tatiana. 2013. Sorcery, illness and death in Papua New Guinea. Seeds Theatre Group Inc. http://seedstheatre.org/sorcery-illness-and-death-in-papua-new-guinea/
370) Lohmann, Rober Ivar. 2003. Glass man and spirit women in Papua New Guinea. Shamanisms and survival. http://www.culturalsurvival.org/publications/cultural-survival-quarterly/papua-new-guinea/glass-menand-spirit-women-papua-new-guinea

전쟁에서 승리하기 위한 전쟁주술, 음식물을 썩지 않게 하는 주술, 치통을 낫게 하는 주술 등 여러 가지가 있으며 미신행위와 유사한 부분들이 있다.

주술법[371) 372) 373)]

파푸아뉴기니에는 오랫동안 논란이 되었던 주술법(Sorcery Act)이라는 법률이 존재한다. 1971년 제정된 이 법의 요지는, 주술을 통해 누군가를 해치는 것도 범죄가 된다는 것이다. 그러나 이 주술법은 원래의 취지에서 벗어나, 잔혹범죄를 저지른 범죄자들에게 일종의 '정상참작' 여지를 제공하는 악법이 되고 말았다. 즉, 누군가를 때리거나 죽여 놓고도 저 사람이 내게 해로운 주술을 걸려고 했기 때문이라고 해명하면 형이 감면되는 식이었다. 게다가 '주술'이란 실증적 증거로 입증할 수 있는 사안이 아니라, '심증'의 영역에 속하는 것이어서 현대의 법치 정신과도 맞지 않는 측면이 있다. 이런 이유로 파푸아뉴기니에서는 주술에 의한 피해를 빙자한 각종 살인, 폭력사건이 여러 차례 발생했다.

최근 2013년 2월과 5월에도 주술과 관련된 두 건의 살인사건이 발생[374)]하였는데 피해자들은 이전과 마찬가지로 여성이나 노인 등으로서 힘없는 약자라는 것도 문제가 되고 있다. 즉, 파푸아뉴기니에서는 중세의 마녀사냥이 여전히 자행되고 있는 실정이다. 주민들은 마녀가 마술을 부려 사람을 죽일 수 있다고 믿으며 주술사는 어엿한 직업으로 인정받는다. 주술사들에게 잡귀나 악령을 쫓아 달라고 부탁하는데 드는 돈은 약 50만 원이며, 돼지 한 마리나 쌀 한 가마니로 대신 지불할 수 있다고 한다. 마을에서 누군가 갑작스레 아프거나 죽게 되면 마녀색출 작업이 벌어지기도 하는데, 이때 '캥거루 법원'이라고 불리는 마을 원로들의 모임이 마녀 여부를 판단하는 데 중요한 역할을 한다. 이들이 어떤 근거로 마녀를 가려내는지는 알 수 없지만 영향력은 절대적이다. 정부는 마녀사냥을 뿌리 뽑기 위해 총력을 기울이고

---

371) BBC News, 2013. PNG repeals sorcery law and expands death penalty. http://www.bbc.com/news/world-asia-22698268
372) Siegel, Matt, 2013. Papua New Guinea Acts to repeal sorcery law after strife. http://www.nytimes.com/2013/05/30/world/asia/papua-new-guinea-moves-to-repeal-sorcery-act.html?_r=0
373) Davis, Tess, 2013. Repealing the 1971 Sorcery Act – A solution to Papua New Guinea's Witch Hunts? InterLaw GRRLS.
374) PMC News Desk, Burning of woman sorcerer shocks PNG, triggers debate on barbaric acts. http://pacific.scoop.co.nz/2013/02/burning-of-woman-sorcerer-shocks-png-triggers-debate-on-barbaric-practice/

있지만 주민들의 암묵적 합의로 진행되는 일이라 막기가 쉽지 않다고 호소한다. 피트 오닐 총리는 사회적 약자인 여성과 노약자들을 마녀로 몰아 죽이는 부끄러운 일이 발생하고 있다며 모든 수단을 다해 이런 범죄를 근절할 것이라고 하였다.

그렇다면 왜 파푸아뉴기니에서는 주술 관련 살인이 일어나고, 주술법이 왜 문제가 되는가? 여기에 대한 답은 주술에 대한 문화인류학 연구에서 찾아볼 수 있다. 아프리카의 부족들을 대상으로 20세기 초에 실시된 문화인류학 연구를 보면, 주술로 인한 폭력이나 살인이 단지 파푸아뉴기니만의 일이 아니라 원시사회에서 널리 나타나는 현상임을 말해 준다. 여기서 관건이 되는 것이 바로 '해코지 주술'이다.

해코지 주술이란?[375) 376)]

파푸아뉴기니의 주술 관련 범죄나 주술법에서 문제되는 주술은 '해코지 주술'이다. 이는 '저주 주술', '흑주술'로도 불리며, 특정한 사람 또는 사건에 피해를 끼칠 목적으로 주술을 공격적이고도 해가 되도록 사용하는 것을 말한다. 해코지 주술은 마술(witchcraft)과 마법(sorcery) 등으로 불리기도 한다. 학자에 따라서는 둘을 구별하며, 이 가운데 학습에 의해 터득한 해코지 주술을 마법으로 정의하기도 한다. 특히 파푸아뉴기니에서는 이런 악의적 주술사를 '싼구마(sanguma)'라고 부르며 막강한 공포의 대상으로 여긴다. 한마디로 '싼구마'는 '주술사에 의해 저질러진 은밀한 살인', 또는 '악의적 주술, 또는 그런 능력을 가진 자'를 의미한다. 해코지 주술은 물론 원시 부족사회에서 나름의 중요한 역할을 하고 있다. 이는 '왜 악이 무고한 사람들에게 닥치는가?', '왜 세상에는 사회적 불평등과 불의가 존재하는가?' 등에 대해 들려준다. 이런 의미에서 해코지 주술은 불쾌하고 설명되지 않는 일들을 설명하는 종교적 사고 혹은 신화적 사고의 한 형태라고도 한다. 뿐만 아니라 해코지 주술은 친구와 적을 구분하고, 정상인과 일탈자를 구분한다. 때문에 마을 내부 또는 마을들 사이에 의심과 긴장을 조장하기도 한다.

---

375) 신인철, 인류학의 세계, 해코지 주술이란 무엇인가, http://synnic.com.ne.kr/a2.htm
376) Franklin, Karl J., 2010. Comments on sorcery in Papua New Guinea. Graduate Institute of Applied Linguistics and SIL International (GIALens) 4(3). http://www.gial.edu/gialens/vol4num3/

해코지 주술과 사회통제

(Ardener, Edwin. 1970, "Witchcraft, Economic and the Continuity of Belief," In *Witchcraft: Confession and Accusations*, edited by M. Douglas, London: Tavistock에서 발췌)

해코지 주술은 원시사회에서 사회통제(social control)의 강력한 한 형태이기도 하다. 대부분의 원주민 사회에서 해코지 주술사(witches)는 잡히면 처벌을 받는다. 그래서 해코지 주술은 커뮤니티 구성원의 일탈(deviance)을 막는 강력하고 효과적인 방법이 된다. 주민들은 대개 남을 속이는 사람, 일탈적인 행동을 하는 사람, 지나치게 성공한 사람 등을 해코지 주술사로 지목하여 쫓아내거나 해를 끼친다. 따라서 해코지 주술을 구사한 사람으로 지목당할지도 모른다는 두려움 때문에 사회규범에 순응하게 된다.

이것이 의미하는 바는 마을 사람들과 잘 지내려면 자신의 행동을 자제할 줄 알아야 한다는 의미일 것이다. 해코지 주술(witchcraft)은 마을의 구성원들에게 일탈적으로 행동하면 처벌이 뒤따르리라는 위협과 공포심을 주고, 그런 식으로 규범적이고 정상적인 행동을 하는 구성원들을 길러 내게 된다.

해코지 주술은 특정 사회의 스트레스 향방(stress line)에 따라 혈족을 향하기도 하고, 인척을 향하기도 하고, 이웃을 향하기도 하고, 권력자를 향하기도 한다. 흥미로운 사실은 어려운 시기에 해코지 주술의 발생 빈도가 증가하는 경향이 있다는 것이다. 생활이 어려울수록 해코지 주술의 고소는 더욱 빈번해진다. 따라서 해코지 주술은 사회구조상의 압력 및 경제 상황과 연관된 사회적 현상이라고도 할 수 있다.

카메룬의 바퀘리족(Bakweri)에게 뇬고(nyongo)라 불리는 좀비는 살아 있는 것처럼 보이는 죽은 사람을 말한다. 1950년대 초반에 바퀘리족의 빈곤에 의한 좌절과 어려움은 바퀘리족으로 하여금 모든 부자들을 좀비(zombie)로 간주하게 만들었다. 1958년 바퀘리인들은 바나나 협동조합을 만들었고, 세계 시장에서 바나나의 가격이 극적으로 상승했다. 그러자 좀비들이 하루 밤새 모두 사라졌다. 1963년 바나나 가격은 폭락했고, 경제 상황은 다시 악화되었다. 그러자 소문이 다시 떠돌게 되었다. '좀비들이 조만간 다시 마을을 덮칠 것이다.' 좀비가 나타나고 사라지는 현상은 바나나 가격의 상승과 하락과 정확하게 연관된 것이었다.

카고 컬트(Cargo Cult)[377) 378)379) 380]

카고 컬트란 파푸아뉴기니 및 기타 멜라네시아 지역에 존재하는 독특한 종교적 의식을 말한다. 컬트란 종교와 비교했을 때 더욱 단기간에 소규모로, 격렬하게 행해지는 의식을 말하는데, 카고 컬트를 우리말로 직역하면 '화물 숭배' 정도의 의미가 된다. 카고 컬트는 유럽인들이 파푸아뉴기니에 본격적으로 도착하기 시작한 19세기 말~20세기 초부터 시작되었다.

카고 컬트는 행복한 미래의 도래를 희망한다는 의미에서 천년왕국 의식과도 관련이 있다. 카고 컬트가 '카고'라 불리는 이유는 컬트 참가자들이 꿈꾸는 지복의 도래가 '화물(cargo)'과 관련이 있고, 동시에 그들이 이 화물을 열망하기 때문이다. 파푸아뉴기니어로 '카고(kago)'는 배에 실려 온 화물에 가깝지만, 더 넓게는 지프, 비행기, 전화, 배 같은 서양인들이 가져온 모든 물품, 즉 '서구인들이 가져온 보물들'을 의미한다. 카고 컬트에서 물질로서의 '화물'이 가진 의미는 상당히 크다.

카고 컬트에는 예언자 역할을 하는 인물이 있다. 이 예언자는 사람들에게 곧 현재의 고난이 끝나고 천년왕국이 도래할 거라고 이야기한다. 죽은 자가 돌아오고, 모든 불행이 끝나며, 우리를 구원할 자들이 배나 비행기를 타고 엄청난 화물을 싣고 온다는 것이다. 이때 예언자는 믿음 없는 자와, 믿음 있는 자를 구분하려 한다. 이를 위해 예언자는 천년왕국을 준비하라고 이르고, 준비행동의 일환으로 화물을 맞을 커다란 제트기나 항공기 모형을 지으라고 한다. 또 현재 주민들이 가진 돼지, 농작물, 거주지 등을 파괴할 것을 강요하기도 한다. 이 때문에 카고 컬트가 주변에서 비난의 표적이 되기도 한다.

이 용어의 기원을 살펴보면, 1945년 말 호주의 시사 잡지 '월간 태평양 군도(Pacific Islands Monthly)'에서 파푸아뉴기니 원주민들의 이 새로운 풍습을 '카고 컬트(Cargo-Cult)'라고 명명했다. 그 후 카고 컬트란 용어는 나중에 '사이비 과학'이나 '모조품'을 지칭하는 용어로까지 진화했다. 외견상 비슷하게 형식은 갖췄으나 알맹이가 없는 연구, 기능이 떨어지는 제품 등을 지칭할 때 '카고 컬트 과학', '카고 컬트 제품'이라고 하는 식이다.

---

377) Lindstrom, Lamont. 2013. Cargo cults. Oxford Bibliographies. http://www.oxfordbibliographies.com/view/document/obo-9780199766567/obo-9780199766567-0108.xml
378) Watkins, The cargo cults of the South Pacific. http://www.sjsu.edu/faculty/watkins/cargocult.htm
379) Wikipedia, Cargo cult. https://en.wikipedia.org/wiki/Cargo_cult
380) Simler, Kevin. Doesn't matter, warm fuzzies. http://www.meltingasphalt.com/doesnt-matter-warm-fuzzies/

카고 컬트용 모형비행기. 원주민들은 이렇게 비행기 모형을 만들면, 실제 서양인들의 비행기가 나타나 각종 물자와 보물을 가져다 줄 거라고 믿었다

5) 예술 및 공예[381]

파푸아뉴기니는 서로 다른 문화와 풍습을 가진 천여 개가 넘는 부족으로 형성된 나라다. 따라서 지역별·부족별로 다양한 스타일의 공예, 장식, 예술품이 발달했다. 특히 파푸아뉴기니는 세계에서도 원시공예가 잘 보존된 지역으로 유명한데 카누나 목조 공예, 조각, 가면, 그릇, 도기, 직물, 창 등 아주 다양한 공예품이 존재한다. 이 공예품들은 하나하나가 화려하고 개성 있으며, 주민들의 일상 및 종교의식에 쓰여, 이들의 삶과 깊이 연관되어 있다.

쿤두드럼(Kundu Drum)[382]
쿤두드럼은 파푸아뉴기니 국기에도
등장하는 파푸아뉴기니의 상징적 조형물이다

세픽(Sepik) 지역의 가면[383]
조상들의 영을 표현한 것이다

스토리보드(Story Board)[384] 각 부족의 역사, 전설, 신화 등을 나무에 새긴 것을 스토리보드라고 한다.
파푸아뉴기니 외에도 여러 멜라네시아 국가에서 만들어진다

---

381) Resture, Jane. Papua New Guinea – Tribal art 1. Jane's Papua New Guinea Home Page. http://www.janeresture.com/png_art/index1.htm
382) National Music Museum. Drum, Wossera region, Sepi, Papua New Guinea, Late 19th Centruy. http://orgs.usd.edu/nmm/Oceania/2330PapuaNewGuineaDrum/Drum2330.html
383) Lidiiamagdych, 2004. From bush grass to ocean waves – Images of oceania. https://lidiiamagdych.wordpress.com/
384) Lehmann, Karl, 2008. Lost world arts: Tribal art of Papua New Guinea. http://www.lostworldarts.com/new_page_2.htm

파푸아뉴기니의 전통가면[385]

---

385) Resture, Jane. Papua New Guinea – Tribal art. Jane's Papua New Guinea Home Page. http://www.janeresture.com/png_art

마당지역의 산호다양성 (Madang, Ples Bilong Mi by Jan Messersmith, licensed under a Creative Commons, http://www.messersmith.name/wordpress/wp-content/uploads/2012/04/background_reef_panorama_STA_3092-95.jpg).

별첨 1

파푸아뉴기니의 경제

(한국해양과학기술원 내부과제보고서 경제 분석 분야자료 인용. 관련 참고자료는 해당 보고서 참조)[386]

개요

파푸아뉴기니의 경제구조는 자급자족적 경제와 화폐경제가 혼재하는 이중구조를 보인다. 파푸아뉴기니 국민의 80% 이상은 대부분 마을 단위의 자급자족적 농업에 의지해 살아가는데, 이는 국민의 대부분이 화폐경제 인구에 속하지 않는다는 뜻이다. 전체 인구의 대략 10% 정도만 급여를 받는 노동인구에 속한다.

파푸아뉴기니는 광물, 농업, 수산, 삼림자원 등 각종 자원이 풍부하지만 험난한 국가지형, 낮은 인프라 현황, 정부 부패 및 치안불안 등이 장기적인 경제발전을 저해하고 있다. 또한 변덕스런 국제광물, 농업시장도 경제에 영향을 미친다. 그러나, 풍부한 천연자원을 기반으로 지난 2006~2010년 사이에 약 6%의 GDP 성장을 거뒀으며, 투자진흥국(Investment Promotion Authority)은 파푸아뉴기니에서 수익성이 가장 좋은 산업직종으로 커피, 야자기름, 코코아, 코코넛, 코프라, 향신료 재배 등을 선정하고 있다.

특히 파푸아뉴기니는 방대한 광물자원을 보유하고 있으며, 광물자원 수출액이 국가 전체 수출액의 거의 65%에 해당한다. 가장 중요한 광물로는 석유, 구리, 금 등이 있고, 은, 니켈도 채굴된다.

2007년 기준, 건설업도 국가 GDP의 7%를 차지하지만, 산맥이 많고 험준한 지형이 도로건설을 어렵게 만들고 있다. 파푸아뉴기니의 총 도로 포장률은 4% 이하이며, 거의 대부분의 운송을 해운과 항공에 의존하고 있다.

파푸아뉴기니의 1인당 국민 총소득(Gross National Income, GNI)은 2010년 기준 2,420 달러이며, 최근 천연자원 개발사업의 발전과 함께 산업-경제 여건이 비교적 빠르게 향상되고 있긴 하지만 여전히 국민 생활 및 경제 수준이 낮고

---

[386] Atlantic Research & Consulting (ARC). 2012. 파푸아뉴기니, 마샬 제도 통가 사업현황조사 및 진출방안. 적도태평양연구인프라구축사업 (PE98847) 보고서, 한국해양과학기술원

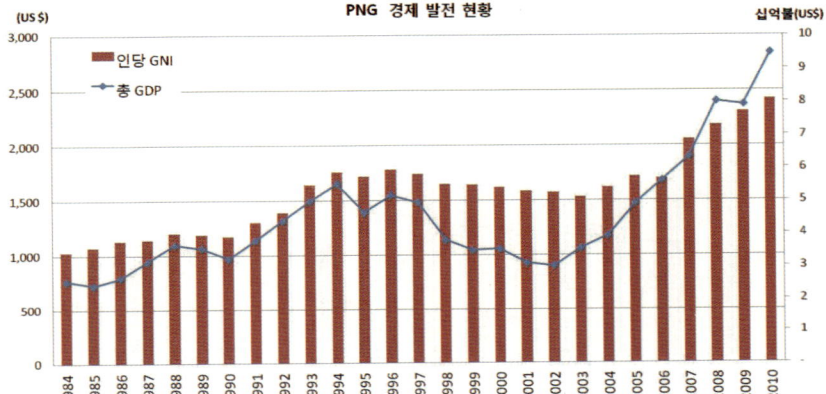

파푸아뉴기니의 주요 경제 지표

산업인프라는 매우 취약하다.

2010년 기준 수출과 수입은 각각 53억 달러와 50억 달러로, 비교적 균형 있는 무역량을 유지하고 있으며, 2002년부터 수출은 연 15.6%, 수입은 연 14.8%의 높은 성장률을 보이고 있다.

파푸아뉴기니의 외국인직접투자(Foreign Direct Investment, FDI)는 1984년부터 일정한 규모가 유지되고 있으며, 2009년 4억 2천만 달러 규모의 외국인 직접투자가 이루어진 바 있는데, 파푸아뉴기니의 에너지 및 광물 개발산업의 발전과 더불어 외국인 직접투자의 규모는 향후 더욱 증가할 것으로 예상된다.

하지만 파푸아뉴기니의 경제예측이 밝기만 한 것은 아니다. 먼저 파푸아뉴기니 경제는 높은 인플레이션 및 물가 상승률로 인한 시장 불안이 내재되어 있다.

1984~2010년 사이, 파푸아뉴기니의 인플레이션 변동추세와, 소비상품 및 서비스 가격의 변동을 나타내는 지수로, 도매물가지수와 일반 소비생활에 직접적인 영향을 주는 물가 변동을 추적하는 소비자 물가지수(Consumer Price Index, CPI)의 추세를 살펴보면, 인플레이션율은 6~8%대로 상대적으로 높으며,

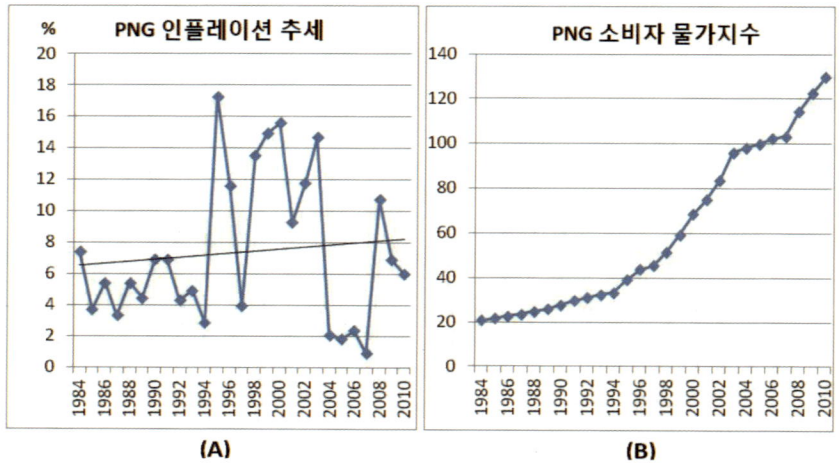

파푸아뉴기니의 시장 여건 변화 현황

세계은행(World Bank)이 발표한 파푸아뉴기니의 CPI는 2010년 기준으로 129.7을 기록했는데(2005년의 물가를 100으로 환산), 이는 높은 인플레이션으로 인해 CPI 역시 빠르게 상승하고 있음을 나타내는 것으로 파푸아뉴기니 소비자의 소비 여력이 빠르게 감소하고 있음을 의미한다.

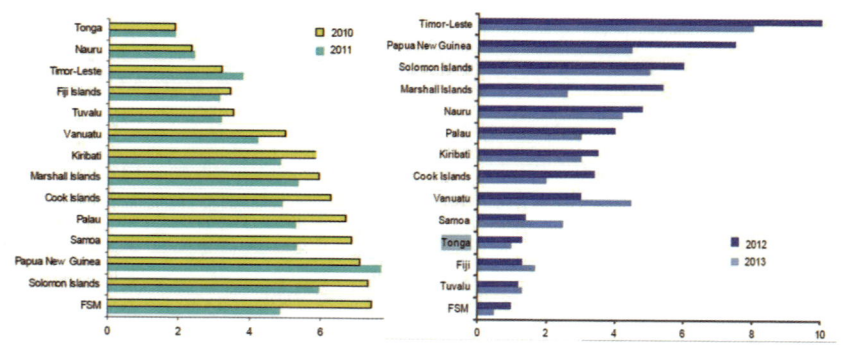

파푸아뉴기니 및 주변 국가 소비자 물가지수 비교

파푸아뉴기니의 화폐 키나(Kina)의 강세로 인해 인플레이션 비율이 6%대로 예측되지만, 통가, 나우루, 피지, 투발루, 바누아투, 키리바시, 쿡 제도, 마샬 제도, 솔로몬 제도, 마이크로네시아 연방국 등 주변 14개 국가와 비교할 때, 파푸아뉴기니는 솔로몬 제도와 함께 소비자 물가지수(CPI) 비율이 가장 높은 국가이다. 따라서 CPI의 가파른 증가가 지속되고 경제발전이 동반되지 않을 시, 파푸아뉴기니 소비시장의 규모가 크게 감소할 위험이 내재한다고 볼 수 있다.

또한 부채가 급증하고 있다. 1990년도 25억 달러 규모였던 파푸아뉴기니의 장기부채 규모는 점차 감소하여 2009년도까지 15억 달러 수준으로 하락하였다. 그러나 2010년 경제위기와 에너지산업 확대를 위한 신규 투자로 인해 파푸아뉴기니의 장기 부채 규모는 54억 달러 수준으로 크게 증가하였다. 세계은행은 급격한 부채 증가가 파푸아뉴기니 경제발전에 걸림돌로 작용하고 있음을 인식하고, 보조금 형태로 파푸아뉴기니 정부를 지원하고 있다. 부채 규모는 활성화 중인 에너지 관련 산업 발전 및 생산성 향상과 함께 점차적으로 감소할 것으로 예측되며 2012년 IMF는 파푸아뉴기니의 부채관리 능력 향상과 경제발전을 이유로 파푸아뉴기니의 투자위험도를 보통(moderate)에서 낮음(low)로 하향 조정한 바 있지만, 여전히 높은 부채에 대해 우려하는 시각은 존재한다.

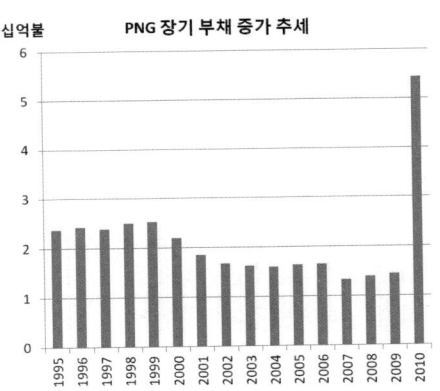

파푸아뉴기니 장기 부채 증가 추이

파푸아뉴기니 경제구조의 특징

파푸아뉴기니 경제는 크게 세 가지 특징을 지니고 있다. 첫 번째는 에너지 및 자원개발을 주력 사업으로 선정하고 있다는 점이다.

파푸아뉴기니 정부는 기존에 추구하던 GDP 성장, 정부 세금 수익 증대, 부동산 수입 증가, 건설 및 플랜트 운영인력 증대를 통한 일자리 창출 전략과 화석연료에 대한 의존도를 낮추고, 에너지 산업 육성을 국가발전의 주요 전략으로 수립하고 천연가스 산업 육성 등 에너지 다각화 전략을 실현하고 있다.

주요 에너지 산업으로는 천연가스 개발산업, 석유 개발산업, 신재생 에너지 개발산업 등이 있으며, 정부는 천연자원 개발사업의 활성화를 위해 천연가스 개발정책을 수립하고, Natural Gas Utilization Task Force를 신설하기도 했다.

파푸아뉴기니의 Ministry of Mining & Petroleum은 8.6 TCF(Trillion Cubic Feet)의 천연가스 매장량을 발견하고 이에 대한 사업타당성 평가를 실시한 바 있으며, Papuan Fold Belt에 35~55 TCF 규모의 천연가스 매장량의 가능성을 발표한 바 있다.

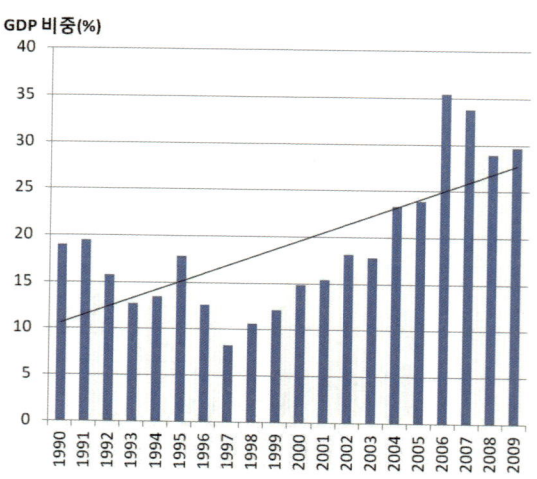

광물자원개발산업이 전체 GDP에서 차지하는 비중

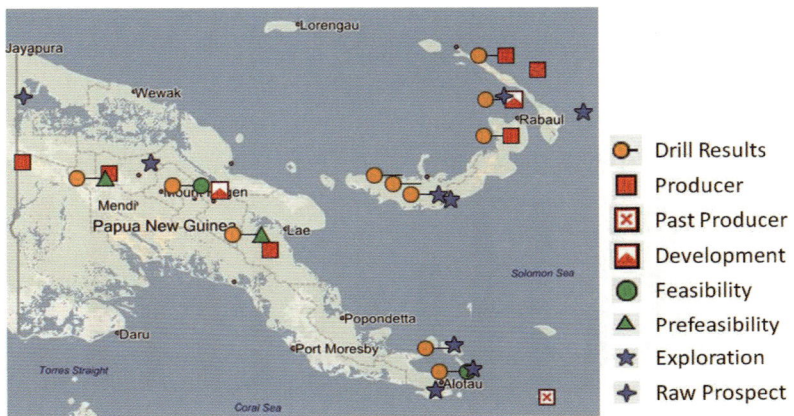

파푸아뉴기니 광물자원 개발 현황

두 번째는 광물자원 개발 산업의 비중이 높다는 점이다. 파푸아뉴기니는 금, 구리, 보크사이트 등의 지하자원과 산림자원이 풍부하여 점진적인 개발이 이루어지고 있으며, 최근 니켈과 코발트 등 고부가가치 광물의 개발이 시작되었다.

과거 20년간 광물산업은 전체 GDP의 평균 19.2%의 비중을 차지하는 등, 파푸아뉴기니의 경제에서 광물자원 개발 산업의 비중은 매우 높다. 현재 35개 이상의 기업이 97개 이상의 사이트에서 광물자원 개발사업을 계획하거나 진행 중에 있다.

파푸아뉴기니 정부는 광물자원 개발을 위한 해외기업 투자유치에 주력하고 있으며, 원활한 투자유치를 위해 관련 산업법과 외국인 투자법을 지속적으로 개혁 중에 있는데 투자유치를 위한 주요 개발 광물은 금, 구리, 니켈, 코발트 등 고가의 광물이다.

마지막은 파푸아뉴기니의 산업이 정부 중심의 산업경제 구조를 갖고 있다는 것이다. 총 GDP의 30% 이상을 정부수입이 차지할 만큼 정부가 경제구조의 중심적 역할을 하며, 향후 정부 수입이 GDP에 차지하는 비중이 점차 증가할 것으로 예상된다. 정부수입의 상당 부분은 광산 및 석유 광구 개발 사업에서 발생되는 수입인데, 전체 노동인구 중 약 10% 정도가 민간 산업에 종사하며, 이외 상당수의 인력이 정부 운영 및 사업에 투입되었다.

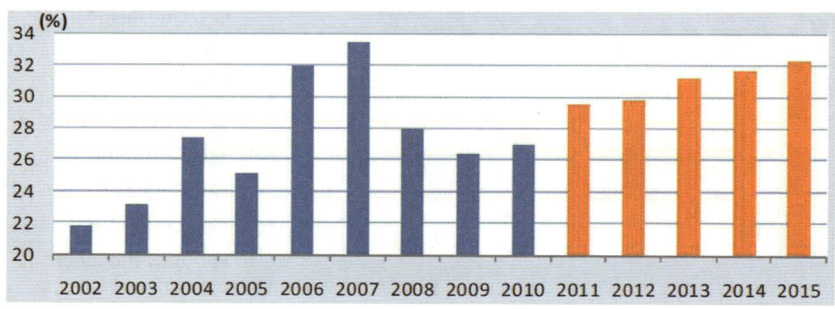
파푸아뉴기니 정부 수입에 대한 총 GDP 비중

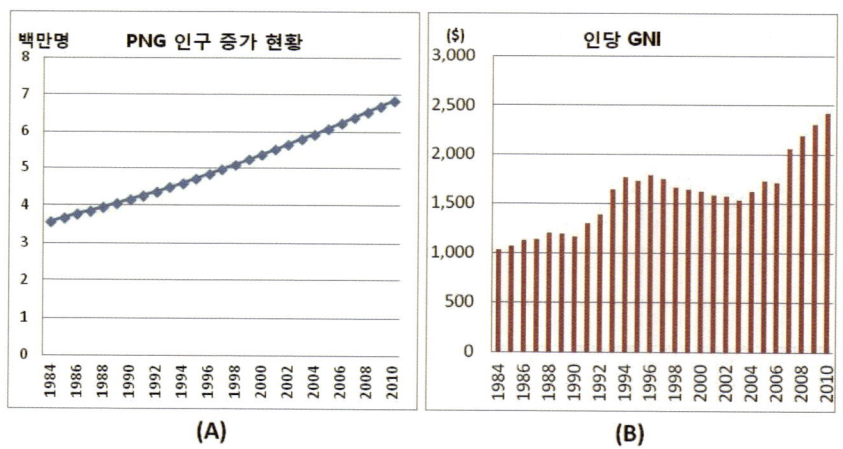
파푸아뉴기니 인구증가 및 국민 총소득 증가 추이

개략적인 시장 규모는 총 인구와 1인당 GNI의 곱으로 환산하여 측정 가능하며, 파푸아뉴기니의 인구증가율과 GNI 증가율을 고려할 때 향후 시장 규모는 빠르게 증가할 것으로 예측된다.

인구통계로 시장 규모 및 추세를 살펴보면, 파푸아뉴기니 시장 규모의 주요 척도인 총 인구수는 2010년을 기준으로 약 700만 명을 기록하고 있는데 지속적인 증가가 예상된다. 약 32만여 명의 인구가 수도를 비롯한 몇몇 주요 도시지역에 거주하며, 이들 소수 도시지역을 제외하면 인구밀도가 매우 낮은 편이다. 인구밀도는 1km^{2}당 15.1명으로 넓은 국토 면적에 비해 매우 낮은 편이다. 도시인구와 시골인구의 비중은 38:62로 국토 면적 대비 도시 집중화가 이루어진 편이다.

2010년 기준 총 인구 중 여성인구 비율은 49.0%이며, 보건의료 인프라의 낙후로 평균수명은 62.1세로 비교적 짧은 편이다. 2015년 기준 연령별 구성비는 14세 미만이 34.45%, 노동인구인 15~64세는 61.5%, 65세 이상은 4.05%이다. 고령인구 비율이 높지 않으며, 동시에 시장 구매력이 높은 15~64세의 노동인구 비중이 높은 편이다. 인구 성장률은 1984년 이후 연평균 2.5%로 증가세를 보이고 있다.

산업가용인구의 척도인 식자율(識字率, Literacy Rate)을 보면, 2015년 기준 성인 인구의 64.2%가 식자층이다.

LPG 등 천연자원 개발수익에 따른 경제성장으로 인해 지난 10년간 1인당 GNI 역시 일정한 상승세를 나타냈으며, 생활수준도 점차 향상되고 있다. 국민들의 생활수준 및 소비능력의 일반적인 척도인 1인당 국민총소득(GNI)을 볼 때, 2010년 파푸아뉴기니의 1인당 GNI는 2,420달러이며, 1993~2010년 사이 평균 4.3%의 비율로 증가했다. 이러한 증가율은 주변 적도 태평양 도서국의 경제발전 속도와 비교할 때, 다소 높은 편인데(동 기간 한국 GNI 성장률은 6.4%임), 2010년 한국의 1인당 GNI는 2만 9,010달러이며, 파푸아뉴기니의 1인당 GNI는 한국의 8.3%에 해당한다.

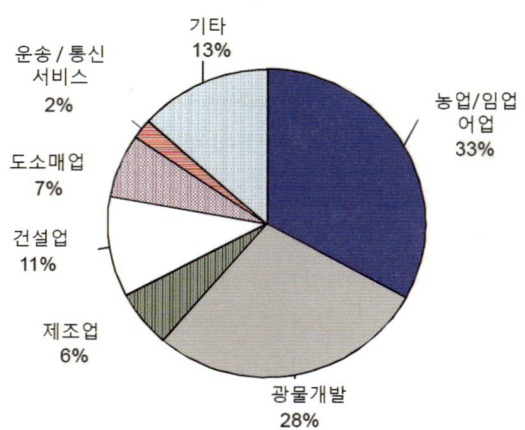

파푸아뉴기니 산업별 규모 (2010년 기준)

    2010년 기준 주요 산업으로는 총 GDP의 33%를 차지하는 농업·임업·어업과 28%를 차지하는 광물개발 산업, 건설업(11%), 도소매업(7%), 제조업(6%), 운송/통신 서비스(2%) 등이 있다. 프랑스 인시아드(Insead) 대학에 의하면, 2011년 기준 파푸아뉴기니의 주요 도시 중의 하나인 고로카(Goroka)에서 유통되는 800여 소비 품목군과 해당 산업군 중 연간 1인당 소비 규모가 1,000달러 이상인 30여 주요 소비 품목의 규모를 연간 1인당 소비 금액 순으로 집계하여, 산업별 규모 및 현 시장의 규모를 파악해 본 결과 현재 파푸아뉴기니의 산업은 서비스 산업, 비식품 소매산업, 비내구재 상품(Non-Durable Goods) 제조 산업, 내구재 상품 제조산업, 개인 건강 관련 상품 공급 산업 등의 순으로 나타났으며, 주요 30여 품목은 주변 도서국가의 주요 품목 및 순위와 유사한 반면, 소비량이 적은 비 주류 품목의 순위에는 다소 차이가 있는 것으로 조사되었다.

순위	산업	연간 1인당 소비량 ($)
1	일반 서비스 산업	19017.07
2	비식품류 소매업	13525.88
3	비내구재 제품(Non-Durable Goods)	9314.67
4	내구재 제품(Durable Goods)	6542.71
5	개인 의료 서비스(Personal Health Care)	5985.27
6	가맹업(Franchising)	5096.46
7	비농장 서비스(Non-Farm Housing Services)	4838.29
8	레저 교육(Leisure Education)	3754.49
9	주택 건설(Residential Construction)	3730.56
10	교육 훈련 서비스(Education and Training Services)	3326.76
11	우주 항공 방위산업 장비(Aerospace and Defense Equipment)	3077.29
12	신용금고업(Depository Credit Intermediation)	2765.93
13	자동차 판매	2742.63
14	화학약품	2725.28
15	개인주택 건설(Private Residential Construction)	2555.44
16	운송장비	2546.10
17	자산 및 재해 보험(Property and Casualty Insurance)	2463.43
18	전기, 에너지 등 공익사업	2420.12
19	병원 의료 서비스(Hospital Care)	2079.94
20	은퇴연금 플랜	2015.53
21	건설 엔지니어링 서비스	1906.75
22	무연 휘발류	1776.53
23	할인 매장	1694.62
24	음식점 및 술집(Eating and Drinking Places)	1486.10
25	경트럭/다용도 트럭	1405.25
26	외과의료 서비스	1309.19
27	여신업(Non-Depository Credit Intermediation)	1229.77
28	약국(Drug Stores and Pharmacies)	1220.91
29	외식업(Dining Out)	1162.19
30	백화점(Department Stores)	1058.11

2011년 산업 시장별 소비 규모

광업

파푸아뉴기니 광물 산업 관련 연간 시장 및 시장 예측 규모

연도	원유/천연가스 추출물	원유/가스	석탄
2007	13.92	3.57	0.03
2008	14.36	3.68	0.03
2009	14.82	3.80	0.03
2010	15.29	3.92	0.04
2011	15.76	4.04	0.04
2012	16.25	4.17	0.04
2013	16.75	4.29	0.04
2014	17.27	4.43	0.04
2015	17.81	4.57	0.04
2016	18.36	4.71	0.04
2017	18.93	4.85	0.04

파푸아뉴기니는 풍부한 광물을 보유하고 있기 때문에 아시아의 광물 개발 및 투자회사들이 파푸아뉴기니의 리히르(Lihir)를 비롯한 여러 지역에, 금을 비롯한 귀금속 광물광산 개발 사업에 활발히 참여 하고 있다.

특히 파푸아뉴기니는 세계적으로 금과 구리가 가장 많이 매장되어 있는 지역 중 하나인데, 2010년 통계에 의하면 약 16만 메트릭톤의 구리를 생산하여 세계에서 16번째 구리생산국에 올라 있다. 서태평양 지역의 10대 금-구리 매장지역 중 포게라(Porgera), 리히르, 옥테디(Ok Tedi), 부겐빌(Bougainville) 등 네 곳이 파푸아뉴기니에 속해 있는 지역이다.

한편 광물산업을 위한 우수한 천연 입지조건을 갖추고 있지만, ① 최근 심화되고 있는 임금 지불 관련 분쟁으로 발생하는 추가적인 노동비용, ② 기존의 파푸아뉴기니 토지 소유권 제도와 개발권한 간 상충되는 이해관계로 인한 마찰, ③ 파푸아뉴기니 정부의 토지 소유자에게 편파적인 정책지원 등으로 발생하는 추가적인 금융 비용, ④기복이 심한 지형으로 인한 조업의 어려움 등은 시장을 위축시키는 요소로 꼽히고 있다.

농업

농업, 임업, 수산업이 파푸아뉴기니 GDP의 33%를 차지한다(2010년 기준). 거의 80% 이상의 가까운 주민이 단순히 먹고살기 위한 자급자족적 농업에 종사하고 있다. 주요 생산품은 커피[387], 코코아, 코프라, 차, 사탕수수, 고무, 고구마, 과일 및 야채, 바닐라, 돼지고기 및 기타 가축 등이다. 국가의 험준한 지형이 역시 효율적인 농산물 유통구조 형성을 방해하고 있다.

수산업

파푸아뉴기니는 동반구 최대의 열대 도서국으로 다양한 연안 삼각주와 해양환경을 품고 있다. 작은 섬 지역에서는 대부분 자급자족을 위한 어업에 종사한다. 파푸아뉴기니의 대표적 수산물은 새우, 참치, 가재, 상어, 산호초 어종, 해삼 등이 있다. 그 밖에 해초, 대왕조개, 밀크피시(청어 비슷한 물고기), 숭어과 어류, 굴, 어패류 등도 잡힌다. 파푸아뉴기니 수산업은 국립수산국(National Fisheries Authority)에서 관할하고 있다.

임업

파푸아뉴기니는 숲이 전체 국토의 60% 정도를 덮고 있다. 경작 가능한 땅은 국토 면적의 0.5%, 농경지는 1.5%에 불과하다(2005년 기준). 국가의 험준한 산악지형이 삼림 재배 및 활용을 방해하는데, 식생은 엄청나게 다양해서 저지대, 열대우림, 야자수 우림, 맹그로브 습지 등이 있다. 파푸아뉴기니 산림청(Papua New Guinea Forest Authority)이 임업 분야 제반 업무를 총괄하고 있다.

---

387) 파푸아뉴기니 커피는 유기농 커피(Organic Coffee)로 유명하며 대표적인 커피인 파푸아뉴기니 시그리(Papua New Guinea Sigri)는 부드러운 신맛, 꽃과 과일향 등 풍부한 향미를 가지고 있다. 시그리의 주요 산지는 내륙 산악지방의 하겐 산(Mt. Hagen) 근방에 위치한 시그리(Sigri), 아로나(Arona) 등이며, 재배품종은 아라비카(Arabica), 로부스타(Robusta) 등이다. 수확 시기는 4~9월. 생산량은 연간 약 5만 1천 톤으로 세계에서 약 19위 정도이다(International Coffee Organization 2008년 crop year 기준). 파푸아뉴기니의 대표 커피인 파푸아뉴기니 시그리, 파푸아뉴기니 아로나는 1937년경 자메이카 블루마운틴(Jamaica Blue Mountain) 종자가 이식되면서 재배되기 시작했다. 파푸아뉴기니 커피의 대부분이 생산되는 중앙 산악지방인 하이랜즈(Highlands)는 적당한 강수량과 일조량 등 커피재배에 적합한 조건을 갖추고 있다. 현재 정부 차원에서 유기농 커피의 경작을 장려하고 있고, 국제 유기농 운동연맹(International Federation of Organic Agriculture Movements, IFORM)의 산하인 호주 유기농 인증기관(Australian Certified Organic Pty Ltd, ACO) 라이센스를 취득하는 등의 노력을 기울이고 있다. 커피의 등급은 생두의 크기를 기준으로 5등급으로 구분한다

해운 · 물류

험준한 육지환경 때문에 파푸아뉴기니 물류 서비스는 거의 해상 및 항공운송에 의지하고 있다. 국내 및 국외 회사들이 운영하는 정기적 화물 서비스가 존재한다. 대규모 선적을 처리할 수 있는 큰 항구는 라에(Lae)와 마당(Madang)에 있으며, 기타 외진 지역에도 소규모 선박들을 위한 다양한 접안시설이 있다. 현재 몇몇 기업들이 아시아, 호주, 기타 태평양 도서국으로 향하는 국외 물류 시스템을 운영하고 있다. 주요 물류기업으로는 헤비리프트 카고 에어라인(Heavylift Cargo Airlines), 퍼시픽 에어 익스프레스(Pacific Air Express) 등이 있다.

의료

대부분의 의료 서비스는 정부, 교회 등에서 제공한다. 역시 험준한 지형이 시골지역에 대한 효율적인 의료 서비스 제공, 인프라 구축을 방해하고 있다. Port Moresby General Hospital(PMGH)이 파푸아뉴기니 최대의 병원으로, 대부분의 의료기기는 호주 같은 선진국에서 수입한다.

인적자원

주민들의 대부분이 자급자족 생활을 하고있다. 2000년 노동력 인구조사에 따르면, 전체 인구의 2% 정도만 인증된 전문직 또는 고급 관리직에 종사하고 있다. 대부분의 노동조건은 1978년의 노동법을 따른다.

화폐경제권 최대고용 부문은 정부로 임금노동자의 약 25% 정도를 고용하고 있다. 민간 부문 고용은 광산개발 등 대규모 프로젝트에서 발생하지만, 최근 주요 광산 및 유전에서의 채굴량이 감소함에 따라 민간 부문 고용도 부진한 형편이다.

전통경제의 비중이 매우 높기 때문에 실업률은 별 의미가 없으나, 경제개발에 따라 청년층이 도시지역에 집중되어 이들을 중심으로 도시지역의 실업률이 높아지고 있다. 도시지역의 신규고용 흡수력이 인구 유입률을 따라가지 못하기 때문에 실업문제가 계속 심각한 문제로 남을 전망이다. 독립 이후 초등교육이 널리 보급되고 있으나 아직 숙련 노동력의 부족현상이 심각한 상태이며, 외국인투자 기업들의 관리 및 기술 인력은 대부분 외국인을 고용하여 충원해야 한다. 이때 법률에 의해 해당 직책을 담당할 현지인을 육성하기 위한 훈련 프로그램을 의무적으로 실시해야 한다.

세무, 회계

파푸아뉴기니의 회계감사 서비스 시장은 아주 작다. 세계적인 'Big Four' 회계기업 중 3개(PWC, Deloitte, KPMG)가 파푸아뉴기니에서 활동하고 있는데, 이들이 회계감사 시장을 거의 독식하고 있다. 파푸아뉴기니는 현재 국제회계기준(International Financial Reporting Standards, IFRS)의 전면 도입을 추진 중이다. 2011년 세계은행 통계(World Bank, Ease of Doing Business Index)를 보면 파푸아뉴기니는 파산 해결 능력(resolving insolvency)이 183개국 중 116위이다.

세금

파푸아뉴기니에는 다양한 세금체제가 있다. 2009년 기준 소득세는 소득 종류에 따라 22~42% 정도이며, 상주 기업들은 약 30%, 비상주 기업들은 48% 정도의 높은 세금을 낸다. 또한 광물, 가스 관련 기업들은 약 30%, 석유 기업들은 약 45%의 세금을 낸다. 신생 기업, 지방 입주 기업들은 여러 감세 혜택을 받을 수 있다. 여러 국가와 이중과세 조약(double tax treaties)을 체결한 상태이다.

사무자동화

파푸아뉴기니의 컴퓨터 사용률은 여전히 낮다. 1,000명당 20여명 정도가 인터넷을 사용한다(2008년 기준). 마이크로소프트(Microsoft), IBM, 컴팩(Compaq) 같은 국제적 기업이 파푸아뉴기니 주재 호주 기업을 통해 서비스를 제공한다. 올컴 PNG(Allcom PNG) 같은 컴퓨터 및 사무기기 기업들은 포트모르즈비, 라에, 마당, 웨왁과 고로카 같은 대도시에 분점을 가지고 있다.

전기

파푸아뉴기니의 주요 전기공급자는 국영전력위원회인 엘컴(Elcom)이다. 대부분의 전기는 수력발전소에서 생산하며, 화력발전소도 존재한다. 엘컴은 약 20곳의 발전 기지를 갖추고, 27개의 도시에 전기를 공급한다. 현재 천연가스나 다른 자원을 활용한 발전 시스템 개발을 지속적으로 추진 중이며, 가정용 온수 공급을 위한 태양열 발전이 도입되기도 했다.

주요 대기업

최대 대기업 중 하나로 림부난 히자우 그룹(Rimbunan Hijau Group)이 있으며 제조, 삼림업에 종사하고 있다. 그 외에 최대 공기업은 PNG 항공(Airlines PNG), 사우스 퍼시픽 은행(Bank South Pacific Ltd), 시티 파머시(City Pharmacy Ltd), 코퍼몰리(Coppermoly Ltd), 신용회사(Credit Corporation Ltd), 큐 에너지 리소스(Cue Energy Resources Ltd)와 하이랜즈 퍼시픽(Highlands Pacific Ltd) 등이 있다. 또 주요 증권거래소로는 포트모르즈비 스톡 익스체인지(Port Moresby Stock Exchange Ltd, POMSoX)가 있다.

파푸아뉴기니의 주요 대기업(민간, 공공 모두 포함, 알파벳 순서)
Airlines PNG
Bank South Pacific Ltd
City Pharmacy Ltd
Coppermoly Ltd
Credit Corporation Ltd
Cue Energy Resources Ltd
Highlands Pacific Ltd
Petromin PNG Holdings Limited
Port Moresby Stock Exchange Ltd(POMSoX)
Rimbunan Hijau Group

언론 및 방송

파푸아뉴기니 헌법에는 언론, 출판, 집회, 결사의 자유가 규정되어 있으며, 언론 및 방송 서비스의 주요 공급자는 다음과 같다.
- TV : 1987년 7월 개설된 EM-TV가 유일한 TV 방송국이다. 호주인이 소유하고 운영하는 방송국으로 호주의 TV 방송들과 연결되어 있어 호주 프로그램 방송이 대부분이다.
- 라디오 : 국영방송(NBC)에서 제공한다.
- 신문
  - 일간지 : 포스트 쿠리어(Post Courier, 발행부수 3만 5천 부)와 더 내셔널(The National, 발행 부수 4만 부, 1992년 설립, 말라에시아계) 등 2개의 일간지가 있다.
  - 주간지 : 완톡(Wantok, 발행부수 주 1만 2천부, 피진어) 선데이 크로니클(Sunday Chronical, 발행부수 주 1만 부, 영어) 등이 있다.

출판

파푸아뉴기니의 출판 역사는 꽤 길며, 여러 신문, 잡지, 단행본, 인쇄자료 등이 있다. 주요 출판기관으로는 파푸아뉴기니 기술대학교(PNG University of Technology), 루터란 미션(Lutheran Mission), 마틴 루터 세미너리(Martin Luther Seminary), 크리스텐 프레스(Kristen Press) 및 디바인 워드대학교(the Divine Word University) 등이 있다. 현재는 무어 디지털 이미징(Moore Digital Imaging, MDI)회사가 파푸아뉴기니 최대의 출판 및 인쇄 기업이다.

부동산

파푸아뉴기니의 토지 소유권은 크게 관습적 토지와 외래 토지(alienated land)두 가지로 나뉜다. 관습적 토지로 전통적으로 부족이 소유한다. 외래 토지는 국가나 개인이 소유하는데, 이는 나라 전체의 사용 가능 토지의 3%에 불과하다. 외래 토지는 주로 도시에 위치하거나 농장의 형태로 존재하는데, 파푸아뉴기니 정부는 이 토지지역의 개발을 적극 장려하고 있다. 투자 촉진을 위해 산업센터

개설, 투자자 모집, 자유무역지역 설정 등의 노력을 전개하고 있다. 프로페셔널 리얼 에스테이트 그룹(Professionals Real Estate Group)이 최대 부동산 그룹으로, 포트모르즈비, 라에, 하겐 그리고 마당 등에 사무실이 있다. 파푸아뉴기니에는 자본의 득세가 아직까지는 존재하지 않는다.

표준화

파푸아뉴기니의 금융 관련 표준화 기관들로는 파푸아뉴기니은행(Bank of Papua New Guinea), 파푸아뉴기니증권위원회(Securities Commission of Papua New Guinea, SCPNG), 사업등록 및 규제부(Business Registration & Regulation Division, BRRD) 등이 있고, 통신 관련 표준화 기관으로는 팡텔(PANGTEL)이 있으며, 산업 및 기술 관련 표준기관으로는 파푸아뉴기니 국가표준 및 산업기술원(The National Institute of Standards and Industrial Technology of Papua New Guinea, NISIT)가 있다. 현재 파푸아뉴기니는 국제표준화기구(International Organization for Standardization, ISO)의 준회원국이다.

통신 및 인터넷 서비스

2008년 조사에 따르면 1,000명당 전화개통 수는 약 10개, 휴대폰 사용자는 약 100명, 인터넷 사용자는 20명꼴이다. 국영 기업인 텔리콤 PNG(Telikom PNG Ltd)가 최대 통신 서비스 제공자이며, 인터넷 서비스 제공자로는 달트론(Daltron), 다텍 PNG(Datec PNG), DG 컴퓨터(DG Computers), 글로벌 테크놀로지(Global Technologies)와 온라인 PNG(Online PNG) 등이 있다. 현재 정부에서는 텔리콤 PNG의 민영화를 고려 중이다.

관광 및 여행

세계관광협의회(World Travel and Tourism Council, WTTC)에 따르면 2011년, 관광업은 파푸아뉴기니 GDP의 2.5%를 차지한다. 파푸아뉴기니는 엄청난 자연적·문화적 관광자원을 가지고 있으면서도 인프라 및 편의시설 부족, 치안

부재, 서비스 인력 부족 등으로 관광업을 발전시키지 못했다. 2010년에는 총 14만 7천명의 관광객이 방문했다.

현재 정부에서 경제발전을 위해 지역 및 도시지역의 관광업을 부흥시키려 하고 있다. 서핑, 스노클링, 다이빙, 조류 관찰, 트레킹 등의 관광 프로그램을 개발 중이고, 그 외에도 전통문화와 역사, 제2차 세계대전 유물 등을 결합한 프로그램도 추진 중이다.

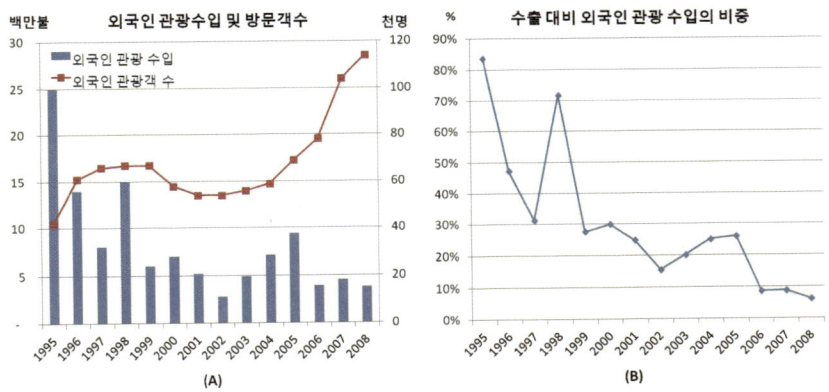

파푸아뉴기니 외국인 방문객 및 관광수입 추이

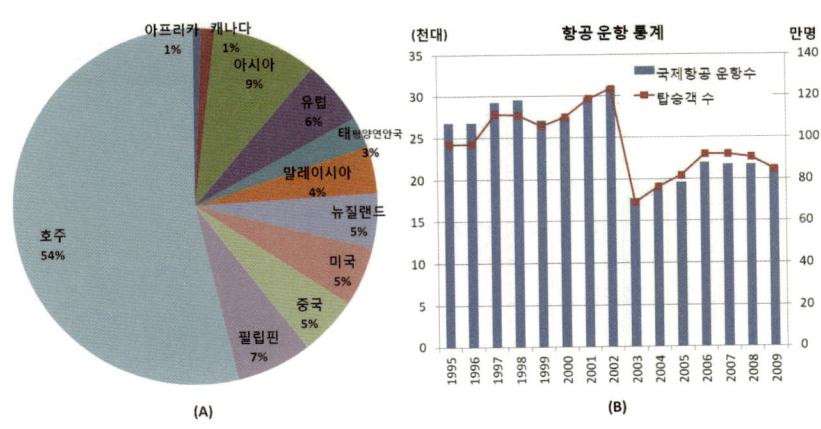

외국인 방문객 통계(2010년 기준)

교통 및 건설

파푸아뉴기니의 험악한 산악지형과 600개 이상의 섬으로 구성된 특수성으로 인해 철도가 없고 도로도 빈약하여 전반적으로 육상교통이 매우 낙후된 상태이다. 그러나 항공 및 해운은 상대적으로 발달되어 있어 주요한 교통수단으로 이용된다. 도로 포장률은 국토면적에 비해 낮은 편이며 항구도시인 라에와 내륙 고산지대에 위치한 고로카 및 하겐을 연결하는 도로가 건설되어 있으나, 수도인 포트모르즈비와 여타 주요 도시를 연결하는 간선도로는 없다. 따라서 건설 부문은 세계은행과 ADB에서 가장 많이 투자하는 부문이며, 특히 ADB는 2008년부터 7개 사업에 총 4억 4,500만 달러를 라에 시와 하이랜즈를 비롯한 주요 도시 및 근교의 도로, 교량, 항만 건설에 집중적으로 투자하고 있다. 세계은행은 총 10개의 사업에 총 3억 5백만 달러를 투입하여 도로교통 인프라 건설을 지원하고 있다.

대다수의 현지 건설업체는 자국 내에서 주택 또는 빌딩 건설업에 참여하고 있으며, 대형 인프라 건설업은 일반적으로 외국계 건설회사가 담당하고, 현지기업이 하도급 계약 형태로 참여하고 있다. 다수의 미국, 일본, 호주, 유럽,

파푸아뉴기니 연간 건설시장 규모(단위 : 백만 달러)

연도	공공주택 건설	개인주택 건설	건설 엔지니어링	비거주용 건물	건설 관련 서비스
2007	62.61	42.88	37.79	19.54	1.74
2008	66.99	45.89	38.79	20.06	1.80
2009	71.68	49.10	39.83	20.59	1.86
2010	76.70	52.54	40.88	21.14	1.92
2011	82.07	56.22	41.95	21.69	1.98
2012	87.82	60.15	43.04	22.25	2.04
2013	93.16	64.37	44.16	22.83	2.10
2014	100.54	68.87	45.30	23.42	2.16
2015	107.58	73.69	46.48	24.03	2.23
2016	115.11	78.85	47.69	24.66	2.30
2017	123.17	84.37	48.93	25.30	2.37

중국계 건설회사의 지사가 활동 중이며, 한국 기업으로는 두산 중공업이 지사를 운영하고 있는데, 다세대 주택 등 공공주택과 개인주택의 수요가 가장 많으며, 향후 수요 역시 빠르게 증가할 것으로 예상된다.

한편 국내 항공운송은 국영 항공사인 에어 니우기니(Air Niugini)와 경비행기를 운항하는 수 개의 민간항공사가 제공하며, 약 40개의 주요 거점지역을 정기적으로 운항하고 있다. 국제 항공운송은 에어 니우기니 외에 호주 콴타스(Qantas) 항공사가 있으며 호주 시드니, 브리즈번, 케언스, 싱가포르(주 2회 월, 목), 마닐라(주 3회 화, 금, 토), 홍콩(주 2회 월, 수), 일본(주 2회 수, 토) 솔로몬군도(주 2회 금, 토)에 정기적으로 취항하고 있다.

항구는 포트모르즈비, 라에, 라바울, 킴베(Kimbe), 아이타페(Aitape) 등 12개 주요 도시의 국제항구를 비롯하여 전국 각 섬마다 비교적 잘 발달되어 있다. 연안운송 서비스는 200척 이상의 선박에 의해 폭넓게 제공되며, 주요 도서의 연안항로를 따라 16개 주요 항구로 운항하고 있다.

또한 국제 해운사들에 의해 호주, 동남아시아, 일본, 유럽, 남태평양 각국의 정기적 화물운송 서비스가 제공되고 있으며 냉동컨테이너선의 이용도 가능하다.

식수 및 위생

물 공급은 국가, 민간 부문에서 모두 진행한다. 시골 지역에서 깨끗한 식수확보는 중요한 문제로, 지역에 따라 식수확보 및 위생 여건에 큰 격차가 있다. 국제 NGO 단체인 워터에이드(WaterAid)는 2005년부터 호주 워터에이드(WaterAid Australia)의 지원을 받아, 시골 학교들을 중심으로 위생개선 프로젝트를 추진 진행중이다.

시민사회 및 NGO

파푸아뉴기니에서의 NGO 활동을 장려하기 위한 멜라네시아 리더십 NGO 센터(Melanesian NGO Centre for Leadership)가 존재한다. 파푸아뉴기니 환경-임업 포럼(PNG Eco-Forestry Forum)은 임업의 지속 가능한 발전을 통해 지역 커뮤니티의 발전을 도모하는 NGO이며, 개인 및 지역 권리 그리고 조언

포럼(Individual and Community Rights and Advocacy Forum, ICRAF)은 포트모르즈비에 위치해 인권 및 토지소유권 이슈를 다루고 있다. 그 외에 영국대외봉사단체(Voluntary Service Overseas, VSO)를 포함해 몇몇 국제 NGO도 존재한다.

파푸아뉴기니의 해외무역 현황

무역의 규모는 1984년 이후 점차 증가 추세를 보이고 있으며, 특히 2002년 이후 급격한 증가세를 나타내고 있다. 파푸아뉴기니는 2010년 103.3억 달러의 수출입량을 기록하며, 최근 저점인 2002년 35.7억 달러 대비 약 290% 증가율을 나타냈는데, 수출 총액이 수입총액에 비해 다소 많은 가운데, 수출과 수입이 균형 있는 성장세를 나타냈다.

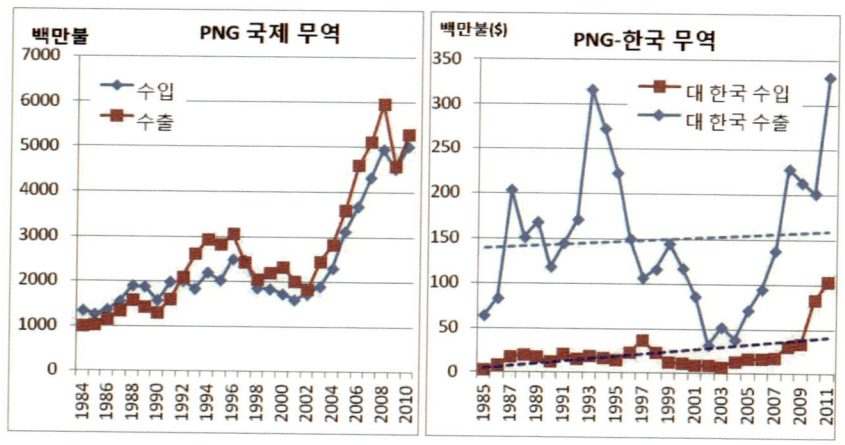

파푸아뉴기니의 국제 무역 및 대 한국 무역 추세

한국과의 무역은 1996년부터 활성화되어 2011년 기준 한국-PNG의 무역량은 약 43만 달러 수준이다. 수입을 살펴보면, 파푸아뉴기니의 총 수입액은 2001년 16억 1천만 달러에서 2010년 50억 3천만 달러로, 10년간 약 3배 증가했으며, 연평균 14.1%의 비율로 증가하고 있다. 파푸아뉴기니의 한국으로

부터 수입 규모는 2002년 9,000달러에서 2011년 3만 4천 달러로 약 11.4배 증가하였으며, 연평균 33.9%의 비율로 증가하고 있다. 대 한국 수입 규모는 수출 규모에 비해 작으나 꾸준한 증가 추세를 보이며, 향후 수출에 비해 더 빠른 속도로 증가할 것으로 예상된다. 주요 수입품은 철강, 기계, 전기기기 등이 있다.

파푸아뉴기니의 총 수출 규모는 2002년 18억 3천만 달러에서 2010년 52억 9천만 달러로 약 2.9배 증가했으며, 2001년 이후 최근 10년간 연평균 10.2%의 비율로 증가하였다. 파푸아뉴기니는 태평양 도서국 중 호주에 수출을 가장 많이 하는 국가로 주요 수출 품목은 금, 석탄, 석유, 석유 가공 제품인데, 최근 호주의 대파푸아뉴기니 무역 적자폭의 증가로 인해 파푸아뉴기니의 호주 수출량이 10%이상 감소한 반면, 파푸아뉴기니의 대 뉴질랜드의 수출량이 크게 증가하여 2012년 1/4분기 대 뉴질랜드 수출량은 커피를 비롯한 음식료품 수출 증가에 힘입어 약 6.8% 증가하였다.

파푸아뉴기니의 대 한국 수출 규모는 2002년 3만 2천 달러에서 2011년 33만 1천 달러로 약 10.3배 증가하였으며, 연평균 25.5%의 비율로 증가하고 있다. 수출규모는 수입 규모에 비해 크나 기복이 매우 심하며, 향후 점차적으로 증가할 것으로 예측된다. 주요 수출 품목은 목제품, 광산물, 커피, 차 등이 있다.

국가발전계획

파푸아뉴기니 경제의 향후를 예측하기 위해서는 국가에서 주도하고 있는 주요 전략 사업에 대해 이해해야 한다.

정부발전계획은 거시 계획인 Vision 2050과 Papua New Guinea Development Strategic Plan(PNGDSP) 2010~2030 및 중기 발전 계획(Medium Term Development Plan) 등이 있으며 상호 연계성이 있다.

먼저 Vision 2050을 살펴보면, 파푸아뉴기니 정부는 2007년 Vision 2050 계획을 수립하고 일곱 가지 전략적 포커스를 기반으로 세부 사업의 방향을 제시하였다. 그리고 Vision 2050의 구체적 실현을 위해 장기 발전 계획인 Papua New Guinea Development Strategic Plan(PNGDSP) 2010~2030과 중기 발전 계획인 Medium Term Development Plan(MTDP) 2011~2015를 함께

추진하였기 때문에, Vision 2050이야말로 파푸아뉴기니의 핵심 국가 전략이라고 할 수 있다.

    Vision 2050을 지원하기 위해 수립된 장기 전략 프로그램(Long-Term Development Strategy 2010~2030)은 파푸아뉴기니의 중진국 진입을 위한 경제발전과 교육-훈련 프로그램 개발을 통한 인적 자원 개발 및 기초 보건 시스템 건설, 교통 인프라 제공을 통한 지역 간 동등한 경제생활 기회 부여, 전기, 교육, 보건 시스템 제공 등을 목적으로 하고 있다. 마찬가지로 Vision 2050을 지원하기 위해 수립된 중기 발전 계획은 공공 투자 프로그램(Public Investment Program)의 성공적인 수행과 자원 활용의 효율성을 최적화하는 것을 목적으로 하고 있다.

파푸아뉴기니 Vision 2050의 전략적 포커스 및 주요 과제

Papua New Guinea Vision 2050 전략적 포커스

- 인력 개발 및 여성과 젊은 세대의 주권 강화
- 국부 창출
- 기관 설립 및 대 국민 서비스 지원
- 환경 및 기후 변화에 대한 대응
- 심적 · 문화적 · 지역사회 지향적 발전
- 전략적 계획 수립, 실행, 관리
- 안보 및 국제관계 수립

Papua New Guinea Vision 2050 주요과제

- 교육 훈련 프로그램 개발 및 보급을 통한 국민의 권리 증진 사업
- 천연자원 개발을 위한 대형 사업
- 기관 설비 및 기초 인프라 건설과 대국민 서비스 향상을 위한 사업
- 국제 교역의 활성화와 무역량 증대

파푸아뉴기니 경제통계 (외교부 자료에서 발췌)

○ 국내경제

	2010	2011	2012 1분기
인구			7백만 명
명목 GDP(USD bn)	14.58	15.68	17.08
실질 GDP 성장률	6.1%	7.6%	8.9%
1인당 GDP(USD)	약 2,400	약 2,450	약 2,500
물가상승률	6.0%	6.9%	4.0%
고용률			5.0%

출처 : Quarterly Economic Bulletin, Bank of Papua New Guinea (2012.3)
(www.bankpng.gov.pg/media-releases/publications-presentations/quarterly-economic-bulletin/)

○ 대외경제

	2008	2009	2010	2011
총수출(백만 kina)	16,655.0	12,079.8	15,601.8	16,376.1
총수입(백만 kina)	8,479.0	7,761.0	9,576.2	10,033.5
교역규모(백만 kina)	24,134.0	19,843.8	25,178.0	26,409.6
무역수지 흑자(백만 kina)	7,176.0	4,318.8	6,025.6	6,342.6
외환보유고		6.4 bn kina		8.8 bn kina
환율(US$/kina)	0.3797	0.3400	0.3785	0.5093 (2012. 09. 11)
이자율(T'Bill Rate)	8.16%	7.43%	3.58%	3.11% (2012. 03)
이자율(3년물 채권)	7.6%	8.2%		
외채(백만 kina)	2,854.8	2,936.6	2,501.9	1,676.3 (2012. 03)

출처 : Quarterly Economic Bulletin, Bank of Papua New Guinea (2012.3)
(www.bankpng.gov.pg/media-releases/publications-presentations/quarterly-economic-bulletin/)

○ GDP 구성현황

(2014 추정치)

구분	소분류	비중(%)
1차산업	농업, 임업, 수산업	26.2%
	석유 · 가스 채굴업	
2차산업	일반광물 채굴업	39%
	제조업	
	전기, 수도, 가스업	
	건설업	
3차산업	도매, 소매업	34.8%
	운송, 보관, 통신업	
	금융, 부동산, 사업중개업	
	개인 및 공공 서비스	
	기타	
합계		100

출처 : 2015, CIA 자료

○ 파푸아뉴기니의 주요 수출국

(단위 : 백만 키나)

순위	구분	2010		2011	
		금액	비중(%)	금액	비중(%)
	총계	15,601.8	100	16,376.1	100
1	호주	7,277.8	46.6	6,872.6	42.0
2	일본	2,319.6	14.9	2,273.4	13.9
3	필리핀	1,140.9	7.3	1,188.3	7.2
4	중국	1,036.0	6.6	985.3	6.0
5	독일	615.3	3.9	940.9	5.7
6	네덜란드	398.2	2.5	836.9	5.1
7	대한민국	579.8	3.7	401.4	2.4
8	영국	295.5	1.9	322.3	2.0
9	미국	122.0	0.8	275.2	1.7
10	스페인	317.8	2.0	253.1	1.5

출처 : Quarterly Economic Bulletin, Bank of Papua New Guinea (2012.3)
(http://www.bankpng.gov.pg/media-releases/publications-presentations/quarterly-economic-bulletin/)

○ 파푸아뉴기니의 주요 수입품목

(단위: 백만 키나)

순위	구분	2010	2011	2012 금액	2012 비중(%)
	총수입	9,576.2	10,033.5	6,834.5	100
1	기계 및 운송장비	3,619.1	3,546.9	2,448.0	35.82%
2	기타 가공품	1,432.7	1,759.2	1,350.8	19.76%
3	광물연료 및 윤활유	1,750.3	1,845.7	1,251.2	18.31%
4	음식 및 가축	1,111.3	1,119.1	613.7	8.98%
5	일회용품 및 기타	460.0	561.2	446.2	6.53%
6	소재분류에 따른 가공품	685.8	647.8	344.5	5.04%
7	화학물품	337.0	313.2	183.8	2.69%
8	주류 및 담배	129.7	145.2	122.0	1.79%
9	연료를 제외한 원료	46.7	90.5	68.7	1.01%
10	동식물성 기름	3.6	4.7	5.6	0.08%

출처 : Bank of Papua New Guinea (2012)

파푸아뉴기니 뉴아일랜드 주 해삼종류
(Papua New Guinea Fishing Industry - http://www.pngfia.org.pg/other_products.html)

별첨 2

파푸아뉴기니 방문정보 및 주의사항[388]

1. 입국 시 주의사항

파푸아뉴기니에 입국하려면 주한 파푸아뉴기니 대사관[389]을 통해 사증을 발급받아야 한다. 한국과 파푸아뉴기니 양국 간에는 사증면제 협정이 체결되어 있지 않다. 만일 한국에서 사전에 사증을 획득하지 못한 채 방문할 경우, 공항에서 30~60일짜리 관광사증(수수료 : 100키나)이나 상용사증(수수료 : 500키나)을 발급받을 수 있다. 단, 장기 체류 목적으로 파푸아뉴기니를 방문하는 경우라면, 주한 파푸아뉴기니 대사관에서 반드시 비자를 획득해야 한다. 이런 경우는 주로 취업을 목적으로 할 때가 많다. 장기체류를 희망하는 사람은 사전에 노동부(Department of Labour and Industrial Relations)로부터 노동허가(Work Permit)를 받은 후 주한 파푸아뉴기니 대사관에 해당 비자를 신청해야 하는데, 이때 수수료는 500키나 수준이다. 여권용 사진 1매, 고용계약서, 노동허가승인문서(노동허가번호, 직책번호, 만기일 포함), 건강검진증명서, 범죄경력증명서도 함께 제출해야 한다.

식품

파푸아뉴기니 내에는 대형 한국 식품점이 없다. 하지만 현지 대형 마켓에서 한국라면, 스낵류와 배추 등의 야채를 구입하는 것이 가능하다. 또 된장, 고추장, 고춧가루, 김, 마른미역, 냉면 등은 시기에 따라 구입할 수 있다. 파푸아뉴기니 방문 시 라면, 햄, 치즈 종류, 유제품, 야채류, 한약재는 반입이 제한된다.

건강진단 및 치료

파푸아뉴기니에는 의료보험제도가 있으며, General Hospital 또는 사설병원에서

---

[388] 외교부. 주 파푸아뉴기니 한국대사관. "파푸아뉴기니 여행안전 정보", "파푸아뉴기니 생활안내". http://png.mofa.go.kr/
[389] 주한파푸아뉴기니대사관. 서울 종로구 수성동 위브파빌론 210호. 전화/Fax: (02) 2198 5771/5779. http://www.papuanewguineaembassy.kr

간단한 치료는 받을 수 있으나, 정밀한 진단이나 치료를 요하는 병은 전문시설 및 의료진 부족으로 호주 등 주변 국가나 한국에 가서 조치를 받아야 하는 경우가 많다.

기후 및 의복

파푸아뉴기니는 몬순기후대에 속해 있으며, 건기(5~10월) 및 우기(11~4월) 두 계절로 나뉜다. 하지만 지형적 차이로 인해 지역편차가 심하여 수도인 포트모르스즈비는 연중 더운 날씨가 계속되나, 내륙 고산 지대인 하겐 산, 고로카 등의 지역은 건기에는 아침, 저녁으로 한국의 가을 날씨와 같이 서늘하다. 적도태평양국가인 파푸아뉴기니는 연중 여름 기후를 보이기 때문에 여름 옷을 많이 준비해야 하나, 야간에는 한두 벌의 가을 옷도 필요할 때가 있다. 현지에서 의류 및 신발류를 구매할 경우 주로 중국산 저가 제품이 대부분이고 종류도 제한되어 있다. 기후관계로 정장을 하는 경우는 드물며 공식적인 행사에 참석할 경우에도 재킷을 입지 않고 양복하의에 넥타이 차림이 일반적이다.

전기 및 생활용품

현지 TV 방식은 한국의 NTSC와는 다른 PAL 시스템으로 제공된다. 현지 전기체계는 240V / 50Hz이며, 한국 전자제품을 현지에서 사용할 경우 50, 60Hz 겸용 전자제품은 사용 가능하다. 60Hz의 한국 전자제품도 사용이 가능하나, 고장의 우려가 있다는 점을 유의해야 한다. 임차 주택에는 대부분 침대, 식탁, 소파, 냉장고, 세탁기 등의 기본가구가 비치되어 있으나 주택의 임차가격에 따라 비치된 가구의 종류나 질이 다르다. 대부분의 약품은 현지 구입이 가능하나, 감기약, 무좀약, 습진약, 진통제, 물파스, 소화제 등 상비약을 한국에서 준비해 오는 것이 좋다.

각종 증명서

파푸아뉴기니 현지에서 국제운전면허증이 허용되나 3개월 이내에 현지

면허증으로 교환해야 한다. 한국운전면허증은 현지 운전면허증으로 교체 가능하며, 보험가입 시 무사고 운전증명서는 필요 없다. 이사화물을 파푸아뉴기니로 보냈을 경우, 선적 서류(Bill of Lading)를 꼭 챙겨야 한다.

2. 도착 후 참고사항

주택 사정

파푸아뉴기니에는 외국인을 대상으로 한 단독, 연립주택 및 아파트가 있다. 그러나 치안이 비교적 안전한 지역에서는 공급물량이 부족하여 치안에 대비해 경비를 둔 아파트를 선호한다. 주택 임차료는 방이 3개일 경우 월 6,000~1만5천 USD 정도로 값이 비싸다. 점점 늘어나는 외국인 수에 비해 주택이 한정되어 있어 임차료가 계속해 가파른 상승을 보이고 있다. 입주 전 입주자 및 임대주 간의 임차계약서 체결 시 주택 내 비치가구 등을 꼼꼼히 확인해 두는 것이 좋다.

식품

파푸아뉴기니에 대형 한국식품점은 없지만, Vision City Mall, SVS Foodland, Boroko Food World, RH Hypermarket 등 포트모르즈비와 같은 대도시 대형마켓에서 동양 식품을 구입 할 수 있다. 또 슈퍼 등에서 한국인이 필요로 하는 쌀, 콩, 야채, 생선, 육류와 마늘, 참깨, 생강, 고추 등 양념류 구입이 가능하다.

교통 환경

오랜 기간 동안 호주의 지배를 받아 온 영향으로 파푸아뉴기니 역시 영국, 호주, 일본과 같이 우측에 핸들이 달려 있다. 한국 차량을 현지 대리점을 통해 구입할 경우 자동차에 부과하는 세율이 높아 상당히 고가에 속한다. 따라서 중고차를 구매하는 사람이 많은데, 현지에는 출고 10년 전후의 일본 중고차가 많은 편이다. 사고에 대비한 자동차 보험을 살펴보면 제3자 보험(Third Party Insurance)은 연간 약 250달러정도이고, 종합보험(Comprehensive Insurance)은 연간 800달러 이상이다. 파푸아뉴기니에는 잭슨국제공항(Jackson's International

Airport)이 있는데, 시내 중심가에서 약 10km 떨어진 세븐마일(Seven Mile) 지역에 위치해 있다(자동차로 20분 거리).

    버스 및 택시 등 대중 교통수단이 있으나 안전상의 문제로 대부분의 외국인은 이용하지 않으며, 관광을 위해 방문하는 경우에는 사전에 현지 여행사 또는 지인을 통해 렌트를 하는 등 미리 교통수단을 마련하여 가이드와 함께 동행할 것을 권장한다. 기본적으로 도로노면 상태가 불량하여 곳곳에 움푹 팬 곳이 많을 뿐만 아니라, 현지인들의 무단횡단이 일반화되어 있어 과속을 하지 않는 것이 좋다. 특히 비 온 뒤에는 도로상태가 더욱 악화되므로 안전에 만전을 기해야 한다.

    파푸아뉴기니는 정전이 자주 발생하여 교통신호등 및 가로등의 불이 나가는 경우가 자주 있으므로 야간운전 중에는 항시 주변을 잘 살피고 방어운전을 기본으로 해야 하는데, 정비상태가 불량한 차들이 많은 탓에 운행 중에 고장나는 차량이 종종 발생하므로 운전 시 안전거리를 항시 확보해야 한다. 안전벨트는 뒷좌석까지도 착용해야 하며, 위반 시 그 자리에서 20키나(약 8달러) 벌금이 부과된다. 자동차 운전 중 길에 있는 개를 치었을 경우 현장에서 주인임을 주장하는 최초의 사람에게 보상금을 지불해야 하는 경우가 종종 발생한다.

쇼핑 및 식당

파푸아뉴기니에는 대도시를 중심으로 대형 쇼핑몰이 있다. 또한 Stop & Shop, Boroko Food World, SVS, Vision City Mall, RH 등 대형슈퍼가 있으며 사람들은 주로 이곳에서 생활에 필요한 각종 식료품을 구입한다. 재래시장은 주로 현지인들이 이용하며 이곳에서는 야채, 과일 등을 싸게 살 수는 있으나 다소 위험하기 때문에 외국인들의 경우 잘 이용하지 않는다. 매주 일요일 아침 시내에서 20여 km 떨어진 Pacific Adventist University에서 직접 재배한 야채, 과일 등을 판매하고 있다. 태평양 도서국인 파푸아뉴기니에서는 신선한 각종 해산물도 구입할 수 있으나 외국인이 출입하기에는 위험한 지역으로 가능한 한 출입을 자제하는 것이 좋다. 만약에 이곳에 가는 경우에는 현지인을 대동하는 것이 바람직하다. 가구, 전자제품, 공산품은 Brian Bell, Courts 등의 상점에서 구입할 수 있다. 수도 포트모르즈비에는 1개의 한국식당(Seoul House), 2개의 일본식당(Daikoku, Ten) 및 여러개의 중국식당(Seafood Dynasty, Fugui, Golden bowl, Asia Aroma 등)이 있고, 양식 전문식당은 주로 호텔에 부속되어 있다. 이들 식당의 평균식대는 약 40~60 USD 수준이다. 맥도널드, 버거킹 등 패스트푸드 전문점은 없으나 주로 현지인 상대의 치킨 전문점(Big Rooster, Ken Mighty Chicken 등)이 몇 군데 있다.

호텔

수도 포트모르즈비 내에 외국인들이 숙박할 만한 호텔이 5~6개 정도 있으며 호텔별 숙박료는 다음과 같다.

- Crowne Plaza Hotel(시내 다운타운에 위치) : 약 400USD~
- Ela Beach Hotel(시내 Ela Beach에 근접 위치) : 약 380USD~
- Holiday Inn(시내 관공서 밀집지역인 Waigani에 위치) : 약 400USD~
- Airways Hotel(공항 근처에 위치) : 약 500USD~
- Gateway Hotel(공항 근처에 위치) : 약 380USD~
- Ramana Hotel(시내 관공서 밀집지역인 Waigani에 위치) : 약 380USD~

방문하는 외국인 수는 증가하는 반면 객실이 부족하여, 예약이 어렵고 고가이나, 시설은 가격대비 기대에 못 미치는 편이다.

관광

파푸아뉴기니의 관광자원은 비교적 풍부한 편이다. 수도인 포트모르즈비를 포함한 주요 도시의 시내관광, 오지탐험의 성격을 띤 코코다트레일(Kokoda Trail), 스쿠버 다이빙을 중심으로 한 해양관광, 유람선을 이용한 멜라네시안 관광, 고산지대의 원시생활 탐험 등 각종 형태의 관광 프로그램이 준비되어 있다. 하지만 치안불안으로 인하여 현지 안내인을 잘 선정해야 한다.

포트르즈비의 주요 관광지를 살펴보면 첫째, 바리라타 국립공원(Varirata National Park)[390]이 있다. 이 곳은 수도 포트모르즈비가 한눈에 들어오는 곳이며, Central coast의 절경을 즐길 수 있는 곳이기도 하다. 또한 파푸아뉴기니 국조인 35종의 극락조(Bird of Paradise) 중 6종의 서식지여서 많은 관광객이 선호한다. 둘째, 보마나 전쟁묘지(Bomana War Cemetery)[391]가 있다. 이곳은 제2차 세계대전에 참전한 호주 및 연합군 용사들의 안식처인데, 보다 더 좋은 관람을 위해 새벽시간에 방문할 것을 추천하기도 한다. 셋째, 식물원(Botanical Garden)[392]이 있다. 이곳은 파푸아뉴기니에 서식하는 다양한 종류의 난과 파푸아뉴기니 특유의 동식물을 경험할 수 있는 곳이다.

의외로 많은 사람이 국회의사당(National Parliament House)[393]을 관광지로 방문하는데, 국회의사당은 파푸아뉴기니 전통의 영혼의 집(Haus Tambaran)을 형상화해서 건축되어 근대와 전통문화가 어우러진 건축물이라는 평가를 받고 있다. 또한 국립박물관 및 미술전시실(National Museum & Art Gallery)[394]은 파푸아뉴기니의 동식물을 비롯한 각종 전통문화를 느낄 수 있는 작품이 전시되어 있어 관광객이 선호하는 관광지이기도 하다. 파푸아뉴기니를 방문할 때는 말라리아 또는 유사질병에 감염되지 않도록 과로를 피하고 특히 모기에 물리지 않도록 주의해야 하며 장기간 여행 시 예방약을 미리 복용하는 것이 좋다.

현금휴대는 필요한 최소한으로 하고 이동 중 또는 숙소 내에서도 소지품, 도난 방지를 위한 방안을 미리 강구하여 조치를 취해 두는 것이 필요하다.

---

390) 바리라타 국립공원 안내 전화 : +675-325-0195 / 팩스 : +675-325-0182
391) 보마나 전쟁묘지 안내 전화 : +675-325-0195 또는 +675-328-1536
392) 식물원 안내 전화 : +675-326-0229 / 팩스: +675-326-0449
393) 국회의사당 : 월~금 09:00~15:00
    안내 전화 : +675-327-7400 / 팩스 : +675-327-7481
394) 박물관의 개장시간은 다음과 같다.
    월~금 08:30~15:30, 일 13:00~17:00
395) 주 파푸아뉴기니 대한민국 대사관
  • Mailing Address : P.O.Box 381, POM, Papua New Guinea
  • Visitor's Address : Fourth Floor, Pacific MMI Building, Section 21 Allotments 2 & 3, Champion Parade, Granville, Port Moresby, Papua New Guinea
  • 전화번호 : +675-321-5822 / 5823 / 5824
  • 팩스 : +675-321-5828
  • 전자우편 : embpng@mofa.go.kr
  • 홈페이지 : http://png.mofa.go.kr
  • 근무시간 : 월~금 08:00~16:00(점심시간:12:00~13:30)
  ※ 파푸아뉴기니 공휴일 및 한국의 국경일(삼일절, 광복절, 개천절)은 휴무임.

파푸아뉴기니에는 칼이나 총을 이용한 강력범죄가 빈번하게 발생하기 때문에 긴급사태, 교통사고, 각종 재난 발생 시에는 즉각 인근 경찰서로 피신하여 대사관[395]에 연락해야 한다.

언론 매체

파푸아뉴기니 내 2개의 주요 일간지 신문 모두 영어로 발행된다. 주간지도 발행되고 있으며, 월간지로는 PNG Business(영어)가 발행된다. 방송을 살펴보면, 라디오는 NBC(National Broadcasting Commission of PNG) 단일 네트워크와 각 지역 특유의 중단파 방송시설을 보유하고 있다. TV는 피지인 소유 1개의 민영 EM-TV가 있고, 국영 TV 방송사 Kundu2(2008.9 방송 개시), HiTRON, Channel 8 등의 위성방송 송출회사가 있어 대부분의 국제적인 방송(KBS World, 아리랑 TV, CNN, BBC, CNBC, HBO, CINEMAX, ESPN, MTV, Star World)은 위성을 통해 시청 가능하다. 시청료는 월 60USD 수준이다.

3. 현지 주의사항

범죄

파푸아뉴기니는 전쟁이나 내란이 있는 곳은 아니나 언어와 문화가 다른 수십개의 부족이 살고 있는 나라에서 종종 부족 간의 갈등으로 인한 분쟁이나 무력 충돌이 발생하여 다수의 사상자가 발생하는 경우가 있다. 수도 포트모르즈비를 비롯하여 라에, 하겐 산 지역 등 대도시를 중심으로 범죄발생률이 상당히 높으며, 특히 하겐 산 등 하일랜드 주(Highlands Provinces) 지역은 종족 간 분쟁이 수시로 발생하여 신변 위험이 상존하는 위험지역으로 여행 시 많은 주의를 요한다. 파푸아뉴기니는 높은 실업률로 인한 우발적인 생계형 범죄가 주를 이루고 있으며, 특히 수도 포트모르즈비, 라에, 하겐 산 등 대도시의 경우 직업을 찾아 전국에서 몰려드는 인구수에 비해 일자리가 턱없이 부족하여 범죄가 시간과 장소를 가리지 않고 발생하는 등 치안이 불안하다. 수도 포트모르즈비의 경우 와이가니 지역에 위치한 국회의사당 주변지역, 투마일(Two Mile) 정착부락 지역(Settlement Areas)과 나인마일(Nine Mile) 정착부락 지역 사이가 위험지역으로 꼽히고 있으며 제2도시인 라에와 나드잡(Nadzab)공항 사이의 고속도로도 차량탈취 및 강도의 위험이 증대하고 있다.

이 밖에도 빈민층이 몰려사는 대도시의 정착부락 지역은 특히 위험한 지역으로 분류되는데, 기류나 칼 등이 범죄에 종종 사용되며 차량탈취, 폭력사건(성폭력 포함), 핸드백 날치기, 강도사건 등이 빈번하다. 강도형태가 주를 이루나, 최근 들어서 외국인 대상 주거지 및 사업장을 침입하거나, 납치 후 몸값을 요구하는 형태의 조직적이고 지능적인 범죄가 나타나기 시작하여 주재 시 각별한 주의가 요구된다. 최근 사례를 살펴보면 현금에 접근성이 높은 은행직원의 가족을 납치하고 이를 이용하여 은행을 터는 범죄가 케레마(Kerema) 시와 마당(Madang) 시에서 발생하였고, 이에 따라 케레마 시 은행은 안전성을 문제로 영업을 중지하는 사태가 발생하기도 했다.

파푸아뉴기니에서는 외국인은 모두 부유하다는 생각이 일반화되어 있어 항시 표적이 되기 쉬우므로, 늦은 저녁시간은 물론 대낮에도 도보로 시내를 돌아다니는 것은 자제하는 것을 권고하며, 야간에 이동할 필요가 있는 경우에는 반드시 차량을 이용하고, 차량 문을 잠근 상태로 운전해야 한다. 야간에는 바깥출입을 최소한으로 하는 것이 안전하다. 또 카메라, 휴대폰 등 휴대 시 이를 노리는 범죄가 빈번하므로 휴대품이 외부에 노출되지 않도록 주의를 기울여야 한다. 파푸아뉴기니에서 이동 시 외국인은 버스(Public Motor Vehicles)나 택시 이용도 위험하다고 여겨지므로, 믿을 만한 회사에서 임차한 차량이나 호텔에서 운행하는 차량 이용을 권장하고 있다.

4. 빈번한 사건·사고 유형 및 대처요령

절도

외부 주차장(환전을 위한 은행 방문, 관광지 방문 등)에 주차된 차를 대상으로 차량 유리창 파손 후, 귀중품을 훔쳐가는 사건이 빈번히 일어나고 있다. 따라서 관리인이 상주하는 주차장을 이용하고, 외부 주차장 이용 시 가방, 카메라와 같이 눈에 띄는 귀중품은 차량 내에 보이지 않는 곳에 잘 숨겨 불필요한 관심을 끌지 않음으로써 피해를 미연에 방지해야 한다.

무장 강도

무장 떼 강도(Rascals)가 인적이 드문 장소는 물론 골프장, 관광지, 사업장에도 기습적으로 나타나, 총기나 칼 등으로 위협하며 현금 및 귀중품을 강탈하는 사건이 가끔 발생하고 있다. 인적이 드문 곳이나 무장 떼 강도 활동지역으로 알려진 곳의 출입은 꼭 필요한 경우가 아니면 피하고, 항상 현지인 또는 현지 사정에 밝은 가이드의 안내를 받는 것이 좋다. 만약 강도가 덮칠 경우에는 저항하지 말고 가지고 있는 물건을 모두 주고 보내는 것이 현명한 방법이다. 저항하는 것은 신체적 상해를 부르는 상당히 위험한 행동이다. 또한 아무것도 없는 경우 화풀이로 신체에 상해를 가하는 경우도 있으므로 약간의 현금을 항상 보유하고 다니는 것도 좋은 대비책일 수 있다.

주거침입

주거침입은 주야간을 가리지 않고 자주 발생하는 사건 중 하나로 꼽힌다. 출입문을 항상 철저하게 단속하고 거실과 침실 간 이중시건장치를 사용하는 것이 기본이다. 언제나 모든 시건장치를 철저 하게 잠그는 것이 필요하다.

교통사고(상해 및 대물파손)

자동차는 파푸아뉴기니 내에서 필수적인 이동수단인 만큼, 이와 관련된 사건사고도 적지 않게 발생하고 있다. 교통사고가 발생하는 경우, 군중심리로 인해 주변의 현지인들이 떼지어 몰려들어 상해를 일으키거나 심지어 살해하는 경우가 발생하기도 한다. 일례로 2007년 파푸아뉴기니의 한 판사가 새벽에 귀가하던 중 제3국 망명을 요청하면서 타운 지역 내 도로변에 임시 주거지를 만들어 생활하고 있던 지방 종족들의 텐트 중 한 곳을 들이박는 사고를 일으켰다.

인명피해가 전혀 없었는데도 흥분한 이들이 사고를 확인하려고 하차한 판사를 그 자리에서 돌로 쳐서 죽이는 사건이 발생하기도 했다. 교통사고 발생 시, 상황 파악을 위해 차를 세우지 말고 인근 경찰서로 가서 신고 후 보호를 받으며 사건을 처리하는 것이 좋다. 또 차량 운행 시 펑크가 나는 등 문제가 생긴 경우, 차를 세우지 말고 경찰서 등 주변의 관공서 및 숙소 등 안전한 곳까지 이동한 후에 도움을 요청하는 것이 좋다. 현지인에게 도움을 받는 것은 기대하기 힘들고 오히려 귀중품이나 차량부품을 강탈당하는 사건이 발생하는 경우가 있음을 유의해야 한다.

사건 사례들을 살펴보면, 주재국 방문 일정을 마친 후 수도 포트모르즈비 시내관광을 하는 과정에서 환전을 위해 은행에 들어간 사이에 주차된 차량의 창문을 부수고 차내에 있던 여권 및 현금 등이 들어 있는 가방을 훔쳐간 사건이 발생한 적이 있다.

특히 주의해야 할 곳

파푸아뉴기니 여행 시 일반적으로 상당히 주의 해야 하며, 특히 늦은 시간에 경비가 없는 장소를 방문하는 것은 가급적 피하는 것이 좋다. 수도 포트모르즈비 국회의사당 근처에서 차량탈취가 자주 일어났으며, 특히 주말에는 경비가 없으므로 관광을 목적으로 국회의사당을 방문하는 것은 삼가는 것이 좋다. 수도 포트모르즈비 국립박물관을 위시한 대부분 관광장소도 항시 위험에 노출되어 있으므로 상당한 경계를 요하며, 방문 시에는 필히 현지인과 동행을 하는 것이 바람직하다. 특히 일요일에는 박물관 관람을 삼가는 것이 좋다.

현지인들이 주로 이용하는 현지시장(Koki market 등)에는 이권 다툼이나 사소한 시비가 큰 싸움으로 번지는 일이 종종 발생하여, 인명피해가 흔히 발생함은 물론, 소매치기, 강도 등의 크고 작은 범죄가 빈번하므로 가급적 가지 않는 것이 좋다. 지방으로부터 직장을 찾아 수도 포트모르즈비로 몰려든 다양한 지역 출신 종족들이 모여 사는 정착부락(Settlements)이 곳곳에 조성되어 있으며, 이 지역은 부족 간 다툼이나 각종 범죄의 온상지로 접근하지 않는 것이 좋다. 하이랜드 등 내륙 산간지역에서는 도심지역을 벗어나는 경우

납치가 빈번히 일어나므로 이러한 지역을 여행하는 경우 대사관에 사전 협의를 권장한다. 수도 포트모르즈비 인근의 바리라타 국립공원(Varirata National Park)을 방문하는 경우에도 도로를 막고 현금이나 차량을 탈취하는 경우가 빈번하므로 지역민(Wantok)과 동행해야 한다.

5. 기후와 자연재해

몬순기후대에 속해 있으며 건기(5~10월) 및 우기(11~4월)로 나눌 수 있으나 지역편차가 심하다. 바람이 강하고 비가 많이 와서 홍수 및 산사태 피해를 입는 경우가 있으며, 간헐적인 지진으로 피해가 발생하나 심각한 수준은 아니다. 최근 들어 파푸아뉴기니는 해수면 상승으로 인한 피해가 늘어 가고 있으며, 쓰나미의 위험에 노출되어 있어 해안가에서는 항시 주의가 요망된다. 우기에는 단기간에 집중적으로 비가 쏟아지는 경우가 많아, 홍수피해가 잦고 산사태 피해도 크므로 집중호우 시에는 불필요한 외출을 줄이고 안전에 만전을 기해야 한다.

6. 현지 관습 및 치안법령

관광 및 외출 시 노출이 심한 의상은 삼가하는 것이 좋으며, 현지인의 사진이나 현지 문화재 등을 촬영할 때는 사전에 허락을 받을 것을 권장한다. 음란물 소지 및 판매에 대해 상당히 엄격하며 구금 될 수 있다. 간통죄를 범한 경우 최대 구금형에 처해질 수 있으며, 파푸아뉴기니 내에서 위해 행위 및 살인, 해적행위를 할 경우 심하면 사형제도에 의해 사형에 처해질 수 있다.

7. 에티켓

파푸아뉴기니에는 부족이 너무 많기 때문에 나라 전체에서 통용되는 공통의 터부는 많지 않다. 그러나 보통 서구인들이 그러하듯 인사를 하면서 바로 지나가 버리는 행위를 아주 싫어한다. 자신들을 무시한다고 생각하기 때문이다.

따라서 인사를 했으면 꼭 멈춰 서서 얼굴을 마주하고 대화를 나누는 게 좋다. 또 파푸아뉴기니인들은 인사를 하고 악수를 한 다음 상대방의 손을 그들의 가슴에 얹는 경우가 있는데 이는 우애와 존중의 표시이다. 대화를 할 때는 눈을 맞추는 것이 좋고, 파푸아뉴기니 국민들은 모욕과 수치심을 잘 느끼므로 비판은 직접이 아니라 간접적으로, 제3자를 거쳐서 하는 게 좋다. 또한 음식을 발로 뛰어넘는 행위는 대단히 무례하게 여긴다. 그리고 각 부족 문화에 알맞은 보디 랭귀지, 제스처 등을 숙지하는 것이 좋으며, 각 마을의 추장 등을 접견할 때는 머리 숙여 인사를 하고 항상 공손해야 한다.

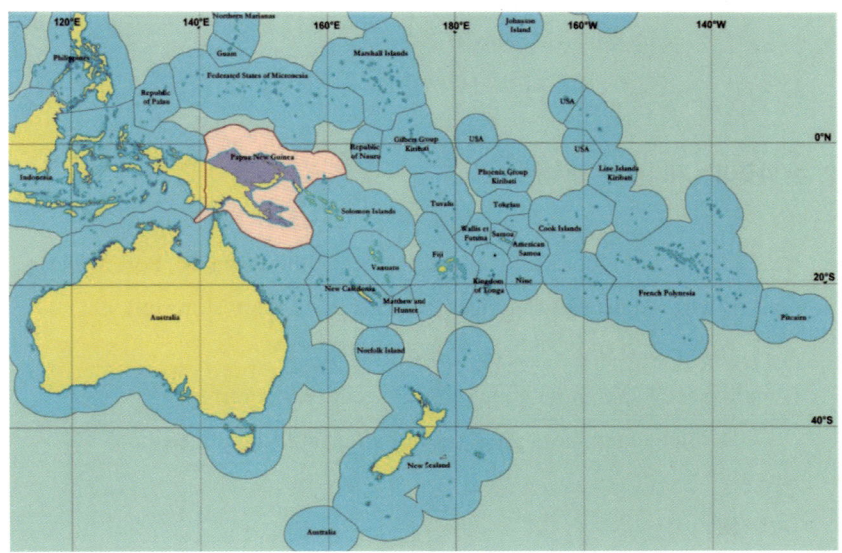

파푸아뉴기니 200해리 배타적경제수역 (핑크색 해역- Exclusive Economic Zone, EEZ)
(Papua New Guinea Fishing Industry Association Inc. http://www.fisheries.gov.pg/LinkClick.aspx?fileticket=63U3x7NT0ak%3d&tabid=152)

별첨 3

일본과의 관계

1. 개요

- 정치관계 : 1975년 1월 포트모르즈비에 일본 측 영사관 건설
  1975년 9월 독립과 동시에 외교관계 수립
  1975년 12월 주 파푸아뉴기니 일본 대사관 건설
  1976년 4월 주 파푸아뉴기니 대사관에 초대 대사 부임
- 경제관계(무역액, 2012년 재무성 무역 통계) :
  파푸아뉴기니로 수입 371억 엔
  일본으로 수출 968억 엔
  일본으로부터의 직접투자 2억 엔(2012)

2. 주 파푸아뉴기니 일본 대사관[396]

주소 : 1st & 2nd Floor, Cuthbertson House, Cuthbertson St., Port Moresby, NCD, Papua New Guinea (P.O. Box 1040, Port Moresby)
전화 : (675)321-1800 / 팩스 : (675)321-4868
E-mail : sceoj@pm.mofa.go.jp (consul-security section)
　　　　infeoj@pm.mofa.go.jp (Information and Cultural section)
운영시간
- 대사관
  08:00~12:00, 13:00~16:45(월 - 금)
- 영사관
  08:00~12:00, 13:00~16:00(월 - 금)
  * 응급시 : (675)7695-7766 또는 (675)7685-2319

396) Embassy of Japan in Papua New Guinea. http://www.png.emb-japan.go.jp/

일본 대사관 휴일

2015년 휴관일	
Thursday, January 1	New Year's Day
Friday, January 2	New Year's Holiday*
Wednesday, February 11	National Foundation Day*
Friday, April 03	Good Friday
Monday, April 06	Easter Monday
Tuesday, May 05	Children's Day
Monday, June 08	Queen's Birthday
Monday, July 13	Public Holiday for 2015 XV Pacific Games
Monday, July 20	Marine Day*
Thursday, July 23	National Remembrance Day
Wednesday, August 26	The National Repentance Day
Wednesday, September 16	Independence Day
Monday, October 12	Sports Day
Monday, November 23	Labor Thanksgiving Day
Thursday, November 26	Thanksgiving Day
Wednesday, December 23	Emperor's Birthday*
Friday, December 25	Christmas Day
Tuesday, December 29	End of the Year Holiday*
Wednesday, December 30	End of the Year Holiday*
Thursday, December 31	End of the Year Holiday*

*Japanese Holidays

연도	일본에서 파푸아뉴기니 방문 방문자 이름
1980	Prime Minister, Mr. Masayoshi Ohira Minister for Foreign Affairs, Mr. Saburo Okita
1985	Prime Minister, Mr. Yasuhiro Nakasone Minister for Foreign Affairs, Mr. Shintaro Abe
1986	Foreign Affairs Parliamentary Vice-Minister, Mr. Yasuoki Urano
1987	Minister Foreign Affairs, Mr. Tadashi Kuranari
1989	Minister for Healh and Welfare, Mr. Junichiro Koizumi
1991	Foreign Affairs Parliamentary Vice-Minister, Mr. Muneo Suzuki
1992	Foreign Affairs Parliamentary Vice-Minister, Mr. Koji Kakizawa
1995	Foreign Affairs Parliamentary Vice-Minister, Mr. Yasuo Fukuda (Special Envoy to the 20th Anniversary of Independence)
1997	Member of the Diet, Mr. Man Sasaki
2000	Member of the Diet, Mr. Kosuke Itou (Special Envoy to the 25th Anniversary of Independence)
2002	Member of the Diet, Mr. Shozo Harada Vice-Minister for Foreign Affairs, Mr. Shigeo Uetake
2004	Member of the Diet, Mr. Yoshitaka Murata
2005	Parliamentary Secretary for Foreign Affairs, Mr. Keishiro Fukushima Special Envoy of the Government of Japan, Mr. Tatsuo Arima (Post-Forum Dialogue Partners' Meeting of the PIF)
2006	Parliamentary Secretary for Foreign Affairs, Mr. Kiyohiko Toyama
2011	Parliamentary Secretary for Foreign Affairs, Ms. Makiko Kikuta
2013	Parliamentary Vice-Minister for Foreign Affairs, Mr. Minoru Kiuchi Parliamentary Senior Vice-Minister for Foreign Affairs, Mr. Norio Mitsuya
2014	Prime Minister, Mr. Shinzo Abe Parliamentary Vice-Minister for Foreign Affairs, Mr. Takashi Uto

397) Ministry of Foreign Affairs of Japan. http://www.mofa.go.jp/region/asia-paci/png/data.html

파푸아뉴기니에서 일본 방문	
연도	방문자 이름
1977	Prime Minister, Sir. Michael Somare
1979	Deputy Prime Minister and Minister for Foreign Affairs, Sir. Ebia Olewale
1985	Prime Minister, Sir. Michael Somare
1988	Minister for Foreign Affairs, Sir. Michael Somare
1989	Governor General, Sir. Kingsford Dibela
1990	Governor General, Sir Vincent Serei Eri(Ceremonies of the Accession to the Throne)
1992	Deputy Prime Minister, Mr. Akoka Doi
1995	Prime Minister, Sir Julius Chan
1996	Prime Minister, Sir Julius Chan
1997	Minister for Foreign Affairs, Mr. Kilroy Genia
1998	Minister for Petroleum and Energy, Sir Rabbie Namaliu
1999	Minister for Education, Culture and Science, Mr. Muki Taranupi Minister for Public Service, Hon. Mr. Peter Peipul
2000	Prime Minister, Sir. Mekere Morauta(2nd Pacific Islands Leaders Meeting) Prime Minister, Sir. Mekere Morauta(Funeral of Former Prime Minister, Mr. Obuchi)
2001	Former Prime Minister, Sir. Michael Somare Minister for Bougainville Affairs, Sir. Moi Avei Minister for Petroleum and Energy, Mr. Roy Yaki(Osaka Symposium) Speaker of the National Parliament, Mr. Bernard Narokobi
2002	Minister for Finance, Mr. Andrew Kumbakor Minister for Privatisation, Mr. Vincent Auali Minister for Culture and Tourism, Sir Pita Lus
2003	Prime Minister, Mr. Michael Somare Minister for Petroleum and Energy, Sir. Moi Avei(3rd Pacific Islands Leaders Meeting)
2005	Prime Minister, Sir. Michael Somare Minister for Petroleum and Energy, Sir. Moi Avei Minister for Trade and Industry, Mr. Paul Tiensten Minister for National Planning and Monitoring, Mr. Arthur Somare Minister for Culture and Tourism, Mr. Sinai Brown
2006	Minister for Foreign Affairs, Sir Rabbie Namaliu(Deputy Speaker of PIF) Prime Minister, Sir. Michael Somare(4th Pacific Islands Leaders Meeting)
2007	Minister for Education, Mr. Peter Laimo(Opinion Leader Invitation Program) Minister for Environment and Conservation, Mr. Benny Allan(3rd World Water Forum)

2009	Minister for Foreign Affairs, Trade and Immigration, Mr. Samuel Abal Minister for Public Enterprises, Mr. Arthur Somare Prime Minister, Sir. Michael Somare(5th Pacific Islands Leaders Meeting) Minister for Commerce and Industry, Mr. Gabriel Kapris
2010	Prime Minister, Sir. Michael Somare(Official Working Visit) Deputy Prime Minister and Minister for Foreign Affairs and Immigration, Mr. Don Polye(Pacific Islands Leaders Meeting Mid-term Ministerial Conference, APEC)
2011	Minister for Foreign Affairs and Immigration, Mr. Don Polye Minister for National Planning and Community Development, Hon. Paul Tiensten (MDGs follow-up Meeting)
2013	Prime Minister, Hon. Peter O'Neill (Working Visit) Minister for Foreign Affairs and Immigration, Hon. Rimbink Pato(2nd PALM Ministerial Interim Meeting)
2014	Prime Minister, Hon. Peter O'Neill
2015	Governor of East Sepik, Rt Hon Grand Chief Sir Michael Somare (Ceremony of Imperial Conferment of Decoration) Prime Minister, Hon. Peter O'Neill (7th Pacific Islands Leaders Meeting)

3. 최근 현황

파푸아뉴기니 수상 일본 방문(2015년 10월 13~16일)[398]

파푸아뉴기니-일본 간 외교 협정 수립 40주년을 맞아 파푸아뉴기니 수상이 일본을 방문했다. 아베 총리가 파푸아뉴기니를 2014년 7월에 방문한 것을 포함해 피터 오닐 수상이 일본을 지난 3년 동안 네 번이나 방문할 만큼 양국 간의 관계가 긴밀하다. 제2차 세계대전 종전 70주년을 맞이해 양국 간의 평화를 위한 행보를 재조명했고, 아베 총리는 메탄올 사업, 일본 기업 LNG 프로젝트를 통해 경제 분야에서 양국 간 협력 심화를 도모하고, 제1차 회의의 소집을 통해 양국 간 투자 협정 합동위원회 등을 개최하여 무역과 투자관계를 강화하기 위해 함께 협력할 것을 확인했다. 또한 양 정상은 기술 협력, 외교 및 관용 여권

---

[398] Ministry of Foreign Affairs of Japan, Japan-Papua New Guinea Summit Meeting and Dinner, http://www.mofa.go.jp/a_o/ocn/pg/page4e_000339.html

소지자에 대한 상호 사증 면제에 관한 협정 체결에 합의하고 양국 교류가 더욱 심화할 것이라고 기대를 표명했다. 피터 오닐은 '세계 쓰나미의 날'의 수립을 지지하며 일본이 상임 이사국이 되는 것을 포함하여 유엔안전 보장이사회의 개혁의 설립에 대한 지지와 전쟁 종식의 유물을 복구하고 송환하는 프로젝트에 파푸아뉴기니의 지속적인 협력을 표현하였다. 또한 양국 정상은 기후 변화 및 재해 위험 감소, 어업을 포함한 광범위한 분야에서 지속적인 협력을 확인했다.

4. Palm 7 회의 개요 (The 7th Pacific Islands Leaders Meeting)[399]

- 일정 : 2015년 5월 22~23일
- 장소 : 후쿠시마 현 이와키 시(福島県いわき市)
- 참가국 : 일본, 쿡 제도, 마이크로네시아 연방국, 피지, 키리바시, 마샬 제도, 나우루, 니우에, 팔라우, 파푸아뉴기니, 사모아, 솔로몬 제도, 통가, 투발루, 바누아투, 호주, 뉴질랜드 등 총 17개국

---

399) The 7th Pacific Islands Leaders Meeting (PALM7), Ministry of Foreign Affairs of Japan, http://www.mofa.go.jp/a_o/ocn/page23e_000367.html

- 회의 소개 : PALM은 1997년부터 매 3년마다 개최되는 태평양 도서국의 정상회의로서 각국의 정상들이 태평양 도서 국가들의 다양한 이슈에 대해서 토의하고 더욱 강력한 협력관계를 형성하며 일본과 태평양 도서국 간의 우호적인 관계를 더욱 돈독히 하기 위한 이슈들에 대해 토의하는 회의이다
- 이번 회의에서는 태평양 도서국의 우선과제에 대응하기 위한 지속적이고 일관된 정책이 필요하며 앞으로 3년간 ① 재해방지, ② 기후변동, ③ 환경, ④ 인적 교류, ⑤ 지속 가능한 개발, ⑥ 해양·어업, ⑦ 무역·투자·관광 등 7개 분야에 초점을 맞춰 협력을 진행하기로 결정했다. 또한 아베 총리는 태평양 도서국의 자립적 발전을 촉진하기 위한 협력의 일환으로 앞으로 3년간 550억 엔(약 6,000억 원) 이상을 지원하는 것과 동시에 4,000명의 인재 양성, 교류 지원도 할 것임을 표명했다. 태평양 도서국의 기후변동 대책능력 강화와 일본과의 비즈니스 교류를 한층 더 강화할 것도 밝혔다

(1) 재해 방지 : 일본은 태평양 도서국이 재해에 강한 사회를 구축하도록 태평양 조기재해경보 시스템 강화 및 태평양 자연재해 위험보험 확충을 위한 지원을 하기로 했다. 후쿠시마 제1 원자력 발전소와 관련해서는 앞으로도 국제사회에 정보를 제공하는 데 힘쓸 것이며 근거 없는 소문에 휘말리지 않고 일본의 대응에 꾸준한 지지를 보내 줄 것을 부탁했다. 또한 아베 총리는 쓰나미의 위협과 대책에 관한 이해와 관심을 높이기 위해 11월 5일을 '세계 쓰나미의 날'로 정하는 것을 제안했다.

(2) 환경·기후변동
- '적응 이니셔티브' 착상에 기초한 태평양 도서국과 같은 약소국가의 대처능력 향상 지원
- GCF(Green Climate Fund)에 15억 USD 지출 (약 1조원)
- 태평양지역환경 프로그램사무국(SPREP) 기후변동센터의 정비, 인재 육성 등
- 에너지 안전보장 향상을 위한 재생가능 에너지 도입이나 디젤 발전효율화 지원

(3) 해양·어업 : 아베 총리는 태평양을 공유하는 해양 국가로서 해양 분야에서의 협력 추진에 대한 중요성을 강조했고, 원법어업대책을 포함하여 어업자원의 적절한 보존관리 등 해양자원의 지속 가능한 이용을 위해 협력할 것을 확인했다. 그리고 태평양 지역 일본 어선의 안정적인 조업 배려도 요청했다. 또한 아베 총리는 해양국가로서 '열린 안정된 해양'을 확보하기 위해 유엔 해양법 등과 같은 국제법의 원칙을 기초로 삼아 해양질서 유지의 중요성을 재확인하고 다른 정상들도 이를 지지했다. 각국이 긴장을 고조시키는 일방적인 행동은 삼가하고 '법의 지배'를 원칙으로 행동하는 것이 중요하다고 강조했다.

(4) 인적교류 : 아베 총리는 인재의 중요성을 강조하면서 인적 교류·인재 육성을 추진하는 계획을 밝힘에 따라 태평양 도서국은 청소년 교류, 비즈니스 교류 등 폭넓은 인적 교류를 하고 싶다는 뜻을 표명했다.

(5) 무역·투자촉진 : 아베 총리는 정보교환과 비즈니스·매칭 등의 비즈니스 교류를 촉진하고 싶다는 의사도 밝혔으며, 앞으로 연 1회 정도로 태평양 도서국의 무역촉진 워크숍 개최와 경제 미션의 파견을 겸한 프로그램을 진행하려는 의도도 밝혔다. 또한 관광교류의 촉진은 상호 이해를 증진하고 우호관계를 강화하는 것이라며 일본과 태평양 도서국의 관광촉진을 지원하고자 일본에서 진행하는 태평양 도서국 관광장관회의 개최를 소개했다.

(6) 지속 가능한 개발 : 아베 총리는 인프라 정비, 사회 서비스의 향상, 여성과 청소년에대한 지원과 같은 인간 중심의 지원을 수행하고 태평양 도서국의 장래를 책임지고 있는 젊은 세대를 대상으로 장기 인재육성 프로그램(Pacific-LEADS) 수립 계획을 밝혔다.

- 이번 회의에서 팔라우 대통령 토미 레멩게사우 주니어는 2015년 5월 22일 오후 4시 55분부터 약 20분간 아베 신조 내각 총리대신과 수뇌회담을 가졌다. 당시 수뇌들 간에 나눈 주요 내용은 다음과 같다.
  - 아베 총리는 공동회장인 팔라우 대통령과 함께 PALM 7을 성공적으로

인도하고 태평양 도서국과의 새로운 파트너십을 구축하고 싶다는 의사를 표했다. 또한 지난달 일왕 내외의 팔라우 방문 때 팔라우 국민들이 보여 준 환대에 감사를 표하면서 팔라우 대통령의 '양국에는 전후 70년을 넘어서는 긴 우호적인 역사가 있다'라는 메시지가 일본 국민에게 강한 인상을 주었다고 했고, 팔라우 대통령의 일본인 참전자의 유골 회수에 보여 준 열의에도 깊은 감사를 표했다.

- 이에 대하여 레멩게사우 대통령은 PALM 7이 쓰나미 재해지역인 후쿠시마 현에서 개최되는 것을 매우 뜻 깊은 일로 생각한다며 정상회담을 성공적으로 함께 진행하고 싶다는 결의를 표했다. 또한 일왕 내외의 팔라우 방문은 팔라우 정부는 물론 팔라우 국민에게 영광이며 양국 간의 우호친선이 더욱 깊어지는 계기가 되었다고 했다.
- 한편, 아베 총리는 5월 20일 서명식을 가진 팔라우 상수도 개선에 관한 무상자금협력(약 18억 엔 또는 200억 원) 등을 통해 일본이 팔라우의 국가 건설을 꾸준히 강력하게 지원하고 있다고 했다.
- 레멩게사우 대통령은 태평양 지역의 평화를 위한 일본의 공헌을 높이 평가하며 어업분야에서의 협력을 확대하고 싶다고 했다. 아베 총리는 국제연합 차원에서 제안하는 '세계 쓰나미의 날'에 대한 협력을 구하는 한편, 레멩게사우 대통령으로부터의 지지를 받았다. 양국 정상들은 기후변화, 국제연합안보리 개혁 등 국제사회의 과제 및 협력에 대해 서로 의견을 교환했다.

파푸아뉴기니의 다양한 가면 (Food and Travel Magazine, Papua New Guinea, http://foodandtravel.com/travel/gourmet-traveller/tribal-flare), 파푸아뉴기니관광청 (Papua New Guinea Tourism Promotion Authority, http://www.papuanewguinea.travel/regionsoverview)

별첨 4

중국과의 관계[400]

주 파푸아뉴기니 중국 대사관	주 중국 파푸아뉴기니 대사관
대사 : Mr. Li Ruiyou 주소 : Section 216, Lot 5, Sir John Guise Drive, Waigani, Port Moresby, Papua New Guinea 우편 주소 : P. O. Box 1351, Boroko, N.C.A. Port Moresby, Papua New Guinea 전화 : +67-5-3259827, 73616048 (Mobile Phone) 팩스 : +67-5-3258247 Email : chinaemb_pg@mfa.gov.cn 운영시간 : 08:30~12:00, 14:30~17:00, 월-금 (휴일 제외) *영사 사무실 전화 : +67-5-3259827, 3259912 팩스 : +67-5-3258247, 3254191 운영시간 : 08:30~12:00, 월-금 (휴일 제외)	대사 : H.E. Mr. John Lawrence Momis 주소 : 2-11-2 Ta Yuan Diplomatic Office Building, Chaoyang District, Beijing, China (아래 지도) 우편 주소 : 100600 전화 : (+86)10 6532 4312, 6532 4709 팩스 : (+86)10 6532 5483 Email : kundu_beijing@pngembassy.org.cn 무역/산업 분양 전화/팩스 : (+86)10 6532 2263 Email : rosa_zhang@pngembassy.org.cn *상해 PNG 대리 대사 주소 : 24A, Shenya Financial Plaza, 895 Yan'an Xi Rd., Shanghai 전화 : (+86)21-62111010 팩스 : (+86)21-62267134 관찰지역 : 상해

400) Papua New Guinea. Balancing Beijing's economy and Washington's security. http://www.oxirsoc.com/articles/2015/5/14/papua-new-guinea-balancing-beijings-economy-and-washingtons-security

파푸아뉴기니가 독립한 직후, 1976년 10월 12일에 중국과 첫 수교를 맺었다. 양국 정부는 수교 후부터 지금까지 서로 점진적으로 성장해 왔다는 평가를 내리고 있다. 파푸아뉴기니는 대부분의 태평양 도서국들처럼 전통적으로 호주와 중국보다 미국과 더 가까운 관계를 맺고있으나, 호주는 지역 최대의 양자 간 무역 파트너일 뿐만 아니라 파푸아뉴기니에 가장 큰 도움을 주었다. 호주와 미국의 경우 다른 국가보다 이 지역의 방위 협력에 훨씬 더 많은 지출을 하였다.

반면, 중국의 파푸아뉴기니에 대한 관심은 천연가스, 구리 및 금을 포함한 원자재 및 광물 제품 등의 공급이다. 이에 따라 중국은 파푸아뉴기니에 그 어느 태평양 도서국보다 큰 관심을 보이고 있는데, 중국 외교부의 자료를 살펴보면, 후진타오 중국 주석과 소마레 파푸아뉴기니 총리는 매년 아시아태평양경제협력체(APEC) 정상회의에서 격식 없이 만나 의견을 교류해 왔다. 또 2005년 4월, 후진타오는 자카르타에서 열린 아시아-아프리카 정상회의에서 소마레 총리를 만나 정상회담을 갖기도 했다. 2012년 9월 리커창 부총리는 닝샤의 은촨에서 '중국국제투자무역포럼'에 참석한 오닐 파푸아뉴기니 총리와 만나 회담을 갖기도 했다. 이 밖에도 중국과 파푸아뉴기니의 지방자치단체들은 서로 자매결연 등을 맺으며 활발하게 교류하고 있기도 하다.

경제적인 교류 역시 활발하게 이루어져서 2006년 11월 3일, 중국 예진[台金]그룹과 파푸아뉴기니는 라무(Lamu) 니켈광산 합작개발 프로젝트를 추진했으며, 2012년 12월 이 프로젝트가 본격적으로 시행되었다. 파푸아뉴기니 측은 중국으로부터 14억 USD의 투자를 받고, 2008년부터 연간 니켈 3만 1천 톤, 코발트 3,200톤을 40년 동안 생산할 것으로 예상된다. 이것은 중국이 태평양도서국 지역에서 추진하는 최대투자 프로젝트 중 하나이기도 하다. 2008년 7월, 제1차 파푸아뉴기니-중국무역포럼이 파푸아뉴기니 포트모르즈비에서 개최되는가 하면, 2009년 12월 중국석유화공그룹은 파푸아뉴기니 LNG 프로젝트 사업단과 투자계약을 체결하였으며 이를 통해 매년 200만 톤의 LNG를 공급받는 데 협의하였다.

2011년 중국과 파푸아뉴기니의 무역규모는 12억 6,500만 달러 수준이었으며, 전년대비 12% 성장한 규모로 파악되었다. 이 중 중국의 수출이 총 4억 5천만 달러로 전년 대비 28.5% 성장하였으며, 중국의 수입은 8.1억

USD로 전년 대비 4.5% 성장하였다. 파푸아뉴기니와 중국 간 무역액은 2001년과 2011년 사이에 10배 이상 증가했고, 이것은 총 1억 2천만 USD 이상이며, 매년 증가하고 있다. 또한 중국은 파푸아뉴기니의 대외 원조를 늘리고 2008년 이후로 전통적으로 호주, 미국, 뉴질랜드만 허용되었던 파푸아뉴기니 방위군의 군사 훈련과 지원을 제공하기 시작했다. 2013년 중국은 파푸아뉴기니 방위군에게 20억 달러의 보조금을 지원했다.

물론 파푸아뉴기니에서의 중국의 투자는 순조롭지만은 않았다. 중국 기업이 불법으로 중국 노동자들을 입국시키고, 환경을 파괴하며, 차별 혐의로 기소되기도 했다. 중국에 대한 반감은 파푸아뉴기니 전역으로 퍼져 지난 10년 동안 수많은 반중국 폭동이 일어났다. 2009년 라무 니켈 정유소에서의 싸움으로 촉발된 폭동에서, 수만 명의 폭도가 주요 도시의 중국 상점을 불태우고 네 명의 중국인이 칼에 찔려 사망했다.

하지만 그럼에도 불구하고 파푸아뉴기니 정부는 중국과 매우 우호적인 관계를 유지하고자 하는 태도를 보여 왔다. 전 국무총리 마이클 소마레는 중국 기업이 파푸아뉴기니에 투자하도록 격려하고 양국 간 군사 협력을 환영했다. 이에 따라 반 중국 폭도들은 "소마레 정권은 아시아 마피아의 자금 지원을 통해 존재했다."며 반감을 가졌다. 현 국무총리 피터 오닐은 더 많은 호주 군사력을 영입하여 호주와 미국의 중요한 전략적·안보적 관계를 유지하고 또한, 아시아 국가들과 더 친밀한 경제적 관계를 지속시키려 하고 있다.

중국과 파푸아뉴기니 간 무역 및 원조는 지난 10년 동안 증가했고, 중국의 외교 참여도 이에 힘입어 활발해지기 시작했다. 중국은 '중국 태평양 도서국 경제개발협력 포럼'을 개최하여 10억 USD를 대출해 주고, 2,000명의 학생에게 장학금 10억 USD를 약속하는 등, 파푸아뉴기니와의 관계를 공식화하기 시작했다. 교육에 대한 지원은 상대적으로 고등교육기관이 부족한 파푸아뉴기니뿐 아니라 태평양 도서국의 긍정적인 평가를 얻고 있다. 이러한 중국에 대한 도서국들의 우호적 관계는 다른 곳에서도 볼 수 있다. 2006년 피지 쿠데타 이후 서방 국가는 원조를 감소하고 제재를 취했으나, 중국은 오히려 비간섭 정책에 따라 전체 외국 원조의 절반 이상을 몇 년 동안 피지에 제공하였다. 사모아의 총리

투일라에파(Tuilaepa)는 중국은 미국보다 태평양 도서국에 더 좋은 친구라고 언급하였다. 파푸아뉴기니는 다른 태평양 도서국들과 함께 미국과의 군사적 유대관계와 중국과의 경제적 유대관계의 불일치에 대한 우려도 나타나고 있다.

중국과 파푸아뉴기니의 공관 설치는 수교 후 1년 뒤인 1977년 10월에 이루어졌다. 중국은 파푸아뉴기니에 대사를 파견하였으며, 그로부터 3년 뒤인 1980년 11월 중국은 주 파푸아뉴기니 대사관을 설립하였다(하지만 상주대사는 그로부터 3년 뒤인 1983년 6월 부임하였다). 파푸아뉴기니 역시 1988년 4월 베이징에 대사관을 설립하였으며, 상주 대사를 파견했다. 2012년 기준 주 중국 파푸아뉴기니 대사는 존 로렌스 모미스(John Laurence Momis)이다. 전 세계적으로 20여 개의 공관을 보유한 파푸아뉴기니는 현재 중국에 두 번째 외교 공관을 열 계획도 하고 있다.

중국은 앞서 언급한 경제, 외교 분야의 전문적인 교류 외에도 과학, 문화 및 보건 분야에서의 교류를 지속적으로 이어 나가고 있는데, 2012년 보건환경이 열악한 파푸아뉴기니의 환경을 고려해 총 6회에 걸쳐 의료진을 파견한 바 있으며 이 역시 현지인들로부터 큰 환영을 받았다. 또한 1996년 중국 서커스단이 파푸아뉴기니를 방문한 이래로 문화예술교류 역시 지속적으로 추진하고 있는데, 2011년에는 광동성의 예술단이 파푸아뉴기니를 방문하기도 했다.

파푸아뉴기니와 중국이 체결한 주요 협정으로는 〈중국-파푸아뉴기니 외교관계 수립 성명(1976.10)〉, 〈파푸아뉴기니 주 홍콩특별행정구 명예영사 유지협정(1996.7)〉, 〈중국-파푸아뉴기니 어업협정(1996.7)〉, 〈중국-파푸아뉴기니 무역협정(1996.7)〉, 〈파푸아뉴기니 및 홍콩특별행정구간 비자상호면제협정(1997.3)〉이 있다.

2012년 현재까지 파푸아뉴기니를 방문한 중국 주요 인사는 다음과 같다.

* 주요 직위 및 자격에 따른 순서

연월	이름	직위
1980년 5월	리셴녠(李先念)	국무원부총리
1982년 12월	주쉐판(朱学范)	전국인민대회부위원장
1985년 4월	후야오방(胡耀邦)	중국공산당중앙총서기
1994년 4월	티엔지윈(田纪云)	전국인민대회부위원장
1996년 7월	치엔치천(钱其琛)	부총리 겸 외교부장관

연월	이름	직위
1996년 10월	왕한빈(王汉斌)	전국인민대회부위원장
2000년 9월	장원캉(张文康)	중국정부특사, 위생부장관
2001년 3월	왕광야(王光亚)	외교부 부부장
2001년 3월	순전위(孙振宇)	외경무부 부부장
2001년 11월	리루이환(李瑞环)	전국정협주석
2003년 4월	러디(热地)	전국인민대회부위원장
2003년 9월	리우원산(刘云山)	중국공산당중앙정치국위원
2004년 1월	저우원중(周文重)	외교부 부부장
2005년 5월	왕지아루이(王家瑞)	중련부부장
2005년 9월	쉬지아루(许嘉璐)	전국인민대회부위원장
2005년 10월	양지에츠(杨洁篪)	외교부 부부장
2006년 8월	리자오싱(李肇星)	외교부장관
2007년 3월	정페이옌(曾培炎)	부총리
2009년 10월	천빙더(陈炳德)	중앙군사위위원, 중국인민해방군총참모장
2009년 11월	리커창(李克强)	부총리
2010년 2월	치원(起文)	중-태평양 포럼 특사
2010년 6월	리우지에이(刘结一)	중련부 부부장
2011년 9월	후이랑위(回良玉)	부총리
2012년 2월	리커창(李强民)	중-태평양 포럼 특사
2012년 11월	저우티에농(周铁农)	전국인민대회부위원장

2012년 현재까지 중국을 방문한 파푸아뉴기니 주요 인사는 다음과 같다.

* 주요 직위 및 자격에 따른 순서

연월	이름	직위
2000년 5월	나로코비(Narokobi)	국회의장
2000년 5월	가나라포(Ganarafo)	어업부장관
2000년 8월	카푸틴(Kaputin)	외교부장관
2001년 5월	모라우타(Morauta)	총리
2001년 7월	기니아(Genia)	국방부장관
2001년 9월	오기오(Ogio)	부총리 겸 임업부장관
2002년 3월	톰스콜(Tomscoll)	위생부장관
2003년 7월	아토페어(Atopare)	총독
2003년 10월, 2005년 5월	아이히(Aihi)	석유 및 에너지부 장관

날짜	이름	직책
2004년 2월 2009년 4월 2010년 9월	소마레(Somare)	총리
2004년 10월	라이머(Rymer)	교육부장관
2005년 7월	나말리우(Namaliu)	외교부장관
2005년 9월	쿰바커(Kumbakor)	국방부장관
2006년 10월	마타네(Matane)	총독
2008년 3월	카프리스(Kapris)	상공부장관
2008년 5월	다다에(Dadae)	국방부장관
2009년 3월	두마(Duma)	석유 및 에너지부 장관
2009년 4월	아발(Abal)	외교부장관
2009년 6월	이라오(Irao)	국방군사령관
2009년 8월	소마레(Somare)	기업부장관
2010년 10월	모미스(Momis)	부겐빌자치구 주석
2011년 3월	프루아잇(Pruaitch)	재정 및 국고부 장관
2011년 4월	마이파카이(Maipakai)	국내안전부장관
2011년 5월	오닐(O'Neill)	재정 및 국고부 장관
2011년 5월	카프리스(Kapris)	상업 및 공업부 장관
2011년 5월	셈리(Semri)	어업부장관
2011년 10월	푼다리(Pundari)	광업부장관
2012년 9월	오닐(O'Neill)	총리

파푸아뉴기니 나무타기캥거루 (Wikimedia Commons. Baby tree kangaroo on the chief's wife's shoulder in Papua New Guinea. Accessed 20 May 2016. https://commons.wikimedia.org/wiki/File:Baby_tree_kangaroo_on_the_chiefs_wifes_shoulder_-_Papua_New_Guinea-17Oct2008.jpg)

별첨 5
파푸아뉴기니 최근 주요 기사

조폐공사, 위·변조방지기술 파푸아뉴기니에 첫 수출

한국조폐공사는 2015년 2월 16일 파푸아뉴기니 정부에 위변조를 원천 차단할 수 있는 민원발급용 보안지폐용지를 공급하기로 하는 계약을 체결했다고 밝혔다. 조폐공사는 오는 2015년 3월에 1차로 5만 장을 공급하기로 하였다. 그리고 이 규모를 향후 800만 장(약 8억 8천만 원) 수준으로 확대 공급할 예정이다. 조폐공사가 개발한 위변조 방지 기술이 적용된 민원발급용지를 해외에 수출하기는 이번이 처음이다. 이 용지에는 복사방해패턴이 적용되어 있다. 복사를 하면 'COPY'라는 문구가 나타난다. 또 홀로그램이 들어 있다. 이 홀로그램은 복사 자체가 되지 않아 진위 여부를 그 자리에서 가려낼 수 있다.

* 출처 : 아시아경제에서 발췌, 작성(2015.2)

아시아개발은행, 파푸아뉴기니 운송 부분 투자

아시아개발은행(Asian Development Bank)은 파푸아뉴기니의 경제 활성화를 가로막고 있는 요소들을 개선하기 위해 총 6억 3,700만 USD를 3년간 지원한다. 아시아개발은행은 파푸아뉴기니 내 창업 및 비즈니스 기회를 막고 있는 장애요소를 제거하기 위해 '파푸아뉴기니 국가 파트너십 전략'을 승인했다. 해당 프로젝트는 2016년부터 2019년까지 추진될 예정이며, 아시아개발은행은 본 프로젝트를 위해 총 6억 3,700만 USD(한화 약 6,977억 원)를 지원할 계획이다. 아시아개발은행의 파푸아뉴기니 담당 마르셀로 밍크(Marcelo Minc)는 "파푸아뉴기니는 2002년 이래로 급속하게 경제성장을 하였다. 하지만 경제성장으로 인한 효과가 파푸아뉴기니 전체 인구의 약 88%가 거주하고 있는 시골지역까지 흘러가지 못하였다. 파푸아뉴기니는 1인당 소득이 기타 이웃 국가들에 비해서도 낮은 편에 속하며, 청년 실업률을 해소하기 위한 주요 수단으로 농업에 의존하고 있는 개발 국가이다. 이렇게 된 가장 큰 원인은 파푸아뉴기니 내 교통을 비롯한 기타 인프라 시설 등이 매우 취약하기 때문이다."라며 파푸아뉴기니의 경제 상황을 분석했다. 마르셀로 밍크에 의하면 아시아개발은행이 승인한 '파푸아뉴기니 국가 파트너십 전략'은 호주와의 공동융자를 통해 이루어지게 될 전망이다.

* 출처 : EMTV Online에서 발췌, 작성(2015.4)

중국, 파푸아뉴기니 해양공업지역에 자금 지원

중국수출입은행과 중국 정부는 파푸아뉴기니 마당 태평양해양공업지역 설립을 위해 총 1억 9,500만 미국 달러 지원을 추진한다. 리처드 마루(Richard Maru) 파푸아뉴기니 무역 및 상공부 장관(Minister for Trade, Commerce and Industry)은 중국 수출입은행(China Export Import Bank)과 중국 정부가 파푸아뉴기니 측에 해양공업지역(Pacific Marine Industrial Zone) 프로젝트에 총 1억 9,500만 USD(한화 약 2,083억 원)를 지원하였다고 밝혔다. 마루 장관은 중국 측이 제공한 자금으로 12개월 내 마당(Madang)에 추진 중인 태평양 해양공업지역에 10개의 생선가공공장을 설립하는 한편, 수입항부두와 거대한 방파제 그리고 해당 지역에서 배출되는 모든 오폐수를 처리할 하수처리시설을 설치할 계획이라고 전했다. 또한 중국 측의 지원 사실과 함께 마당에서 추진되고 있는 태평양해양공업지역 건설사인 쉔양국제경제기술합작유한공사(沈阳国际经济技术合作有限公司, Shenyang International Economic and Technical Cooperation Limited)를 통해 해양공업지역에 대한 1차 상세설계도를 전달받았다고 밝혔다. 파푸아뉴기니 정부는 마당 태평양해양공업지역이 설립되면 직·간접적으로 총 3만여 개의 일자리를 창출해 낼 것으로 예상하고 있다. 또 10개의 생선가공공장들이 가동되면 국내가공생선 전체 수요를 감당할 수 있게 되기 때문에 타국에 생선가공을 맡기지 않아도 되며, 이는 파푸아뉴기니 경제성장에 긍정적으로 작용할 것으로 내다보았다.

* 출처 : PNG Post-Courier에서 발췌, 작성(2015.4)

파푸아뉴기니 정부, 공항 보수에 3,600만 USD 투자

파푸아뉴기니의 수도, 포트모르즈비에 있는 잭슨국제공항(Jackson International Airport)이 2015년 7월부터 열리는 퍼시픽 게임을 준비하기 위해 보수 작업에 들어갔다. 잭슨국제공항 보수 프로젝트를 위해 파푸아뉴기니 정부는 3,600만 USD(한화 약 394억 원)를 투입하였으며, 보수공사는 매트릭스 건설(Matrix Construction Limited)에서 맡게 된다. 파푸아뉴기니 정부는 이번 공사를 통해 세계 수준의 면세점과 공항 내 편의시설 등을 갖출 것으로 기대하고 있다. 잭슨국제공항 측에 의하면 공항 재단장을 위해 투입된 3,600만 USD의 자금 중 70%는 호주뉴질랜드(ANZ)은행으로부터, 나머지 30%는 정부로부터 지원받았다. 이 밖에도 파푸아뉴기니 정부는 하겐(Hagen), 호스킨스(Hoskins), 바니모(Vanimo) 및 고로카(Goroka) 섬의 공항을 재개발할 예정이다. 한편 라에(Lae) 섬의 나드잡(Nadzab) 공항은 일본국제협력기구(JICA, Japan International Cooperation Agency)의 지원을 받아 재개발 작업에 들어간다.

* 출처 : The National에서 발췌, 작성(2015.5)

파푸아뉴기니, 새로운 농업정책 내놓아

파푸아뉴기니가 기후변화를 고려한 농업정책으로의 전환을 통해 식량문제를 해결할 것이라고 전했다. 피터 오닐(Peter O'Neill) 파푸아뉴기니 총리를 대신해 제 11차 UN 식량농업기구(United Nations Food and Agriculture Organization of the United Nations, FAO) 남서태평양 농업장관회의에 참석한 디온 부총리는 이러한 정책을 설명하였다. 디온 부총리는 "지구온난화의 예측 불가능성으로 인해 전 세계가 큰 피해를 입고 있다. 특히 농업 분야에서 그 피해는 심각하다"면서 "앞으로는 기후를 우선적으로 고려하여 농업을 인식해야한다. 특히 그 무엇보다도 기후재해를 우선적으로 고려하고 이를 대비한 농업환경이 요구된다"라며 농업에 기후변화 적응능력을 더해야 한다고 주장했다. 또한 이러한 포괄적인 접근방식은 환경, 경제 및 사회적 관계 등과 생산 간 상관관계를 이해하는 프레임을 구축하여 입체적인 농업환경을 조성해 주기 때문에 지금 이루어지고 있는 농업생산 방식과는 확연한 차이를 드러낸다고 강조하며 앞으로 자국의 농업이 기후-스마트 농업으로 전환되어야 할 것이라고 주장했다. 이 밖에도 디온 부총리는 국가의 부(Wealth of a nation)는 그 국가가 어떻게 식량을 생산하고 소비하는 지와 매우 깊은 관련이 있다고 강조하면서,

"농업은 식량산업 및 식품시장에 부합하는 방향으로 나가야 한다"라며 농업의 시장성을 키우는 것이 중요하며 농업이 식량에 대한 안보 및 안전 외에도 농산물 수출 측면도 고려하여야 한다고 덧붙였다.

* 출처 : PNG Courier에서 발췌, 작성(2015.5)

파푸아뉴기니 은행, 통가 진출

파푸아뉴기니 은행인 남태평양은행(Bank of South Pacific)이 호주 웨스트팩 은행(WESTPAC Bank)의 통가지점을 인수했다. 웨스트팩 은행 통가지점은 수도 누쿠알로파(Nuku'alofa)와 바바우(Vava'u)에서 영업하고 있으며, 총 76명의 종업원이 근무하고 있다. 본래 솔로몬 제도와 바누아투 지점도 인수할 예정이었지만, 남태평양은행 측은 바누아투가 지난 3월 사이클론 팸으로 인해 상황을 수습할 기간이 필요하다는 이유로 웨스트팩 바누아투 지점은 이번에 매입하지 않는다고 전했다. 또 웨스트팩 솔로몬 제도 지점과 관련해서는 솔로몬 제도 중앙은행(Central Bank of Solomon Island)과 지속적인 협력을 통해 향후 인수절차에 필요한 조치를 추진중에 있다. 사모아, 쿡 제도, 통가의 웨스트팩 지점을 인수한 남태평양은행은 파푸아뉴기니를 포함해 총 4,000명의 직원을 보유한 금융사로 발돋움했다.

* 출처 : Matangi Tonga Magazine에서 발췌, 작성(2015.7)

파푸아뉴기니 육지 지형도
(Wikimedia common, Papua New Guinea location map - Toppgraphic, https://commons.wikimedia.org/wiki/File:Papua_New_Guinea_location_map_Topographic.png Originally from Maps for Free.com, http://maps-for-free.com/)

별첨 6

파푸아뉴기니 지도

파푸아뉴기니 지도[401](Author: Burmesdays, Original Source from UN Map of Papua New Guinea)

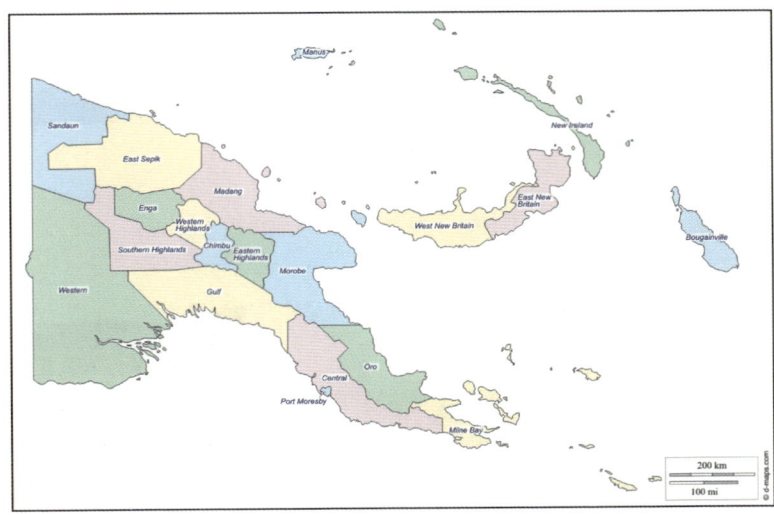

파푸아뉴기니의 주(States)[402]

---

401) Wikivoyage, Papua New Guinea. https://en.wikivoyage.org/wiki/Papua_New_Guinea
402) d-maps.com, FreeMaps, Papua New Guinea/Independent States of Papua New Guinea – Boundaries, provinces, names (white). http://d-maps.com/carte.php?&num_car=3859&lang=en

별첨 7

파푸아뉴기니 현지 숙박시설[403]

5/4 성급

- 5성급 호텔(1박 304~361달러 정도, 2015년 10월 기준)

  - Grand Papua Hotel

    161개의 객실과 수영장 테라스, 아시아 태평양식 뷔페 또는 코스요리, 바, 클럽 라운지 등이 있다. 포트모르즈비에 위치

    홈페이지 : http://www.grandpapuahotel.com.pg

    Tel : +675 304 0000 / Fax : +675 304 1000

  - Airways Hotel

    포트모르즈비에 위치

    홈페이지 : http://www.airways.com.pg/

    위치 : Boroko, Port Moresby

    Tel : +675 324 5200 / Fax : +675 325 0759

    Email : reservations@airways.com.pg

    Airways Hotel

  - Laguna Hotel

    포트모르즈비에 위치

    홈페이지 : http://lagunahotelpng.com/

    위치 : Waigani Dr, Port Moresby

    Tel : +675 323 9333 / Fax : +675 323 9333

    Email : inquiry@lagunahotel.com.pg

    Laguna Hotel

---

403) Expedia.com, http://www.expedia.com

3 성급

- 3성급 호텔(1박 226~312달러 정도, 2015년 10월 기준)

    – Gateway Hotel

    130개의 객실과 캐주얼 바, 피자 아울렛, 수영장 등

    홈페이지 : http://www.coralseahotels.com.pg/index.php/locations/gateway-hotel

    위치 : Corner Jacksons Parade, 7 Mile 111, Port Moresby

    Tel : +675 327 8100

    Email : gateway_reservations@coralseahotels.com.pg

    – Ela Beach Hotel

    97개의 객실과 피트니스 센터, 인도지중해식 레스토랑

    홈페이지 : http://www.coralseahotels.com.pg/index.php/locations/ela-beach-hotel

    위치 : Ela Beach Road, Ela Beach, Port Moresby

    Hotel : +675 321 2100 /

    Reservations : +675 322 0495 / Fax : +675 321 2434

    Email : elabeach_reservations@coralseahotels.com.pg

    Ela Beach Hotel

    – Lamana Hotel

    120개의 객실

    홈페이지 : http://www.lamanahotel.com.pg/

    위치 : Lamana Road, Waigani, Port Moresby

    Tel : +675 323 2333 / Fax : +675 323 2444

- Highlander Hotel

홈페이지 : http://www.coralseahotels.com.pg/index.php/locations/highlander-hotel

위치 : Wahghi Parade, Mount Hagen

Tel : +675 542 1355 / Fax : +675 542 1216

Email : highlander_reservations@coralseahotels.com.pg

Highlander Hotel

- Madang Star International Hotel

위치 : Cnr Regina & Bauhinia Ave, Madang

Tel : +675 422 2656

- Crown Plaza Port Moresby

홈페이지 : https://www.ihg.com/crowneplaza/hotels/gb/en/port-moresby/pompg/hoteldetail/health-fitness#scmisc=nav_health-fitness_cp

위치 : Cnr Hunter & Douglas Street, Port Moresby

Tel : +675 309 3000 / Fax : +675 309 3500

Email : reservations@crowneplazaportmoresby.com,pg

• 3성급 호텔(1박 121~296달러 정도, 2015년 10월 기준)

- Hideaway Hotel

홈페이지 : http://www.thehideawayhotel.com/

위치 : 459 Tamara Road, Port Moresby

Tel : +675 323 6888 / +675 323 1999
         +675 323 4999 / +675 323 2666

Fax : +675 325 5991

Email : hhgmanager@accommodationpng.com

Hideaway Hotel

- Alotau International Hotel

    홈페이지 : http://www.alotauinternationalhotel.com.pg/

    위치 : Alotau

    Tel : +675 641 0300 / Fax : +675 641 0268

    Email : info@alotauinternationalhotel.com.pg

Alotau International Hotel

- Rabaul Hotel

    홈페이지 : http://www.rabaulhotel.com.pg/

    위치 : Mango Avenue, Rabaul, East New Britain Province

    Tel : +675 982 1999

- Pacific Gardens Hotel

    홈페이지 : http://www.pacifichotel.com.pg/

    위치 : Mokara Street North Goroka, Goroka 675

    Tel : +675 532 3418 / Fax : +675 532 2633

    Email : pacificghotel@gmail.com

Pacific Gardens Hotel

- The Sanctuary Hotel Resort and Spa

    홈페이지 : http://www.thesanctuaryhotelresortandspa.com/the-sanctuary/

    Tel : +675 7029 8532 / Fax : +675 323 4020

    Email : info@thesanctuaryhotelresortandspa.com

― Holiday Inn Port Moresby

위치 : Cnr Waigani Drive & Wards Rd Boroko, Port Moresby

Tel : +675 303 2000 / Fax : +675 303 2979

― Gazelle International Hotel

홈페이지 : http://gazelleinternationalhotel.com/

위치 : Makau Esplanade, Kokopo

Tel : +675 7233 9131 / +675 7233 9153
　　　+675 7233 9170

Fax : +675 982 5606

Email : info@gazelle.com.pg

Gazelle International Hotel

파푸아뉴기니의 다양한 부족의 얼굴 페인트 (Pixabay.Com, 파푸아뉴기니관광청 http://www.papuanewguinea.travel/regionsoverview)

별첨 8

파푸아뉴기니 포트모르즈비 주요 음식점[404]

- Tasty Bite Indian Restaurant(인도 음식점)
  위치 : Hunter Street, Port Moresby
  Tel : +675 321 2222

- The Cellar Restaurant(인도 뷔페식 레스토랑)
  위치 : The Shady Rest Hotel, Port Moresby 111
  운영 시간 : 월~일 5:30am~10:00pm

- Rapala Restaurant(스테이크 하우스)
  위치 : Corner Hunter and Douglas Street, Port Moresby 1661
  Tel : +675 309 3000

- Fusion Bistro(퓨전 아시아 요릿집)
  위치 : SVS near royal Yatch club, Port Moresby

- Seoul House(한국 음식점)
  위치 : Huber Murray Highway, Four Mile, Port Moresby
  Tel : +675 325 2231

- Beachside Brasserie(피자가 유명하다)
  위치 : Ela Beach Road, Port Moresby
         Ela Beach Hotel 입구에 위치
  Tel : +675 321 2100

---

404) Tripadvisor. Port Moresby/PNG. http://www.tripadvisor.com/Restaurants-g294118-Port_Moresby_Papua_Region.html

─ Daikoku(일본 음식점)
   위치 : Spring Garden Rd, Harbor City, Port Moresby
   Tel : +675 321 0255

─ Asian Aromas(중국/태국 음식점)
   위치 : Ground floor in Steamships plaza, Port Moresby
   Tel : +675 321 4780

대우건설이 지난 2014.3월 무재해 3000만 시간을 달성한 파푸아뉴기니 LNG 플랜트 현장 (사진=대우건설, 김형석, 해외건설 제2호황기 맞는다-대우건설, 매일일보, 2014.06.23, http://www.m-i.kr/news/articleView.html?idxno=124604)

참고문헌

김형석. 해외건설 제2호황기 맞는다-대우건설. 매일일보. 2014.06.23. http://www.m-i.kr/news/article/view.html?idxno=124604.

네이버 두산백과. 월리스 선. 생명과학대사전. http://terms.naver.com/entry.nhn?cid=200000000&docId=1131478&mobile&categoryId=200000977 및 http://terms.naver.com/entry.nhn?cid=579&docId=438360&mobile&categoryId=579.

네이버 두산백과. 사고(Sago). http://terms.naver.com/entry.nhn?docId=1262598&cid=40942&categoryId=32114&mobile.

신인철. 인류학의 세계. 해코지 주술이란 무엇인가. http://synnic.com.ne.kr/a2.htm.

신인철 홈페이지. 주술이란 무엇인가. 집안의 명칭: 택호. 인류학의 세계. http://synnic.com.ne.kr/a1.htm.

아틀란틱 연구 및 컨설팅사(Atlantic Research & Consulting, ARC). 2012. 파푸아뉴기니 마샬 통가 사업현황조사 및 진출방안. 적도태평양연구 인프라구축사업(PE98841) 한국해양과학기술원 보고서.

언어다양성 보존활용센터(Center for Language Diversity). 어족별: 오스트로아시아어족. http://www.cld-korea.org/diversity/diversity2_3_5.php.

옥토뱅크. 2011. 파푸아뉴기니 여행정보. http://cafe.daum.net/_c21_/bbs_search_read?grpid=1FNUr&fldid=i5uv&contentval=00004zzzzzzzzzzzzzzzzzzzzzzzz&nenc=&fenc=&q=%C6%C4%C7%BB%BE%C6%B4%BA%B1%E2%B4%CF%C1%F6%B5%B5&nil_profile=cafetop&nil_menu=sch_updw.

왕성상. 2015. 조폐공사, 위·변조방지기술 파푸아뉴기니에 첫 수출(02.17). 아시아경제. http://www.asiae.co.kr/news/view.htm?idxno=2015021700380369692.

외교부. 주 파푸아뉴기니 한국대사관. 파푸아뉴기니 여행안전 정보 – 파푸아뉴기니 생활안내. 주 파푸아뉴기니 한국대사관. http://png.mofa.go.kr/.

외교부. 2011. 파푸아뉴기니 경제 및 사회의 이해. Accessed 30 September 2015. http://png.mofa.go.kr/webmodule/htsboard/template/read/korboardread.jsp?typeID=15&boardid=7726&seqno=902631&c=&t=&pagenum=1&tableName=TYPE_LEGATION&pc=&dc=&wc=&lu=&vu=&iu=&du=.

외교부. 2013. 파푸아뉴기니 개황. Accessed 30 September 2015. http://www.mofa.go.kr/webmodule/htsboard/template/read/korboardread_tab.jsp?typeID=24&boardid=11666&seqno=6043&tableName=TYPE_KORBOARD.

외교부. 2013. 파푸아뉴기니 생활안내. http://png.mofa.go.kr/webmodule/htsboard/template/read/korboardread.jsp?typeID=15&boardid=7751&seqno=657208&c=&t=&pagenum=1&tableName=TYPE_LEGATION&pc=&dc=&wc=&lu=&vu=&iu=&du=.

외교부. PNG 정세(부겐빌 자치지역 총선 결과). 주 파푸아뉴기니 대사관. Accessed 10 October 2015.

http://png.mofa.go.kr.

위키백과. 오스트로네시아어족. https://ko.wikipedia.org/wiki/.

위키백과. 파푸아뉴기니. https://ko.wikipedia.org/wiki/%ED%8C%8C%ED%91%B8%EC%95%84_%EB%89%B4%EA%B8%B0%EB%8B%88.

이상희. 2006. 또 하나의 동티모르: 웨스트파푸아, 민주사회를 위한 변론(3〜4월호).

이상희. 2011. 그들은 식인종이 아니었다. [이상희의 인류학 산책] 포레족과 쿠루병의 진실. Acropolis Tiumes. 2011.11.1. http://www.acropolistimes.com/news/articleView.html?idxno=1528.

이상희. 2012. [O2/인류 진화, 뜨거운 주제들] 카니발리즘. 식인 풍습은 있었지만 식인종은 없었다. 동아일보(1.14). http://news.donga.com/Culture/New/3/07/20120113/43306281/1.

주한파푸아뉴기니대사관. http://www.papuanewguineaembassy.kr.

최협(옮김). 2013. 브로니스라브 말리노프스키의 서태평양의 항해자들. 전남대학교출판부 2013.

파푸아뉴기니 주(provinces). http://d-maps.com/.

파푸아뉴기니 축하 전사부족 댄스. http://pixabay.com.

파푸아뉴기니 전통 부족축제. http://pixabay.com.

파푸아뉴기니 전통 축제의상. http://pixabay.com.

파푸아뉴기니 전통 카누. http://pixabay.com.

파푸아뉴기니 전통가면. http://pixabay.com.

파푸아뉴기니의 다양한 부족의 얼굴 페인트. Pixabay.Com, 파푸아뉴기니관광청. http://www.papuanewguinea.travel/regionsoverview.

파푸아뉴기니 나무타기캥거루. Wikimedia Commons. Baby tree kangaroo on the chief's wife's shoulder in Papua New Guinea. Accessed 20 May 2016. https://commons.wikimedia.org/wiki/File:Baby_tree_kangaroo_on_the_chiefs_wifes_shoulder_-Papua_New_Guinea-17Oct2008.jpg

파푸아뉴기니한인회. http://homepy.korean.net/~png/www/introduction/index.htm.

한국무역협회. 2012. 한국 무역통계 데이터베이스. http://stat.kita.net.

Adventure Kokoda. Culture - Sorcery. Original source from Encyclopedia of Papua and New Guinea, Peter Ryan, Melbourne University Press, 1972. http://www.kokodatreks.com/png/culture/sorcery.cfm.

AFP. Papua New Guinea cannibal cult charged with killing and eating witch doctors. http://www.news.com.au/world-news/papua-new-guinea-cannibal-cult-charged-with-killing-and-eating-witch-doctors/story-fndir2ev-1226425816740.

Agence France-Presse. 2013. News - Sorcery in PNG: Murder, witchcraft and law reform(December). Accessed 30 September 2015. http://www.abc.net.au/news/2013-12-13/an2013---png-sorcery/5154246.

Alerts, Theo. 1996. Traditional religion in melanesia. Port Moresby. University of Papua New Guinea press. http://www.pngbuai.com/200religion/traditional/.

Almeida, Tatiana. 2013. Sorcery, illness and death in Papua New Guinea. Seeds Theatre Group Inc. http://seedstheatre.org/sorcery-illness-and-death-in-papua-new-guinea/.

Althistory(wiki). Supreme court of Papua New Guinea. Accessed 30 September 2015. http://althistory.wikia.com/wiki/File:Supreme_Court.png.

Amazing Place View. Top 9 amazing places in Papua New Guinea. http://www.amazingplacesview.com/top-9-amazing-places-in-papua-new-guinea/.

Arabian Oil and Gas. 2009. Exxon gets green light for Papua New Guinea LNG. Accessed 15 September 2015. http://www.arabianoilandgas.com/article-6612-exxon-gets-green-light-for-papua-new-guinea-lng/.

Archipelago Travels in the Islands of Vanuatu. Are you Mad - A visit to the Vanuatu Cultural Center. Accessed 22 October 2015. http://archipelagotravels.typepad.com/.a/6a0133f29b7c42970b0133f2c38 2b9970b-800wi.

Ardener, Edwin. 1970. Witchcraft, economic and the continuity of belief. Witchcraft: Confession and accusations, (ed) by M. Douglas. London. Tavistock.

Asante, Augustine, and Hall, John. 2011. A review of health leadership and management capacity in Papua New Guinea. University of New South Wales. Accessed 18 September 2015. https://sphcm.med.unsw.edu.au/sites/default/files/sphcm/Centres_and_Units/LM_PNG_Report.pdf.

Asia Development Bank(ADB). 2010. Pacific economic monitor(December). http://www.adb.org/sites/default/files/publication/28920/pem-decio.pdf.

Asia Development Bank(ADB). 2012. Pacific economic monitor(December). http://adb.org/sites/default/files/publication/30066/pacmonitor-201212.pef.

Asia Development Bank(ADB). 2012. Pacific economic monitor(July). http://www.adb.org/sites/default/files/publication/pacmonitor-201207.pdf.

Asia Development Bank(ADB). 2015. Country partnership strategy - Papua New Guinea 2016~2020. Accessed 15 September 2015. http://www.adb.org/sites/default/files/institutional-document/157927/cps-png-2016-2020.pdf.

Asian Human Rights Commission. 2009. Indonesia: The killing of a Papuan at a demonstration remains unpunished. Accessed 10 August 2015. http://www.humanrights.asia/news/urgent-appeals/AHRC-UAC-152-2009.

Association of Religion Data Archives. Quality data on religion. Papua New Guinea. http://www.thearda.com/internationalData/countries/Country_175_1.asp.

Atlanta Black Star. A Melanesian girl. http://atlantablackstar.com/2014/03/06/black-striking-images-various-types-black-people-around-world/a-melanesian-girl/.

ATSnotes.com. Papua New Guinea banknotes. PNG Kina. http://www.atsnotes.com/catalog/banknotes/papua-new-guinea.html.

Australian AID. Provincial capacity building & enhancement programme – West New Britain Province(Papua New Guinea). Accessed 22 October 2015. http://www.pcabii.org/WNB.jsp.

Australian Department of Foreign Affairs and Trade. 2012. Raising the profile of PNG in Australia. Speech given by Richard Marles MP during Australian Week. http://ministers.dfat.gov/au/marles/speeches/Pages/2012/rm_sp_120309.aspx.

Australian Government. Papua New Guinea fact sheet. Accessed 22 October 2015. http://dfat.gov.au/trade/resources/Documents/png.pdf.

Australian Government. Papua New Guinea country brief. Accessed 22 October 2015. http://dfat.gov.au/geo/papua-new-guinea/pages/papua-new-guinea-country-brief.aspx.

Australian Government. Papua New Guinea records 1883~1942 – Appendix 4: A history of the PNG records. Accessed 18 September 2015. http://guides.naa.gov.au/papua-new-guinea/appendixes/4.aspx.

Australian Government. Records of Papua New Guinea 1883~1942 – Fact sheet 148. Accessed 18 September 2015. http://www.naa.gov.au/collection/fact-sheets/fs148.aspx.

Australia Government. 2005. Enhanced cooperation agreement with Papua New Guinea. http://www.aph.gov.au/parliamentary_business/committees/house_of_representatives_committees?url=jsct/8february2005/report/chapter4.pdf.

Australian Government, 2011. Climate change in the Pacific: Scientific assessment and new research Volume 2. Country reports Chapter 11 – Papua New Guinea. http://www.pacificclimatechangescience.org/wp-content/uploads/2013/09/Volume-2-country-reports.pdf.

Australian Government, 2011. Current and future climate of Papua New Guinea. http://www.pacificclimatechangescience.org/wp-content/uploads/2013/06/14_PCCSP_PNG_8pp.pdf.

Australian Law Reform Commission. Indigenous justice mechanisms in some overseas countries: Models and comparisons – Papua New Guinea Village Courts. Accessed 30 September 2015. http://www.alrc.gov.au/publications/30.%20Indigenous%20Justice%20Mechanisms%20in%20some%20Overseas%20Countries%3A%20Models%20and%20Comparisons/pa.

Australian Museum. Burial – Malagan ceremony. New Ireland. Accessed 22 October 2015. http://australianmuseum.net.au/Burial-Malagan-ceremony-New-Ireland/.

Bagu, Delly. 2015. Asian Development Bank Country Partnership Strategy 2016~2020. EMTV Online. Posted on 21 April 2015. http://www.emtv.com.pg/article.aspx?slug=Asian-Development-Bank-Country-Partnership-Strategy-2016-2020-&subcategory=Top-Stories.

Bank of Papua New Guinea. 2012. Quarterly Economic Bulletin Issue 03. http://www.bankpng.gov.pg/media-releases/publications-presentations/quarterly-economic-bulletin/.

BBC News. 2013. PNG repeals sorcery law and expands death penalty. http://www.bbc.com/news/world-asia-22698668.

Bennardo, Giovanni(ed.). 2002. Representing space in Oceania: Culture in language and mind. Pacific Linguistics. Canberra. Australian National University. pp. 260.

Benson, Catherine. 2007. Wildlife management areas in Madang Lagoon, Papua New Guinea — Creating or claiming? In. Tropical resources — The bulletin of the Yale Tropical Resources Institute. Accessed 20 October 2015. https://environment.yale.edu/tri/uploads/Benson.pdf.

Bohane, Bob. 2012. Somare's choice — Fight leader or peace. Pacific Institute of Public Policy. Accessed 15 September 2015. http://pacificpolicy.org/2012/02/somares-choice-fight-leader-or-peacemaker/.

Bureau of Democracy, Human Rights, and Labor. 2011. 2010 Country Reports on Human Rights Practices. 2010 Human Rights Report: Papua New Guinea. http://www.state.gov/j/drl/rls/hrrpt/2010/eap/154398.htm.

Bureau of Oceans and International Environmental and Scientific Affairs/US Department of States. 2014. Limits in the Seas. No. 138. Papua New Guinea: Archipelagic and other maritime claims and boundaries. pp. 10. http://www.state.gov/documents/organization/226802.pdf.

Business Advantage. 2015. Business and Investment Guide — Papua New Guinea. http://www.businessadvantagepng.com/wp-content/uploads/2015/04/Business-Advantage-PNG-2015.pdf.

Callick, Rowan. 2015. Rumbles from the jungle as Boungainville mine stirs. The Australian business review. Accessed 10 August 2015. http://www.theaustralian.com.au/business/mining-energy/rumbles-from-the-jungle-as-bougainville-mine-stirs/story-e6frg9df-1227300785803.

Campano, Erik. 2013. Religion, healing, and violence against women in Papua New Guinea. http://www.patheos.com/blogs/erikcampano/2013/07/religion-healing-and-violence-against-women-in-papua-new-guinea/.

Capie, David. 2015. Peacekeepig — Bougainville and East Timor. Te Ara — The Encyclopedia of New Zealand. Accessed 10 August 2015. URL: http://www.TeAra.govt.nz/en/video/36092/bougainville-peace-talks.

Carl, Andy and St. Lorraine, Garasu. 2002. Accord-weaving consensus. The Papua New Guinea-Bougainville peace process. Accessed 22 October 2015. http://www.c-r.org/downloads/12_PapuaNewGuinea.pdf.

Cars for the World. Papua New Guinea. http://www.carsfortheworld.com/country.php/id/51/t/import-used-car-papua.

Celerier, Philippe Pataud, 2010. Autonomy isn't independence: Indonesian democracy stops in Papua. Le Monde Diplomatique(June). Accessed 10 August 2015. http://mondediplo.com/2010/06/14indonesia.

Chambers, M.R., 1987. The freshwater lakes of Papua New Guinea: An inventory and limnological review. Journal of Tropical Ecology 3:1–23. doi:10.1017/S0266467400001073.

Chatterton, Percy. 2010. Say it in Motu, An instant introduction to the common language of Papua. Accessed 10 August 2015. http://exkiap.net/other/tok_pisin/Say_It_In_Motu.pdf.

CIA(Central Intelligence Agency). 2015. Papua New Guinea. The World Factbook. https://www.cia.gov/library/publications/resources/the-world-factbook/geos/pp.html.

CIA(Central Intelligence Agency). Map of Papua New Guinea. Sourced University of Texas resource site at http://www.lib.utexas.edu/maps/papua_new_guinea.html.

Commonwealth Local Government Forum. The local government system in Papua New Guinea. Accessed 15 September 2015. http://www.clgf.org.uk/index.cfm.

Commonwealth Local Government Pacific Project. Country profile. The local government system in Papua New Guinea. Papua New Guinea. http://www.clgfpacific.org/userfiles/3/file/Papua_New%20Guinea_Local_Government_Profile_2013_CLGF.pdf.

Connell, John. 1997. Papua New Guinea: The struggle for development. preface. Routledge(free sample). London. pp. 372. Accessed 15 September 2015. http://www.questia.com/read/109054914/papua-new-guinea-the-struggle-for-development.

Copper Moly Limited. Papua New Guinea. http://www.coppermoly.com.au/papua-new-guinea/png.htm.

Countries and Their Cultures. Papua New Guinea. Accessed 18 September 2015. http://www.everyculture.com/No-Sa/Papua-New-Guinea.html.

Countries of the World. 2015. Papua New Guinea – 2015. http://www.theodora.com/wfbcurrent/papua_new_guinea/.

Countries Quest. Papua New Guinea. History. Accessed 18 September 2015. http://www.countriesquest.com/oceania/papua_new_guinea/history.htm.

Countries Quest. The people of Papua New Guinea, way of life. Accessed 18 September 2015. http://www.countriesquest.com/oceania/papua_new_guinea/the_people_of_papua_new_guinea/way_of_life.htm.

Commonwealth Local Government Pacific Project. Country profile. The local government system in Papua New Guinea. http://www.clgfpacific.org/userfiles/3/file/Papua_New%20Guinea_Local_Government_Profile_2013_CLGF.pdf.

Crowley, Terry. 1995. Melanesian languages: Do they have a future? University of Hawaii. Oceanic Linguistics 34(2)(December): 327-344. Accessed 20 October 2015. http://www.jstor.org/stable/3623047.

Culture of the Countryside. Belief systems and spiritual aspects in Papua New Guinea. http://www.cultureofthecountryside.ac.uk/resources/belief-systems-and-spiritual-aspects-papua-new-guinea.

Davis, Tess. 2013. Repealing the 1971 Sorcery Act – A solution to Papua New Guinea's witch hunts? InterLawGRRLS. http://ilg2.org/2013/04/18/repealing-the-1971-sorcery-act-a-solution-to-papua-new-guinea-witch-hunts/.

Delcampe.net. Postcard. Papua New Guinea, Papua New Guinea – Long house. Accessed 10 August 2015. http://www.delcampe.net/page/item/id,224420889,var,PAPUA-NEW-GUINEA—LONG-HOUSE,language,E.html.

Department of Education. Achieving a better future – A national plan for education 2005~2014. Accessed 18 September 2015. http://www.education.gov.pg/QL_Plans/plans/national-education-plan-2005-2014.pdf.

Dickson, J. 1995. Culturally sustainable rural enterprise development in Papua New Guinea. Small Enterprise Development 6(1): 43-39(abstract). http://www.developmentbookshelf.com/doi/abs/10.3362/0957-1329.1995.006?journalCode=sed.

Dinnen, Sinclair. 1993. World factbook of criminal justice systems: Papua New Guinea. Washington D.C.: US Department of Justice(Bureau of Justice Statistics). Accessed 15 September 2015. http://www.bjs.gov/content/pub/pdf/wfbcjspng.pdf.

Diversicare. 2006. Papua New Guinean culture profile. An initiative of community partners program. Accessed 18 September 2015. http://www.diversicare.com.au/upl_files/file_17.pdf.

Diversicare. 2012. Papua New Guinean Culture Profile. An initiative of HACC multicultural advisory service. Accessed 18 September 2015. http://diversicare.com.au/wp-content/uploads/CulturalProfile_PNG.pdf.

Dixon, Roland B. 1916. Melanesia. Oceanic methology. Part II: 101-148. University Press Cambridge, Massachusetts. Marshall Jones Company. http://www.sacred-texts.com/pac/om/om10.htm.

d-maps.com. Free maps. Papua New Guinea/Independent State of Papua New Guinea – Boundaries, provinces, names(white). http://d-maps.com/carte.php?&num_car=3859&lang=en.

Donville, Christopher. 2012. Nautilus falls after halting construction–Toronto mover. Bloomberg.com(14 November). http://www.bloomberg.com/news/articles/2012-11-13/nautilus-falls-after-halting-construction-toronto-mover.

Dotton, Tom. Chap 11 – Language contact and challenge in Melanesia. http://press.anu.edu.au/wp-content/uploads/2011/05/ch1123.pdf.

EarthTrends, 2003. Coastal and marine ecosystems. Country profile—PNG, World Resource Institute. Accessed 20 October 2015, http://earthtrends.wri.org.

East Asia and Pacific, 2014. Independent State of Papua New Guinea – Water, sanitation and hygiene policy development in Papua New Guinea – Synthesis report of technical assistance. Accessed 15 September 2015, http://www-wds.worldbank.org/external/default/WDSContentServer/WDSP/IB/2014/06/23/000442464_20140623150051/Rendered/PDF/ACS84810WP0P1448230Box385243B00PUBLIC0.pdf.

Eco Communications. http://www.eco-communications.net/2010/06/15/109/.

Embassy of Japan in Papua New Guinea. http://www.png.emb-japan.go.jp/.

Embassy of Papua New Guinea to the America. Accessed 15 September 2015, http://www.pngembassy.org/governmentmain.html.

Embassy of Papua New Guinea to the America. History and major events. Accessed 18 September 2015, http://www.pngembassy.org/history.html.

Embassy of Papua New Guinea to the America. Papua New Guinea wildlife and environment – PNG government/NGO approach to conservation. Environment & Conservation. Accessed 20 October 2015, http://www.pngembassy.org/environment.html.

Embassy of Papua New Guinea to the America. Religion. Accessed 10 August 2015, http://www.pngembassy.org/religion.html.

Encyclopedia Britannica. Bismarck Sea. Accessed 10 August 2015. http://www.britannica.com/place/Bismarck-Sea.

Encyclopedia Britannica. Papua New Guinea. Accessed 10 August 2015. http://www.britannica.com/place/Papua-New-Guinea.

Encyclopedia Britannica. Solomon Sea. Accessed 10 August 2015. http://www.britannica.com/place/Solomon-Sea.

Encyclopedia.Com. Papua New Guinea. Accessed 10 August 2015. http://www.encyclopedia.com/topic/Papua_New_Guinea.aspx.

ETAN.org, 2011. West Papua report. Accessed 10 August 2015. http://etan.org/issues/wpapua/2011/1111wpap.htm.

Ethnologue, Language of the world. Accessed 10 August 2015. http://www.ethnologue.com/region/POL.

Evans, Nicholas and Clamer, Marian, 2012. Melanesian languages on the edge of Asia: Challenges for the 21st century. Published as a special publication of language documentation & conservation. Department of Linguistics. University of Hawaii Press. Accessed 20 October 2015, http://

scholarspace.manoa.hawaii.edu/bitstream/handle/10125/4555/master.pdf?sequence=5.

Exclusive Economic Zone, EEZ. Papua New Guinea fishing Industry. http://www.pngfia.org.pg/papuanewguinea.html.

Expedia.com. http://www.expedia.com.

Faith, D.P., Margules, C.R. and Walker, P.A., 2001. A biodiversity conservation plan for Papua New Guinea based on biodiversity trade-offs analysis. Pacific Conservation Biology 6: 304-324. http://australianmuseum.net.au/uploads/documents/20549/faith%20et%20al%20pacconbio2001b.pdf.

FAO, 2011. Aquastat-Papua New Guinea. http://www.fao.org/nr/water/aquastat/countries_regions/png/index.stm.

Find Fun Facts. Papua New Guinea. http://findfunfacts.appspot.com/world_atlas/newguinea.html.

Flaherty, Teresa, 2013. The history of the Sisters of Mercy in Papua New Guinea(1956~2006): Within the tradition of women called to Gospel discipleship and christian mission. Doctor of Philosophy thesis. Australian Catholic University. http://dlibrary.acu.edu.au/digitaltheses/public/adt-acuvp458.02102014/FLAHERTY2013.pdf.

Flicker. Lake Kutubu long house, Yo'obo Village. Accessed 10 August 2015. https://www.flickr.com/photos/australimage/5457089838.

Food and Travel Magazine. Papua New Guinea. http://foodandtravel.com/travel/gourmet-traveller/tribal-fare. 파푸아뉴기니관광청. http://www.papuanewguinea.travel/ regionsoverview.

Foulona, J.D., 2009. Regional intervention in Solomon Islands. Journal of South Pacific Law 9(1). Accessed 30 September 2015. http://www.paclii.org/journals/fJSPL/vol09no1/4.shtml:Wikipedia.

Franklin, Karl J., 2010. Comments on sorcery in Papua New Guinea. Graduate Institute of Applied Linguistics and SIL International(GIALens) 4(3). http://www.gial.edu/gialens/vol4num3/.

Free World Maps. Papua New Guinea. http://www.freeworldmaps.net/oceania/papua-new-guinea.

Fund, W., 2014. Trans fly savanna and grasslands. http://www.eoearth.org/view/article/156685.

German Pavel. Tate's triok. Wildlife images. Accessed 20 October 2015. http://www.arkive.org/tates-triok/dactylopsila-tatei/.

Gewertz, Deblorah B. and Errington, Frederick K., 1999. Emerging class in Papua New Guinea: The telling of difference. Cambridge University Press. pp.183.

Global Banking News. 2012. BSP offering services to remote customers using tablets. The Free Library. http://www.thefreelibrary.com/-BSP+offering+services+to+remote+customers+using+tablets.-a0293726362.

Global Drift. Papua New Guinea. Accessed 20 October 2015. http://www.globaldrift.com.au/trips/PNG-PNG.

Global Edge. Papua New Guinea Government. Accessed 15 September 2015. http://globaledge.msu.edu/countries/papua-new-guinea/government.

Government of Papua New Guinea. 2007. Papua New Guinea national biodiversity strategy and action plan. http://www.sprep.org/att/IRC/eCOPIES/Countries/Papua_New_Guinea/5.pdf.

Governor General of Papua New Guinea. Accessed 15 September 2015. http://gg.gov.pg/.

Grace, George W., 1981. Direct inheritance and the aberrant Melanesian languages. In J. Hollyman and A. Pawley (eds), Studies in Pacific Languages and Cultures. Auckland: Linguistic Society of New Zealand, pp. 255–268.

Green, Roger Curtis. 2003. The Lapita Horizon and Traditions – Signature for One Set of Oceanic Migrations. pp. 95–120, In Pacific Archaeology: Assessments and Prospects: Proceedings of the International Conference for the 50th Anniversary of the First Lapita Excavation. Koné-Nouméa 2002, edited by C. Sand. Les Cahiers de l'Archéologie en Nouvelle-Calédonie 15. Nouméa, New Caledonia: Département Archéologie, Service des Musées et du Patrimoine de Nouvelle-Calédonie.

Gros, Pierre Paul. Carleton Gajdusek & Kuru. https://www1.umn.edu/ships/modules/biol/CarletonGajdusek&Kuru.pdf.

Hamilton, W., 1979. Tectonics of the Indonesian region: US Geological Survey Professional Paper 1078. http://pubs.er.usgs.gov/publication/pp1078.

Hammond, Timothy G., 2012. Resolving hybrid conflicts: The Bougainville story. Foreign Policy Journal. Accessed 10 August 2015. http://www.foreignpolicyjournal.com/2012/12/22/resolving-hybrid-conflicts-the-bougainville-story/.

Hanson, Doug. 2012. Challenges christianity has faced in Papua New Guinea–lessons for today. Melanesian Journal of Theology 28(2). http://biblicalstudies.org.uk/pdf/mjt/28-2_82.pdf.

Hasselberg, Jan. Photo downtown Moresby near Oriximina State Para. Accessed 20 October 2015. http://www.viewphotos.org/brazil/images-of-Oriximina-225.html.

Hayward-Jones, Jenny. 2015. Papua New Guinea in 2015–at a crossroads and beyond. Accessed 22 October 2015. http://www.lowyinstitute.org/files/papua-new-guinea-in-2015-at-a-crossroads-and-beyond.pdf.

Herriman, Nicholas. 2013. PNG sorcery law highlights a deadly problem. The Age Comment. Accessed 30 September 2015. http://www.theage.com.au/comment/png-sorcery-law-highlights-a-deadly-problem-20130417-2hzdd.html.

Historycommons.org. 2002. Free Papua movement. Accessed 10 August 2015. http://www.historycommons.org/entity.jsp?entity=free_papua_movement_1.

Human Rights and Labor/Bureau of Democracy. 2012. Papua New Guinea 2012 international religious freedom report. US Department of State. http://www.state.gov/documents/organization/208470.pdf.

Human Rights Watch. 2001. Violence and political impasse in Papua 13(2C)(July). Accessed 10 August 2015, http://www.hrw.org/reports/2001/papua/PAPUA0701.pdf#.

Independent State of Papua New Guinea. 2014. Papua New Guinea policy on protected areas. Conservation & Environment Protection Authority(October) Waigani, National Capital District, Papua New Guinea. Accessed 20 October 2015. http://www.undp.org/content/dam/papua_new_guinea/docs/environment%20and%20energy/DEC%20signed%20PNG%20Protected%20Areas%20Policy-lowrespgs.pdf.

Indo Pacific Images. Papua New Guinea's Marine Biodiveristy. http://www.indopacificimages.com/index.php/papua-new-guinea-2/papua-new-guinea-pngs-marine-biodiversity/.

Index Mundi. Copper – World mind production by country. http://www.indexmundi.com/en/commodities/minerals/copper/copper_t20.html.

InfoMine – CountryMine. Mining in Papua New Guinea. http://www.infomine.com/countries/mining-papua-new-guinea.

Infoplease. Papua New Guinea. http://www.infoplease.com/country/papua-new-guinea.html.

International Monetary Fund(IMBF). 2010. Country Report No. 10/164. Papua New Guinea: 2010 Article IV Consultation – Staff Report and Public Information Notice. http://www.imf.org/external/pubs/ft/scr/2010/cr10164.pdf.

International Monetary Fund(IMBF). 2012. Country Report No. 12/126. Papua New Guinea: 2012 Article IV Consultation – Staff Report and Public Information Notice. https://www.imf.org/external/pubs/ft/scr/2012/cr12126.pdf.

International Resources News(IRN). 2010. BAM Clough receives letter of intent from Chiyoda JGC JV.

IUCN. Papua New Guinea – Summary of species on the 2008 IUCN Red List. Accessed 20 October 2015. http://cmsdata.iucn.org/downloads/papua_new_guinea.pdf.

Ivens, Walter G. 1918. Project Canterbury: Melanesia and its people. Washington: Carnegie Institution of Washington, 1918. (Transcribed by the Right Reverend Dr. Terry Brown), Bishop of Malaita, Church of Melanesia.

Ivens, Walter. Project Canterbury: Dictionary and grammar of the language of Sa'a and Ulawa, Solomon Islands. Washington. Orinally from Carnegie Institution of Washington, 1918. Transcribed by the Right Reverend Dr. Terry Brown. 2006. Bishop of Malaita, Church of Melanesia. http://anglicanhistory.org/oceania/ivens_dictionary_app04.html.

Jak2010. 2010. Wantok system: A traditional social security system in Papua New Guinea. Accessed 10 August 2015. http://www.infobarrel.com/Wantok_System:_A_Traditional_Social_Security_System_in_Papua_New_Guinea.

Jane's Melanesia Home Page. Melanesia. http://www.janeresture.com/melhome/.

Jane's Ocean Homepage. Papua New Guinea. Accessed 18 September 2015. http://www.janeresture.com/png_art/index1.htm.

Jane's Ocean Home Page. Papua New Guinea visit part 8. Accessed 18 September 2015. http://www.janeoceania.com/png_visit7/index.htm

Jasons.Com. Culture & people in Papua New Guinea. Accessed 10 August 2015. http://www.jasons.com/papua-new-guinea/culture-and-people-in-papua-new-guinea.

Jasons.Com. Village life in Papua New Guinea. Accessed 18 September 2015. http://www.jasons.com/papua-new-guinea/village-life-in-papua-new-guinea.

Jessep, Own. 2012. The elusive role of customs in the underlying law of Papua New Guinea. The Underlying Law Journal Developments in the Underlying Law of Papua New Guinea 4. PGULJ 5. Accessed 30 September 2015. http://www.paclii.org/countries/pg.html.

Kathoa, Tom. New dawn on Bougainville. Accessed 10 August 2015. http://bougainville.typepad.com/.

Keith Jackson & Friends. PNG Attitude. Accessed 20 October 2015. http://asopa.typepad.com/.a/6a00 d83454f2ec69e20105356e05d1970c-800wi.

Kelly, Angela, Mathers, Bradley, Kawage, Thomas and Vallely, Andrew. 2012. Emerging HIS risk in Papua New Guinea. UNAIDS. Papua New Guinea Institute of Medical Research/University of New South Wales. Accessed 18 September 2015. http://www.pngimr.org.pg/research%20publications/Kelly%20et%20al%202012%20%20Emerging%20HIV%20Risk%20in%20PNG.pdf.

Kok, Frederik. 2014. Papua New Guinea - Invisible and neglected protracted displacement. Accessed 15 Septebmer 2015. http://www.internal-displacement.org/south-and-south-east-asia/papua-new-guinea/2014/papua-new-guinea-invisible-and-neglected-protracted-displacement.

Kokoda Track Memorial Walkway. Map of the Kokoda Track. Accessed 18 September 2015. http://www.kokodawalkway.com.au/map-of-the-kokoda-track.

Kokoda Trail Expeditions - Safe heritage adventure. Accessed 18 September 2015. http://www.kokodatrailexpeditions.com.au/new/.

Lake Kutubu(Google map). Information. http://maps.google.co.kr/maps?hl=ko&rlz=1T4GGNI_koKR517KR517&q=kutubu+lake&um=1&ie=UTF-8&hq=&hnear=0x68507cc8d31842b1:0xccb42cfee74dccc2,Lake+Kutubu&gl=kr&sa=X&ei=vdjHUYaYFsfjkAXVulGQDw&ved=0CKMBELYD.

Larcom, S. and Swanson, T.. 2014. Documenting legal dissonance - Legal pluralism in Papua New Guinea. Accessed 30 September 2015. http://repec.graduateinstitute.ch/pdfs/ciesrp/CIES_RP_31.pdf.

Lasslett, Kristian. State terror and the Bougainville. http://www.statecrime.org/testimonyproject/bougainville.

Law of Papua New Guinea. The Rooney Affair: An early crisis in relations between the executive and judiciary. Accessed 30 September 2015. http://www.liquisearch.com/law_of_papua_new_guinea/the_rooney_affair_-_an_early_crisis_in_relations_between_the_executive_and_judiciary.

Lee, S.M. and Ruellan, E., 2006. Tectonic and magmatic evolution of the Bismark Sea, Papua New Guinea: Review and new synthesis in back-arc spreading systems: Geological, biological, chemical, and physical interactions. (eds.) D.M. Christie, C.R. Fisher, S.M. Lee and S. Givens. American Geophysical Union: Washington, D.C. doi:10.1002/9781118666180.ch13.

Lehmann, Karl, 2008. Lost world arts – Tribal art of Papua New Guinea. http://www.lostworldarts.com/new_page_2.htm.

Leigh, Carolyn and Peery, Ron. Art-Pacific-guide to artifacts. Massim: Trobriand Islands and Kula exchange, Milne Bay Province, PNG. http://www.art-pacific.com/artifacts/nuguinea/massim/trobkula.htm.

Lidiiamagdych, 2004. From bush grass to ocean waves – Images of oceania. https://lidiiamagdych.wordpress.com/.

Lindstrom, Lamont, 2013. Cargo cults. Oxford Bibliographies. http://www.oxfordbibliographies.com/view/document/obo-9780199766567/obo-9780199766567-0108.xml.

Living Jewels. Rosenbergia straussi. Accessed 20 October 2015. http://www.living-jewels.com/Rosenbergia_straussi.htm.

Lohmann, Robert Ivar, 2003. Glass men and spirit women in Papua New Guinea. Shamanisms and survival. http://www.culturalsurvival.org/publications/cultural-survival-quarterly/papua-new-guinea/glass-menand-spirit-women-papua-new-guinea.

Lonely Planet. History. Accessed 18 September 2015. http://www.lonelyplanet.com/papua-new-guinea/history.

Lynne, R. Rivers in Papua New Guinea. USA Today. http://traveltips.usatoday.com/rivers-papua-new-guinea-106188.html.

Madang. Ples Bilong Mi by Jan Messersmith. Licensed under a Creative Commons. http://www.messersmith.name/wordpress/wp-content/uploads/2012/04/background.reef_panorama_STA_3092-95.jpg.

Mahonia Na Dari. Guardians of the Sea – West New Britain. Accessed 22 October 2015. http://mahonianadari.org/where-we-are/west-new-britain/.

Malinowski, Bronislaw, 1932. Argonauts of the Western Pacific. An account of native enterprise and adventure in the archipelagoes of melanesian New Guinea. George Routledge & Sons, London. E.P. Dutton & CO., New York. http://wolnelektury.pl/media/book/pdf/argonauts-of-the-western-pacific.pdf.

Malum, Nalu, 2012. Lae chamber welcomes port project. Accessed 20 October 2015. http://malumnalu.blogspot.kr/2012/04/lae-chamber-welcomes-port-project.html.

Mappery. 2008. Papua New Guinea Map. http://mappery.com/Papua-New-Guinea-Map.

Martin-Prevel, Alice. 2013. Papua New Guinea: The land at the core. Oakland Institute. Accessed 20 October 2015. http://www.oaklandinstitute.org/papua-new-guinea-land-core.

Martin Tribe Home Page. Expanded view of Manus Province language map. Accessed 22 October 2015. http://novnc.com/billandlenore/images/manuslm.gif.

Matangi Tonga Magazine. 2015. Bank South Pacific takes over WESTPAC Bank in Tonga. http://matangitonga.to/2015/07/14/bsp-takes-over-westpac-bank-tonga.

May, R.J., 1993. The changing role of the military in Papua New Guinea. Canberra papers on strategy and defence No. 101. Australia National University. Accessed 18 September 2015. http://ips.cap.anu.edu.au/sites/default/files/101%20The%20changing%20role%20of%20the%20military%20in%20Papua%20New%20Guinea%20(Canberra%20papers%20on%20strategy%20and%20defence)%20Ronald%20James%20May%2097p_0731518470.pdf.

May, R.J., 2001. Class, ethnicity, regionalism and political parties. In. State and society in Papua New Guinea: The first twenty-five years. Crawford House Publishing, Adelaide. pp. 127-146.

May, R.J. and Haley, Nicole. 2014. The military in Papua New Guinea: A culture of instability but no coup. Security Challenges 10(2): 53-70. Accessed 18 September 2015. http://www.securitychallenges.org.au/ArticlePDFs/SC%2010-2%20MayandHaley.pdf.

Michigan Technological University Volcanoes Page. Pictures from Rabaul Caldera. Accessed 15 September 2015. http://www.geo.mtu.edu/volcanoes/rabaul/pictures/VDAP/vdap-radio.jpg.

Miller, S., Hyslop, E., Kula, G. and Burrows, I., 1999. Chapter 6. Status of biodiversity in Papua New Guinea. http://www.oocities.org/rainforest/9468/papua_ng.htm.

Mineral Policy Institute. Papua New Guinea. Accessed 20 October 2015. http://www.mpi.org.au/our-work/papua-new-guinea/.

Ministry of Foreign Affairs of Japan. http://www.mofa.go.jp/region/asia-paci/png/data.html.

Ministry of Foreign Affairs of Japan. Japan-Papua New Guinea Summit Meeting and Dinner. http://www.mofa.go.jp/a_o/ocn/pg/page4e_000339.html.

Morelock, Jessica. USA Today - Climate in Papua New Guinea. http://traveltips.usatoday.com/climate-papua-new-guinea-61734.html.

Morris, Michael R. One Talk in Papua New Guinea. The Church of Jesus Christ of Latter-Day Saints. Accessed 30 September 2015. https://www.lds.org/ensign/1995/02/one-talk-in-papua-new-guinea?lang=eng.

Mundhenks' Ministry. Religion. Accessed 10 August 2015. http://mundhenks.org/index.php?option=com_content&task=view&id=20&Itemid=22.

Mundhenks' Ministry. The people. Accessed 10 August 2015. http://mundhenks.org/index.php?option=com_content&task=view&id=21&Itemid=23.

Narokobi, Emmanuel. 2006. Media and a national identity. https://masalai.wordpress.com/2006/12/13/media-and-a-national-identity/.

National Department of Education. 2002. The state of education in Papua New Guinea. Education reform facilitating and monitoring unit. Accessed 18 September 2015. http://www.paddle.usp.ac.fj/collect/paddle/index/assoc/png038.dir/doc.pdf.

National Executive Council. 2009. Achieving universal education for a better future. Universal basic education plan 2010~2019. Accessed 18 September 2015. http://www.education.gov.pg/QL_Plans/plans/ube-plan-2010-2019.pdf.

National Music Museum. Drum. Wossera region. Sepi. Papua New Guinea. late 19th century. http://orgs.usd.edu/nmm/Oceania/2330PapuaNewGuineaDrum/Drum2330.html.

National Parliament of Papua New Guinea. http://www.parliament.gov.pg/.

National Encylopedia. Papua New Guinea - History. Accessed 18 September 2015. http://www.nationsencyclopedia.com/Asia-and-Oceania/Papua-New-Guinea-HISTORY.html.

National Statistical Office of Papua New Guinea. Document Library(Final Figures Brochure-Census 2011). http://www.nso.gov.pg/index.php/document-library.

Nations Encyclopedia. Papua New Guinea. Accessed 20 October 2015. http://www.nationsencyclopedia.com/geography/Morocco-to-Slovakia/Papua-New-Guinea.html#ixzz2OhDWRrTU.

Nations Encyclopedia. Papua New Guinea - Ethnic groups. Accessed 30 September 2015. http://www.nationsencyclopedia.com/Asia-and-Oceania/Papua-New-Guinea-ETHNIC-GROUPS.html.

Nations Encyclopedia. Papua New Guinea - History. Accessed 18 September 2015. http://www.nationsencyclopedia.com/Asia-and-Oceania/Papua-New-Guinea-HISTORY.html.

Nations Online. Papua New Guinea. Accessed 20 October 2015. http://www.nationsonline.org/oneworld/papua_new_guinea.htm.

Nature Conservancy. Papua New Guinea. Accessed 20 October 2015. http://www.nature.org/ourinitiatives/regions/asiaandthepacific/papuanewguinea/.

Nautilus Minerals Inc., 2012. US Minerals signs landmark offtake agreement for Solwara 1.

New Britain Palm Oil Limited. Joining New Britain palm oil. Accessed 22 October 2015. http://www.nbpol.com.pg/wp-content/uploads/downloads/2011/02/Living-and-working_in_WNB_-Feb_-20101.pdf.

New Guinea Map. Rainfall and wind. http://www.new-guinea-tribal-art.com/wp/wp-content/uploads/2011/10/Rainfall.jpg.

Nineteen Years and Counting in Papua New Guinea. A blog about living in Papua New Guinea. Accessed 22 October 2015. http://nancysullivan.typepad.com/my_weblog/2008/07/goodbye-john-wong.html.

Niugini, Taim Bilong. 2013. The Wontok system. Accessed 10 August 2015. http://caermynach.blogspot.kr/2013/01/13-wantok-system.html.

Objective Source E-learning(OSEL). Papua New Guinea. Originally from Oceans and Seas. http://www.osel.cz/popisek_Old.php?popisek=16511&ing=1296835632.jpg.

O'Callaghan, Mary-Louise. 2002. The origin of the conflict – Weaving consensus: The Papua New Guinea-Bougainville peace process. Accord issue 12. Accessed 10 August 2015. http://www.c-r.org/accord-article/origins-conflict.

Omniglot. Useful phrases in Tok Pisin. Accessed 10 August 2015. http://www.omniglot.com/language/phrases/tokpisin.php.

One Papua New Guinea. Port Moresby in picture today. http://www.onepng.com/2013/01/in-port-moresby-today.html.

O'Neil, Dennis. Economic systems – An introduction to systems of distribution and exchange. http://anthro.palomar.edu/economy/images/map_of_Kula_Ring.gif.

Ottley, Bruce. 2012. Reconciling modernity and tradition – PNG Underlying Law Act(2012). The Underlying Law Journal Developments in the Underlying Law of Papua New Guinea 4, PGULJ 5. Accessed 30 September 2015. http://www.paclii.org/pg/cases/PGULJ/2012/5.html.

Oregon State University. Tectonic setting and volcanoes of Papua New Guinea, New Britain, and the Solomon Islands. http://volcano.oregonstate.edu/vwdocs/volc_images/southeast_asia/papua_new_guinea/tectonics.html.

Pacific Ocean Island Countries of the National Anthem. National anthem of the Papua New Guinea "O Arise All you Sons". http://www.spf.org/yashinomi/reference/anthem/national04.html.

Paliwala, Adam Blaxter. 2011. Tok Pisin and English in Papua New Guinea – The value of census data. Presentation from SPCL-2011-Accra.

Paliwala, Adam Blaxter. 2012. Language in Papua New Guinea: The value of census data. Language & Linguistics in Melanesia, Journal of the Linguistic Society of Papua New Guinea 30(1). Accessed 10 August 2015. http://www.langlxmelanesia.com/Adam%20Paliwala%20Vol.%2030%20No.%201.pdf.

Paolo de Renzio, Paolo. Bigmen and Wantoks: Social capital and group behaviour in Papua New Guinea. QEH Working Paper Series – QEHWPS27, Working Paper Number 27. Accessed 10 August 2015. http://core.ac.uk/download/pdf/6759461.pdf.

Papua New Guinea. Balancing Beijing's economy and Washington's security. http://www.oxirsoc.com/articles/2015/5/14/papua-new-guinea-balancing-beijings-economy-and-washingtons-security.

Papua New Guinea Business & Tourism. Parliament House. Port Moresby. Accessed 15 September 2015. http://www.pngbd.com/photos/port-moresby/p2092-parliament-house-2c-port-moresby.html.

Papua New Guinea. Country Profile. Accessed 15 September 2015. http://www.clgfpacific.org/userfiles/3/file/Papua_New%20Guinea_Local_Government_Profile_2013_CLGF.pdf.

Papua New Guinea Defence Force. Accessed 18 September 2015. http://www.defence.gov.pg/.

Papua New Guinea Department of Education. http://www.education.gov.pg/.

Papua New Guinea Eco-Forestry Forum. Accessed 20 October 2015. http://www.ecoforestry.org.pg.

Papua New Guinea Fishing Industry Association Inc. Fisheries sectors - Bêche-de-mer, shells, aquaculture. http://www.pngfia.org.pg/other_products.html.

Papua New Guinea Government, 2010. Monthly visitor arrivals statistics. http://www.tpa.papuanewguinea.travel/S/S_IDL=43_IDT=328_ID=1814_.html.

Papua New Guinea Human Resources Institute, 2012. PNG country reports. http://www.aphrm.com/media/documents/reports/png_country_report_aug_2012.pdf.

Papua New Guinea Tourism Promotion Authority. About Papua New Guinea(culture). Accessed 18 September 2015. http://www.papuanewguinea.travel/papuanewguineaculture.

Papua New Guinea Tourism Promotion Authority. East New Britain Province. Accessed 22 October 2015. http://www.papuanewguinea.travel/EastNewBritain.

Papua New Guinea Tourism Promotion Authority. Island Region. Accessed 22 October 2015. http://www.papuanewguinea.travel/islandsregion.

Papua New Guinea Tourism Promotion Authority. New Ireland Province. Accessed 22 October 2015. http://www.papuanewguinea.travel/newireland.

Papua New Guinea Tourism Promotion Authority. The regions of PNG. Accessed 20 October 2015. http://www.papuanewguinea.travel/regionsoverview.

Parker, P.M., 2011. The 2011 Papua New Guinea economic and product market databook. ICON Group International.

Pawley, Andrew, 2006. Explaining the abberrant Austronesian languages of southeast melanesia: 150 years of debate. Journal of the Polynesian Society 115(3): 215-257.

Payne, Stephen. Lest we forget. World War II (Pacific). http://gadabyte.com/ww-ii/pac-timeline.html.

Pinterest. Calodema ribbei. Accessed 20 October 2015. http://www.coleop-terra.com/gallery/buprestoidea/calodema-ribbei/.

Pippard, Helen. 2008. The Pacific Islands: An analysis of the status of species as listed on the 2008 IUCN Red List of Threatened Species. IUCN Regional Office for Oceania. http://cmsdata.iucn.org/downloads/the_pacific_islands_an_analysis_of_the_status_of_species_as_listed_on_the_2008_iucn_r.pdf.

Pitt Rivers Museum. Body ornaments and shaping. Shell armlet – Oceania. http://www.prm.ox.ac.uk/LGweb/images/1933_40_18.jpg.

PMC News Desk. Burning of woman sorcerer shocks PNG, triggers debate on barbaric acts. http://pacific.scoop.co.nz/2013/02/burning-of-woman-sorcerer-shocks-png-triggers-debate-on-barbaric-practice/.

PNG. 2010. Papua New Guinea – Millennium Development Goals second national progress comprehensive report for Papua New Guinea 2010. Accessed 22 October 2015. http://www.undp.org/content/dam/papua_new_guinea/docs/MDG/UNDP_PG_MDG%20Comprehensive%20Report%202010.pdf.

PNG Department of National Planning and Monitoring. 2010. Papua New Guinea Medium Term Development Plan 2011~2015: Building the foundations for prosperity. http://www.treasury.gov.pg/html/publications/files/pub_files/2011/2011-2015.png.mtdp.pdf.

PNG Language Resources. http://www-01.sil.org/pacific/png/show_maps.asp.

PNG National Strategic Plan Taskforce. 2011. Papua New Guinea vision 2050. http://sustainabledevelopment.un.org/content/documents/1496png.pdf.

PNG Peles. Information and facts about Papua New Guinea. http://pngpeles.com/index.php/information-and-facts-about-papua-new-guinea.

PNG Ports Corporation. Rabaul Port. Accessed 22 October 2015. http://www.pngports.com.pg/index.php/rabaul-port.

PNG Post Courier. 2011. Deep sea mining workshop in Fiji. From Press review: Mining in the South Pacific compilation 3(3), May~June 2011. pp. 100. http://www.roland-seib.de/05/Seib-Pressespiegel-1.7.11.pdf.

Prime Minister's Office of Papua New Guinea. Peter O'Neill. http://www.pm.gov.pg/.

Prusiner, Stanley B., Gajdusek, D. Carleton, Alpers, Michael P., 1982. Kuru with incubation periods exceeding two decades. Annals of Neurology 12: 1-9. 10.1002/ana.410120102.

Quarterly Economic Bulletin. Bank of Papua New Guinea. Issue. 2012.03. http://www.bankpng.gov.pg/media-releases/publications-presentations/quarterly-economic-bulletin/.

Queen Alexandra's Birdwing. Originally from Buzzfeed.Com. Accessed 20 October 2015. https://www.pinterest.com/pin/374221050259239718/.

Radio New Zeland. 8 - Papua New Guinea. Accessed 18 September 2015. http://www.radionz.co.nz/collections/u/new-flags-flying/nff-png/about-png.

Radio New Zeland. 2013. New Zeland looking to extend role of police in Bougainville. Accessed 10 August 2015. http://www.radionz.co.nz/international/programmes/datelinepacific/audio/2566636/new-zealand-looking-to-extend-role-of-police-in-bougainville.

Radio New Zeland. 2015. Bougainville ready to talk mining with Rio Tinto. Accessed 10 August 2015. http://www.radionz.co.nz/international/pacific-news/275750/bougainville-ready-to-talk-mining-with-rio-tinto.

Reilly, Benjamin. 2008. Ethnic conflict in Papua New Guinea. Asia Pacific Viewpoint 49(1):12-22. Accessed 30 September 2015. https://crawford.anu.edu.au/pdf/staff/ben_reilly/Ethnic%20Conflict%20in%20Papua%20New%20Guinea.pdf.

Religion Freedom Report. Papua New Guinea. http://religion-freedom-report.org.uk/wp-content/uploads/country-reports/papua_new_guinea.pdf.

Religious News Blog. Sorcery and witchcraft beliefs remain prevalent in Papua New Guinea. http://www.religionnewsblog.com/20258/witchcraft-11.

Remembrance2010. World War II (Pacific) 1939~1945. Accessed 18 September 2015. http://remembrance2010.indev.com.au/media/21/World-War-II-Pacific/69/Kokoda-Trail.

Resture, Jane. Papua New Guinea - Tribal art. Jane's Papua New Guinea home page. http://www.janeresture.com/png_art.

Ross, Malcolm. 2005. Pronouns as a preliminary diagnostic for grouping Papuan languages. In, Andrew Pawley et al.(eds), Papuan pasts: Cultural, linguistic and biological histories of Papuan-speaking peoples. Canberra, Pacific Linguistics. pp. 15-66. Accessed 10 August 2015. http://www.ibrarian.net/navon/paper/Pronouns_as_a_preliminary_diagnostic_for_grouping.pdf?paperid=1402984.

Ruma, Sioni. 2012. Culture, national interest & identity in foreign policy. Keith Jackson & Fridnes: PNG Attitude. http://asopa.typepad.com/asopa_people/2012/09/culture-national-interest-identity-in-foreign-policy.html.

Sahlins, Marshall D.. 1963. Poor man, rich man, big man, chief: Political types in melanesia and polynesia. Comparative Studies in Society and History 5(3): 285-303. http://journals.cambridge.org/action/displayFulltext?type=1&fid=4402672&jid=CSS&volumeId=5&issueId=03&aid=4402660.

Smaalders, Mark and Kinch, Jeff. 1995. Canoes, subsistence and conservation in the Louisiade Archipelago of Papua New Guinea. SPC Traditional Marine Resource Management and Knowledge Information Bulletin #15 - pp. 11-21. http://www.spc.int/DigitalLibrary/Doc/FAME/InfoBull/TRAD/15/TRAD15_11_Smaalders.pdf.

Sand, Christopher. 2002. Melanesian tribes vs. polynesian chiefdoms: Recent archaeological assessment of a classic model of sociopolitical types in Oceania. Asian Perspectives 41(2): 284-296. https://scholarspace.manoa.hawaii.edu/bitstream/handle/10125/17176/AP-v41n2-284-296.pdf?sequence=1.

Savoie, Phil. Raggiana bird of paradise(Paradisaea raggiana). http://www.arkive.org/raggiana-bird-of-paradise/paradisaea-raggiana/.

Schluter, Andreas. 2013. Neocolonialism & the forgotten struggle of West Papua. Keth Jackson & Friends. http://asopa.typepad.com/asopa_people/2013/01/neocolonialism-the-forgotten-struggle-of-west-papua.html#more.

Scott, Ben. 2005. Re-imagining PNG – Culture, democracy and Australia's role. Lowy Institute Paper 09. Lowy Institute. Accessed 30 September 2015. http://www.lowyinstitute.org/files/pubfiles/Scott,_Reimagining_PNG.pdf.

Seeland, Dan. 2007. Stressing servant leadership in a land of big men and great men. Melanesian Journal of Theology 23(1): 6-21. http://biblicalstudies.org.uk/pdf/mjt/23-1_06.pdf.

Sejara, Peta. 2004. The discovery of New Guinea. Originally from George Collingridge. The first discovery of Australia and New Guinea, William Brooks and Company, Sydney, 1906. Accessed 18 September 2015. http://www.papuaweb.org/gb/peta/sejarah/collingridge/nova-guinea-1600.jpg.

Shutler, Mary Elizabeth and Shutler Jr., Richard. 1967. Archaeology & physical anthropology in Oceania. Wiley on behalf of Oceania Publications, University of Sydney. 2(2)(Jul 1967): 91-99. http://dx.doi.org/10.1002/j.1834-4453.1967.tb00025.x.

Siegel, Jeff. Tok Pisin. Language varieties. University of Hawaii. Accessed 10 August 2015. http://www.hawaii.edu/satocenter/langnet/definitions/tokpisin.html#vocab-hce.

Siegel, Matt. 2013. Papua New Guinea Acts to repeal sorcery law after strife. http://www.nytimes.com/2013/05/30/world/asia/papua-new-guinea-moves-to-repeal-sorcery-act.html?_r=0.

SIL (Summer Institute of Linguistics). PNG Language Resources. http://www-01.sil.org/pacific/png/.

SIL (Summer Institute of Linguistics). PNG Language Resources – PNG Langues: Language distribution maps. http://www-01.sil.org/pacific/png/show_maps.asp.

SIL International. Ethnologae: Languages of the world. http://www.ethnologae.com/statistics/country.

Silverman, Herb. 2013. God in Papua New Guinea. http://www.faithstreet.com/onfaith/2013/11/05/god-in-papua-new-guinea/25152.

Simler, Kevin. Doesn't matter, warm fuzzies. http://www.meltingasphalt.com/doesnt-matter-warm-fuzzies/.

SkyscarperCity. Papua New Guinea roads & highway 2009. http://www.skyscrapercity.com/showthread.php?t=1535714.

Sky News. Sorcery law repeal in PNG after witch burnings. Accessed 30 September 2015. http://news.sky.com/story/1085647/sorcery-law-repeal-in-png-after-witch-burnings.

Smaalders, Mark and Kinch, Jeff. 1995. Canoes, subsistence and conservation in the Louisiade Archipelago of Papua New Guinea. SPC Traditional Marine Resource Management and Knowledge Information Bulletin #15 – July 2003 pp. 11-21. http://www.spc.int/DigitalLibrary/Doc/FAME/InfoBull/TRAD/15/TRAD15_11_Smaalders.pdf.

Smith, Michael French. 2002. Village on the edge: Changing times in Papua New Guinea. Honolulu: University of Hawai'i Press. Accessed 30 September 2015. (Google book)https://books.google.co.kr/books?id=tFtF7qzetD8C&printsec=frontcover&hl=ko&source=gbs_ge_summary_r&cad=0#v=onepage&q&f=false.

Solomon Islands. Accessed 30 September 2015. https://en.wikipedia.org/wiki/Solomon_Islands.

Song, Priscilla. Anthropology 500: Malinowski Project. http://classes.yale.edu/02-03/anth500a/projects/project_sites/99_Song/images/soulava.jpg.

Soukup, Martin. 2010. Anthropology in Papua New Guinea: History and Continuities. Antropologia Integra. 1(2): 45-54.

SPREP. Papua New Guinea. Accessed 20 October 2015. https://www.sprep.org/Papua-New-Guinea/pein-papua-new-guinea.

Stewart-Withers, R. and Brook, M., 2009. Sport as a vehicle for development: The influence of rugby league in/on the Pacific. Palmerston North, N.Z: Massey University, Institute of Development Studies. http://mro.massey.ac.nz/bitstream/handle/10179/1070/wps3_Stewart-Withers_and_Brook.pdf?sequence=3.

Strathern, Andrew, and Stewart, Pamela J., 2000. Miles long yupelausim flag bilong mi, Symbols and identity in Papua New Guinea. Pacific Studies 23(1/2): 21-49. Accessed 30 September 2015. https://ojs.lib.byu.edu/spc/index.php/PacificStudies/article/view/10188.

Suang, Robin. 2012. The disaster of failed decentralisation in PNG. Accessed 15 Septebmer 2015. http://asopa.typepad.com/asopa_people/2012/10/the-disaster-of-failed-decentralisation-in-png.html.

Supreme & National Court of Papua New Guinea. Accessed 30 September 2015. http://www.pngjudiciary.gov.pg/home/index.php.

Symbiosis custom travel. Papua New Guinea. Accessed 20 October 2015. http://www.symbiosis-travel.com/papua-new-guinea/escapes-hideaways/187/tawali/.

Taim Bilong Niugini. 2013. The Wontok system. Accessed 10 August 2015. http://caermynach.blogspot.kr/2013/01/13-wantok-system.html.

The 2011 World Development Indicators(GDP: Current US$, per person GNI: Current). http://www.conversioncenter.net/.

참고자료

The 7th Pacific Islands Leaders Meeting(PALM7). Ministry of Foreign Affairs of Japan. http://www.mofa.go.jp/a_o/ocn/page23e_000367.html.

The Australian. Battle intensifies over Bougainville copper. Accessed 22 October 2015. http://www.pngblogs.com/2011/on/battel-intensifies-over-bougainville.html.

The Basement Geographer. 2012. The fascinating history of Tok Pisin & Hiri Motu. Keith Jackson & Friends: PNG Attitude. Accessed 10 August 2015. http://asopa.typepad.com/asopa_people/2012/07/the-fascinating-history-of-tok-pisin-hiri-motu.html.

The Botanical Research Institute of Texas. Digital flora of New Guinea. http://ng.atrium-biodiversity.org/.

The Commonwealth. Papua New Guinea – History. Accessed 18 September 2015. http://thecommonwealth.org/our-member-countries/papua-new-guinea/history.

The Economist. Papua New Guinea. Political structure. Accessed 15 September 2015. http://country.eiu.com/article.aspx?articleid=1901474574&Country=Papua%20New%20Guinea&topic=Summary&subtopic=Political+structure.

The Economist, 2011. Papua New Guinea and Australia – Near neighbors and world apart. http://www.economist.com/blogs/banyan/2011/08/papua-new-guinea-and-australia.

The Economist. 2012. Papua New Guinea. Courting trouble. Banyan Aisa. Accessed 30 September 2015. http://www.economist.com/blogs/banyan/2012/05/papua-new-guinea.

The Economist Intelligence Unit(EIU). 2014. A summary of the liveability ranking and overview. London. Accessed 20 October 2015. http://pages.eiu.com/rs/eiu2/images/Liveability_rankings_2014.pdf.

The Garamut. 2007. The absence of "National Identitiy" within PNG. Accessed 30 September 2015. https://garamut.wordpress.com/2008/10/29/the-absence-of-national-identity-within-png/.

The Guardian. 2004. Raskol gangs rule world's worst city(22 September). http://www.guardian.co.uk/world/2004/sep/22/population.davidfickling.

The Independent State of Papua New Guinea. 2010. National Strategic Plan Task Force – Papua New Guinea vision 2050. Accessed 15 September 2015. http://www.treasury.gov.pg/html/publications/files/pub_files/2011/2011.png.vision.2050.pdf.

The Map Database. Pacific Theater – World War II. Original Source from University of Texas–Perry–Castaneda Library Map Collection – World War II Maps. Accessed 18 September 2015. http://www.themapdatabase.com/category/wars/world-war-ii/.

The Nature Conservancy. Coral Triangle. Accessed 20 October 2015. http://www.nature.org/ourinitiatives/regions/asiaandthepacific/coraltriangle/index.htm.

The Peace Generation. Unready for war. Accessed 18 September 2015. http://www.couriermail.com.au/extras/ww2/unready.htm.

The Sukarno Years. Snapshots from Indonesian history – Depicting the first period of Indonesian independence the Sukarno years 1945~1967. Accessed 10 August 2015. http://www.sukarnoyears.com/420dutchrelations.htm.

The Tanorama Network. East New Britain Province. Accessed 22 October 2015. http://www.global.net.pg/tanorama/prov_east-new-britain.html.

The Truman State University. Modern Papua New Guinea. Peter Larmour, State and Society in Papua New Guinea. Thomas Jefferson University Press 1998 (look inside). Accessed 15 September 2015. https://tsup.truman.edu/item.asp?itemId=340.

The University of Melbourne. Papua New Guinea law – Legal research guide. Accessed 30 September 2015. http://unimelb.libguides.com/png.

The Urban Tourist. Negrito. http://www.skyscrapercity.com/showthread.php?t=1742693&page=3.

Top Travel Destination. Trobriland Islands. Papua New Guinea. Accessed 20 October 2015. http://www.mymilez.com/wp-content/uploads/2012/01/Trobriand_village.jpg.

Trading Economics. Papua New Guinea Unemployment Rate. http://www.tradingeconomics.com/papua-new-guinea/ unemployment-rate.

Trans Niugini Tours. Papua New Guinea culture. Accessed 10 August 2015. http://www.pngtours.com/pngculture.html.

Transparency International. Corruption perception index 2011. Accessed 15 September 2015. http://www.transparency.org/cpi2011/results/#CountryResults.

Transparency International Papua New Guinea. Second Parliament Performance Report August 2013~August 2014. http://www.parliament.gov.pg/uploads/Second-Annual-Parliament-Performance-Report-Aug-2013-2014.pdf.

Transparency International, 2012. Papua New Guinea: Government must back its word to fight corruption. Accessed 15 September 2015. http://www.transparency.org/news/pressrelease/20120808_papua_new_guinea_government_must_back_its_word_to_fight_corruption.

Traveller, 2010. From the highlands to the beaches. Accessed 20 October 2015. http://www.smh.com.au/travel/activity/active/from-the-highlands-to-the-beaches-20101028-175a5.html.

Tripadvisor. Port Moresby/PNG. http://www.tripadvisor.com/Restaurants-g294118-Port_Moresby_Paua_Region.html.

Turner, Mark and Kavanamur, David, 2011. Chapter 2 – Explaining public sector reform failure – Papua New Guinea 1975~2001. Accessed 15 September 2015. http://press.anu.edu.au//wp-content/uploads/2011/05/ch0268.pdf.

UNDP. 2006. Human Development Report 2006. http://hdr.undp.org/sites/default/files/reports/267/hdr06-complete.pdf.

UNDP. 2013. Papua New Guinea. Human Development Report 2013. http://hdr.undp.org/sites/default/files/Country-Profiles/PNG.pdf.

UNEP. 2010. Papua New Guinea's fourth national report to the Convention on Biological Diversity. https://www.cbd.int/doc/world/pg/pg-nr-04-en.pdf.

UNESCO. Kuk Early Agricultural Site. Accessed 18 September 2015. http://whc.unesco.org/en/list/887.

UNESCO. 2008. National report on the state-of-the-art of adult learning and education in Papua New Guinea – A situational analyses. http://www.unesco.org/fileadmin/MULTIMEDIA/INSTITUTES/UIL/confintea/ pdf/National_Reports/Asia%20-%20Pacific/Papua_New_Guinea.pdf.

UNHABITAT. 2010. Papua New Guinea: Port Moresby urban profile. Regional and Technical Cooperation Division. United NationsHuman Settlement Programme. http://www.fukuoka.unhabitat.org/projects/papua_new_guinea/pdf/Port_Moresby_March_2010.pdf.

UniLang. Tok Pisin for biginners. Accessed 10 August 2015. http://www.unilang.org/course.php?res=80.

United Nations Environment Program(UNEP). 2005. Papua New Guinea's National Biosafety Framework-Final Draft. etrieved 20 October 2015. http://www.unep.org/biosafety/files/PGNBFrep.pdf.

United States Department of State. Papua New Guinea. Accessed 15 September 2015. http://travel.state.gov/content/passports/en/country/papua-new-guinea.html.

United States Department of State. Report: Papua New Guinea 2015 crime and safety report. Accessed 30 September 2015. https://www.osac.gov/pages/ContentReportPDF.aspx?cid=17301.

University of Southampton. Geology & Geophysics Blog. Accessed 15 September 2015. http://blog.soton.ac.uk/ggblog/2015/01/papua-new-guinea-seismic-deployment-2014-part-1/.

Unrepresented Nations and Peoples Organization. 2013. West Papua: Nobel Prize Desmond Tutu calls on UN to act. Unrepresented Nations and Peoples Organization. Accessed 15 May 2013. http://www.unpo.org/article/435.

USGS. East Asia Geographic Map Series Sheet 7 (Papua New Guinea). 2000. http://www.vidiani.com/maps/maps_of_australia_and_oceania/maps_of_papua_new_guinea/large_detailed_topographical_map_of_papua_new_ guinea.jpg.
Villagehuts. Island region. Accessed 22 October 2015. http://www.villagehuts.com/islands-destination.html.

Virtual Tourist. Local traditions and culture in Papua New Guinea. Accessed 10 August 2015. http://www.virtualtourist.com/travel/Australia_and_Oceania/Papua_New_Guinea/Local_Customs-Papua_New_Guinea-MISC-BR-1.html.

Watkins. The Cargo cults of the South Pacific. http://www.sjsu.edu/faculty/watkins/cargocult.htm.

Weather OnLine. Papua New Guinea. http://www.weatheronline.co.uk/reports/climate/Papua-New-Guinea.htm.

Weatherbase. Bougainville-Papua New Guinea. Accessed 22 October 2015. http://www.weatherbase.com/weather/weather-summary.php3?s=100519&cityname=Bougainville%2C+Papua+New+Guinea&units=.

WebWombat. Queen Elizabeth II. Accessed 15 September 2015. http://www.webwombat.com.au/careers_ed/education/queen-elizabeth-ii.htm.

Wenogo, Busa Jeremiah. 2015. Tackling the urbanisation problem is central to a livable city. Keth Jackson & Friends: PNG Attitude. Accessed 20 October 2015. http://asopa.typepad.com/asopa_people/2015/04/tackling-the-urbanisation-problem-is-central-to-a-livable-city.html.

West Papua Review. 2009. Violence in West Papua (Reuters). Accessed 10 August 2015. http://westpapuareview.wordpress.com/2009/04/11/violence-in-west-papua/.

WHO. 2012. Health service delivery profile-Papua New Guinea. World Health Organization. Accessed 18 September 2015. http://www.wpro.who.int/health_services/services_delivery_profile_papua_new_guinea.pdf.

Wikimedia Commons. New Guinea 1884~1919 with contested boundary. Accessed 18 September 2015. https://commons.wikimedia.org/wiki/File:New_Guinea_(1884-1919)_w_contested_boundary.png.

Wikimedia Commons. Papua New Guinea location map. http://commons.wikimedia.org/wiki/File:Papua_New_Guinea_location_map_Topographic.png.

Wikipedia. Autonomous region of Bougainville. Accessed 10 August 2015. https://en.wikipedia.org/wiki/Autonomous_Region_of_Bougainville.

Wikipedia. Big man (anthropology). https://en.wikipedia.org/wiki/Big_man_(anthropology).

Wikipedia. Bronislaw Malinowski. http://en.wikipedia.org/wiki/Bronis%C5%82aw_Malinowski.

Wikipedia. Bougainville Island. Accessed 22 October 2015. http://en.wikipedia.org/wiki/Bougainville.

Wikipedia. Cargo cult. https://en.wikipedia.org/wiki/Cargo_cult.

Wikipedia. Conservation in Papua New Guinea. Accessed 20 October 2015. https://en.wikipedia.org/wiki/Conservation_in_Papua_New_Guinea.

Wikimedia Commons. Baby tree kangaroo on the chief's wife's shoulder in Papua New Guinea. Accessed 20 May 2016. http://commons.wikimedia.org/wiki/File:Baby_tree_kangaroo_on_the_chiefs_wifes_shoulder_-Papua_New_Guinea-17Oct2008.jpg.

Wikimedia common. Papua New Guinea location map - Topographic. http://commons.wikimedia.org/wiki/File:Papua_New_Guinea_location_map_Topographic.png. Originally from Maps for Free.com. http://maps-for-free.com/.

Wikipedia. Corruption in Papua New Guinea. Accessed 15 September 2015. http://en.wikipedia.org/wiki/Corruption_in_Papua_New_Guinea.

Wikipedia. Culture of Papua New Guinea. Accessed 10 August 2015. https://en.wikipedia.org/wiki/Culture_of_Papua_New_Guinea.

Wikipedia. Demographics of Papua New Guinea. Accessed 30 September 2015. https://en.wikipedia.org/wiki/Demographics_of_Papua_New_Guinea.

Wikipedia. Districts of LLGs of Papua New Guinea. Accessed 22 October 2015. https://en.wikipedia.org/wiki/Districts_and_LLGs_of_Papua_New_Guinea.

Wikipedia. Early human migrations. https://en.wikipedia.org/wiki/Early_human_migrations.

Wikipedia. East New Britain Province. Accessed 22 October 2015. https://en.wikipedia.org/wiki/East_New_Britain_Province.

Wikipedia. Fauna of New Guinea. http://en.wikipedia.org/wiki/Fauna_of_New_Guinea.

Wikipedia. Fore People. https://en.wikipedia.org/wiki/Fore_people.

Wikipedia. Foreign relations of Papua New Guinea. Accessed 30 September 2015. https://en.wikipedia.org/wiki/Foreign_relations_of_Papua_New_Guinea.

Wikipedia. German New Guinea. Accessed 18 September 2015. https://en.wikipedia.org/wiki/German_New_Guinea.

Wikipedia. History of Bougainville. Accessed 10 August 2015. http://en.wikipedia.org/wiki/History_of_Bougainville#Uprising.

Wikipedia. History of Papua New Guinea. Accessed 18 September 2015. https://en.wikipedia.org/wiki/History_of_Papua_New_Guinea.

Wikipedia. Huli Wigman from Hela Province of Papua New Guinea)(Source: Picture originally from the English Wikipedia, where it was released by User: Nomadtales under GFDL Papua New Guinea. https://en.wikipedia.org/wiki/Papua_New_Guinea.

Wikipedia. Island regions. Accessed 22 October 2015. https://en.wikipedia.org/wiki/Islands_Region.

Wikipedia. Kuru(disease). https://en.wikipedia.org/wiki/Kuru_(disease).
Wikipedia. Lae. Accessed 20 October 2015. http://en.wikipedia.org/wiki/Lae.

Wikipedia. Lake Murray(Papua New Guinea). https://en.wikipedia.org/wiki/Lake_Murray_(Papua_New_Guinea).

Wikipedia. Law of Papua New Guinea. Accessed 30 September 2015. https://en.wikipedia.org/wiki/Law_of_Papua_New_Guinea.

Wikipedia. List of lakes of Papua New Guinea. https://en.wikipedia.org/wiki/List_of_lakes_of_Papua_New_Guinea.

Wikipeclia. List of regions of Papua New Guinea. Accessed 20 October 2015. http://en.wikipedia.org/wiki/List_of_regions_of_Papua_New_Guinea.

Wikipedia. Madang. Accessed 20 October 2015. http://en.wikipedia.org/wiki/Madang.

Wikipedia. Manus Province. Accessed 22 October 2015. http://en.wikipedia.org/wiki/Manus_Province.

Wikipedia. Matschie's tree-kangaroo. http://en.wikipedia.org/wiki/File:Matschies_tree_kangaroo_Dendrolagus_matschiei_at_Bronx_Zoo_1_cropped.jpg.

Wikipedia. Melanesia. https://en.wikipedia.org/wiki/Melanesia.

Wikipedia. Melanesians. https://en.wikipedia.org/wiki/Melanesians.

Wikipedia. Michael Somare. Accessed 15 September 2015. http://en.wikipedia.org/wiki/Michael_Somare.

Wikipedia. New Britain. Accessed 22 October 2015. http://en.wikipedia.org/wiki/New_Britain.

Wikipedia. New Guinea. Accessed 30 September 2015. https://en.wikipedia.org/wiki/New_Guinea#History.

Wikipedia. New Ireland forest cover 1989~2000. Accessed 20 October 2015. http://en.wikipedia.org/wiki/File:New_Ireland_forest_cover_1989-2000.jpg.

Wikipedia. New Ireland(Island). Accessed 22 October 2015. http://en.wikipedia.org/wiki/New_Ireland_(island).

Wikipedia. New Ireland Province. Accessed 22 October 2015. http://en.wikipedia.org/wiki/New_Ireland_Province.

Wikipedia. Pacific Islander. https://en.wikipedia.org/wiki/Pacific_Islander.

Wikipedia. Pandanus. https://en.wikipedia.org/wiki/Pandanus.

Wikipedia. Papua conflict. Accessed 10 August 2015. https://en.wikipedia.org/wiki/Papua_conflict.

Wikipedia. Papua New Guinea. http://en.wikipedia.org/wiki/Papua-New-Guinea.

Wikipedia. Papua New Guinea Defence Force. Accessed 18 September 2015. https://en.wikipedia.org/wiki/Papua_New_Guinea_Defence_Force.

Wikipedia. Papua New Guinea - History. Accessed 18 September 2015. https://en.wikipedia.org/wiki/Papua_New_Guinea#History.

Wikipedia. Papua Region. https://en.wikipedia.org/wiki/Papua_Region.

Wikipedia. Politics of Papua New Guinea. Accessed 15 September 2015. https://en.wikipedia.org/wiki/Politics_of_Papua_New_Guinea.

Wikipedia. Port Moresby. Accessed 15 September 2015. http://en.wikipedia.org/wiki/Port-Moresby.

Wikipedia. Prime Minister of Papua New Guinea. Accessed 15 September 2015. http://en.wikipedia.org/wiki/Prime_Minister_of_Papua_New_Guinea.

Wikipedia. Provinces of Papua New Guinea. Accessed 22 October 2015. https://en.wikipedia.org/wiki/Provinces_of_Papua_New_Guinea.

Wikipedia. Religion in Papua New Guinea. https://en.wikipedia.org/wiki/Religion_in_Papua_New_Guinea.

Wikipedia. Rivers of Papua New Guinea. https://en.wikipedia.org/wiki/Category:Rivers_of_Papua_New_Guinea.

Wikipedia. Scarabaeidae–Ischiopsopha jamesi. Accessed 20 October 2015. https://en.wikipedia.org/wiki/File:Scarabaeidae_-_Ischiopsopha_jamesi.JPG.

Wikipedia. Sepik. http://upload.wikimedia.org/wikipedia/commons/thumb/2/26/New_guinea_sepik.PNG/256px-New_guinea_sepik.PNG.

Wikipedia. Solomon Islands. Accessed 20 Septebmer 2015. https://en.wikipedia.org/wiki/Solomon_Islands.

Wikipedia. Tonda Wildlife Management Area. https://en.wikipedia.org/wiki/Tonda_Wildlife_Management_Area.

Wikipedia. West New Britain Province. Accessed 22 October 2015. https://en.wikipedia.org/wiki/West_New_Britain_Province.

Wikipedia. West New Guinea dispute. Accessed 10 August 2015. https://en.wikipedia.org/wiki/West_New_Guinea_dispute.

Wikipedia. Western Province. https://en.wikipedia.org/wiki/Western_Province_(Papua_New_Guinea).

Wikipedia. WWF – Coral Triangle facts. Accessed 22 November 2012. http://en.wikipedia.org/wiki/Fauna_of_New_Guinea.

Wikivoyage. Papua New Guinea. Accessed 22 October 2015. https://en.wikivoyage.org/wiki/Papua_New_Guinea.
Wilderutopia. Sapik. Accessed 20 October 2015. http://wilderutopia.com/wp-content/uploads/2012/04/Sepik-River-PNG.jpg.

Williams, F.E., 1930. Here be cannibals. Cannibalism in New Guinea. Orokaiva Society. Clarendon/The Heretical Press. http://www.heretical.com/cannibal/nguinea1.html.

Woodbury, Jo. 2015. The Bougainville independence referendum: Assessing the risks and challenges before during and after the referendum. Vice chief of the Defence Force. Australian Defence College.

Accessed 22 October 2015. http://www.defence.gov.au/ADC/Publications/IndoPac/Woodbury%20paper%20(IPSD%20version).pdf.

Worcester, John. Bird of Paradise. The Science of Correspondences. Accessed 20 October 2015. http://www.scienceofcorrespondences.com/assets/images/birdofparadise-jw.jpg.

World Atlas. Papua New Guinea. Accessed 20 October 2015. http://www.worldatlas.com/webimage/countrys/oceania/pg.htm.

World Bank. Doing business – Ease of doing business in Papua New Guinea – Measuring business regulations (interactive). http://www.doingbusiness.org/data/exploreeconomies/papua-new-guinea/.

World Bank. Doing business – Working for a world free of poverty. World DataBank (Interactive). http://databank.worldbank.org/data/reports.aspx?source=doing-business.

World Bank. 2011. The 2011 world development indicators. International Bank for Reconstruction and Development. http://siteresources.worldbank.org/DATASTATISTICS/Resources/wdi_ebook.pdf.

World Bank. 2012. Doing business. Doing business in a more transparent world. The International Bank for Reconstruction and Development. http://www.doingbusiness.org/~/media/GIAWB/Doing%20Business/Documents/Annual-Reports/English/DB12-FullReport.

World Bank. 2012. World Development Indicators 2012. http://data.worldbank.org/sites/default/files/wdi-2012-ebook.pdf.

World Time Zone. http://www.worldtimezone.com/wtz015.php.

World Travel Guide. Papua New Guinea Weather, Climate and Geography. http://www.worldtravelguide.net/papua-new-guinea/weather-climate-geography.

World Trade Organization. 2010. Trade Policy Review – Report by Papua New Guinea. WT/TPR/G/239. https://www.wto.org/english/tratop_e/tpr_e/tp339_e.htm.

색 인

(C)
CRA 탐사(CRA Exploration) 170

(E)
ECP(Enhanced Cooperation Program) 협정 145
EIU 지수(Economist Intelligence Unit) 48
EIU(Economist Intelligence Unit) 82

(G)
GCF(Green Climate Fund) 248

(M)
MAP(Mutual Assistance Programme) 146

(O)
ODA(Official Development Assitance) 147

(P)
Papua New Guinea Development Strategic Plan(PNGDSP) 2010-2030 225
Port Moresby General Hospital (PMGH) 216

(S)
SPREP(태평양 지역환경 프로그램 사무국) 63

(U)
UN 식량농업기구(United Nations Food and Agriculture Organization of the United Nations, FAO) 259

(ㄱ)
개발도상국에 대한 기술협력(Technical Cooperation between Developing Countries, TCDC) 147
걸프 주 (Gulf Province) 78
고나(Gona) 166
고데프로이(Godeffroy) 161
고로코 쇼(Goroko Show) 55
공직 위원회(Public Service Commission) 106
구역 마을법정(Area Court) 139
국가부패방지위원회(The National Anti-Corruption Authority, NACA) 127
국가청렴도지수(CPI) 126
국제연합개발계획(UNDP) 48
국제회계기준(International Financial Reporting Standards, IFRS 217

그라에트 파푸아 고원 52
그리니치 표준시(Greenwich Mean Time, GMT) 88
극락조 64
기저법(Underlying Law) 133

(ㄴ)
나마타나이(Namatanai)100
나카립 씨족(Nakarip, 닭) 89
나카스 씨족(Nakas, 개) 89
나하우 루니 여사(Mrs. Nahau Rooney) 136
남태평양 게임(South Pacific Games) 78
남태평양 수렴대(South Pacific Convergence Zone) 59
남태평양은행(Bank of South Pacific) 260
내셔널 캐피털 구(National Capital District) 78
노던 주(Northern Province) 78
노바 브리타니아(Nova Britannia, New Britain) 93
노바 히베니아(Nova Hibernia) 99
뇬고(nyongo) 196
뉴브리튼 섬 20
뉴브리튼 해구(New Britain Trench) 53
뉴아일랜드 섬 99
뉴아일랜드 주 99
뉴하노버(New Hanover) 섬 54
능동적 선별외교(Active and Selective Engagement Policy) 145

(ㄷ)
당트르카스토 제도(D'Entrecasteaux Islands) 54
듀크 오브 요크(Duke of York) 제도 95
디바인워드대학교(Divine Word University) 78

(ㄹ)
라무(Lamu) 니켈광산 합작개발프로젝트 252
라바울(Rabaul) 52
라스칼(Rascal) 128
라피타(Lapita) 84
래비 나말리우(Rabbie Namaliu) 128
라에(Lae) 38
로렝가우(Lorengau) 102
로로루 산(Mt Loloru) 88
로린슨 산맥 48
로스 니그로스(Los Negros) 섬 102
로선(Rossun) 마을 102
롱하우스(Long house) 185

루니 사건(Rooney Affair) 135
루이지아드 제도(Louisiade Archipelago) 54
림부난 히자우 그룹(Rimbunan Hijau Group) 218

(ㅁ)
마누 씨족(Manu, 독수리) 89
마누스 주 102
마당(Madang) 47
마르셀 모스(Marcel Mauss) 29
마르퀴스 드 라에(Marquis de Rays) 99
마운트 하겐(Mount Hagen) 73
마을법원(village court) 107
마이클 소마레(Michael Somare) 43
마이클 프렌치 스미스(Michael French Smith) 142
말라간(Malagan) 100
맹그로브 습지 99
머레에 호(Lake Murray) 55
멜라네시아 선진그룹(MSG) 170
모마세(Momase) 71
모투 족(Motu tribe) 177
모투-코이타부(Motu-Koitabu) 족 82
무사우(Mussau) 섬 54
미클루코-마클라이(Nicholai Miklukho-Maklai) 78
밀른 베이 주(Milne Bay Province) 78
밀른 베이(Milne Bay) 54

(ㅂ)
바가나 산(Mt Bagana) 88
바리아라타 자연공원(Variarata National Park) 192
바이구아(Vai'gua- 귀중품) 30
바이닝(Baining) 산맥 93
바퀘리족(Bakweri) 196
발비 산(Mt Balbi) 52
보마나 전쟁묘지(Bomana War Cemetery) 235
볼루민스키 고속도로(Boluminski Highway) 100
부겐빌 50
부겐빌 구리사(Bougainville Copper Ltd.) 170
부겐빌 특별정치위원회(Bougainville Special Politi cal Committee, BSPC) 171
부인(Buin) 88
부족중심적 국가(tribalistic country) 140
부카(Buka) 섬 54
비간섭 정책 253
비스마르크 산맥 47

비티아즈 해협(Vitiaz Strait) 54
비피(Bipi) 섬 102
빅맨 144
빅터 엠마누엘 산맥 49
빅토리아 산 48
빌헬름 산 48

(ㅅ)
산구마(Sanguma) 33
사나(Sana, 평화의 지혜) 117
사라왓 산맥 48
산호초 삼각지대(Coral Triangle) 65
살라모 인지아(Salamo Injia) 131
샘 아발(Sam Abal) 117
성 마티아스(Saint Matthias) 99
세계관광협의회(World Travel and Tourism Council, WTTC) 220
세계자연보전연맹(IUCN) 66
세픽 강(Sepik River) 49
소게리 고원 52
소비자 물가지수(Consumer Price Index) 205
솔로몬 해 52
스타 산맥 49
시네윗(Sinewit) 산 93
시어들러(Seeadler) 102

(ㅇ)
아라푸라 해 54
아멜리아 이어하트(Amelia Earhart) 77
아스트로라베 만(Astrolabe Bay) 78
아스트롤라베 베이(Astrolabe Bay) 54
아시아태평양경제협력체(APEC) 정상회의 252
애드머럴티 제도(Admiralty Islands) 54
앤 쇼우닝(Ann Chowning) 97
앤서니 와감비에(Anthony Wagambie) 33
야코프 레 마이레(Jacob le Maire) 99
에어 니우기니(Air Niugini) 90
엘컴(Elcom) 218
엠퍼러(Emperor) 산맥 88
오리오모 고원 52
오스트로네시아인 94
오웬 스탠리 산맥 48
옥테디 광산(Ok Tedi Mine) 52
온통 자바 해저대지(Ontong Java Plateau) 54

완톡(Wantok) 129
왈린디 다이브 리조트(Walindi dive resort) 97
우들라크 제도(Woodlark Islands) 54
우불루(Wuvulu) 섬 102
웨스턴 주(Western Province) 78
웨왁(Wewak) 47
윌리엄 댐피어(William Dampier) 93
유엔반부패협약(UNCAC) 126
의례적 가치재(ceremonial valuables) 30
의원내각제 103
이니고 오르티스 데 레테스(Yñigo Ortiz de Retez) 153
이리안 자야 71
이리안 자야(Irian Jaya) 148
이스턴 해저대지 54
이중과세 조약(double tax treaties) 217
인간개발지수(Human Development Index) 48
인민진보당(People's Progress Party) 116

(ㅈ)
자바 해저대지(Ontong Java Plateau) 54
잭슨국제공항(Jackson's International Airport) 232
전체 마을법정(Full Court) 139
조셉 와타위(Joseph Watawi) 91
조셉 카부이(Joseph Kabui) 91
존 모미스(John Momis) 91
주술법(Sorcery Act) 194
줄리우스 챈(Julius Chan) 116

(ㅋ)
카고 컬트(Cargo Cult) 197
카르카르(KarKar) 섬 54
카비엥(Kavieng) 100
칼튼 가이듀섹(Carleton Gajdusek) 35
코랄 해 52
코코다 트랙(Kokoda Track)전투 146
쿠루병 34
쿠아누아(Kuanua) 어 95
쿠투부 호수(Lake Kutubu) 57
퀸 알렉산드라 버드윙 66
크라운 프린스(Crown Prince) 산맥 88
키나(Kina) 90
킴베(Kimbe) 97

(ㅌ)
타론(Taron) 산 99
타부빌 고원 52
태평양도서포럼(PIF) 146
테오 주레누옥(Theo Zurenuoc) 105
테이트 주머니쥐(Tate's triok) 65
톡 피진(Tok Pisin)어 174
톤다 야생동물 관리구역(Tonda Wildlife Management Area) 57
톨라이(Tolai) 부족 95
톰 새클라에디(Tom Shacklady) 44
투부르부르(Tuvurvur) 화산 52
투자진흥국(Investment Promotion Authority) 204
트로브리안드 제도 14, 28

(ㅍ)
파더 산 50
파푸아 만(Gulf of Papua) 54
파푸아뉴기니 15
파푸아뉴기니 200해리 배타적경제수역 241
파푸아뉴기니 국가 비전 2050(The Papua New Guinea Vision 2050) 120
파푸아뉴기니 국회의사당 전경 173
파푸아뉴기니 나무타기캥거루 256
파푸아뉴기니 뉴아일랜드 주 해삼종류 229
파푸아뉴기니 발전 전략계획(Papua New Guinea Development Strategic Plan) 122
파푸아뉴기니 오로주의 투피지역(Tufi) 91
파푸아뉴기니 주(provinces) 91
파푸아뉴기니 전통가면 154
파푸아뉴기니 전통 부족축제 94
파푸아뉴기니 전통 카누 97
파푸아뉴기니 축하 전사부족 댄스 25
파푸아뉴기니 해양경계 102
파푸아뉴기니의 다양한 가면 250
파푸아뉴기니의 다양한 부족의 얼굴 페인트 266
파푸아뉴기니증권위원회(Securities Commission of Papua New Guinea, SCPNG) 220
파푸안 해저대지 54
팡구나(Panguna) 광산 91
패트롤보트 함대(Patrol Boat Squadron) 149
퍼시픽 에어 익스프레스(Pacific Air Express) 216
페니 제도(Feni Islands) 99
포레족 33

포미오(Pomio) 지구 93
포트모르즈비 47
포트홀 78
포트모르즈비 스톡 익스체인지(Port Moresby Stock Exchange Ltd, POMSoX) 218
프로페셔널 리얼 에스테이트 그룹(Professionals Real Estate Group) 220
플라이 강(Fly River) 55
피니스테레 산맥 48
피터 오닐(Peter O'Neill) 106
필립 카테렛 (Philip Carteret) 99

(ㅎ)
하겐산(Mount Hagen) 축제 75
하이랜즈 하이웨이(Highlands Highway) 77
해코지 주술(witchcraft) 195
헤비리프트 카고 에어라인(Heavylift Cargo Airlines) 216
헤이그협정(Hague Agreement) 160
호르헤 드 메네제스(Jorge de Menezes) 159
환경보전국(Department of Environment and Conservation) 67
환태평양 조산대 50
후온 만(Huon Gulf) 77
후온 반도(Huon Peninsula) 54
히리 모투(Hiri Motu) 175
힌덴부르크 산맥 49

태평양 도서국 총서 ⑥
파푸아뉴기니

2015년 11월 30일 초판 1쇄 인쇄
2015년 11월 30일 초판 1쇄 발행

저 자	권문상, 이미진
발 행 처	한국해양과학기술원
	우) 15627 경기도 안산시 상록구 해안로 787
제 작	㈜ 비전테크시스템즈
	서울특별시 송파구 위례성대로 16길 27 거성빌딩
	02-3432-7132
	anycopy@visionts.co.kr
출판등록	제2009-000300호

ⓒ 한국해양과학기술원
ISBN 979-11-86184-27-1
ISBN 979-11-950279-2-7 (세트)

값 20,000원

이 책은 저작권법에 의해 보호받는 저작물이므로 무단 전재 및 복제를 금합니다.
이 도서의 국립중앙도서관 출판예정도서목록(CIP)은 서지정보유통지원시스템 홈페이지(http://seoji.nl.go.kr)와 국가자료공동목록시스템(http://www.nl.go.kr/kolisnet)
에서 이용하실 수 있습니다.(CIP제어번호: CIP2014033537)